Inhalt

Ich widme das Buch der großen Liebe meines Lebens – meiner Frau Susanne Thurn, die mich auch gelehrt hat, was pädagogisches Denken ist.

Vorwort

„Für mich als Schüler war Geschichte bis in meine Oberstufenzeit hinein etwas Monolithisches und Feststehendes. Zwar war ich mir bewusst, dass durch neue Funde auch wieder neues Wissen entstehen konnte und dass das Wissen durch eine mehr oder weniger gute Quellen- und Zeugnislage in der Überlieferung gewissen Einschränkungen unterworfen ist, aber an der Objektivität der Forschungsergebnisse hatte ich keine ernsthaften Zweifel. Die Ergebnisse dieser *objektiven* Geschichte, so meinte ich, komme dann in Lehrbüchern, Schulbüchern u.ä. zu uns, und wir Leser könnten sicher sein: So war es! Was aber viel schwerer wiegt als die bloße Meinung, ist die Tatsache, dass ich nie darüber nachgedacht und reflektiert hatte."[1]

Was ein Geschichtsstudent hier bekennt, kann nicht als ein individueller Fall abgetan werden: Er hat im Geschichtsunterricht gelernt, dass Geschichte das ist, was in den Schulbüchern steht – und er hat erst spät angefangen, daran zu zweifeln. Er hat erst im Studium gelernt, über Geschichte nachzudenken und Geschichte selber zu denken.

Es kann bei historischem Lernen nicht darum gehen, einen für das Leben gedachten Vorrat an scheinbar gültigem Fachwissen zu horten, der bei Bedarf in künftigen Lebenszusammenhängen als nützlich abgerufen werden kann. Es kann auch nicht darum gehen, historische Bildung nur als „wertbeständigen Kulturbesitz, gleichsam mündelsichere Anlagen des Geistes"[2] zu begreifen, der die wichtige Kommunikation zwischen den Generationen erleichtert. Zu tiefgreifend sind die Umbrüche unserer Zeit, die auch den Umgang mit Geschichte in Wissenschaft, Schule und Öffentlichkeit beeinflussen, als dass Schülerinnen und Schüler noch einen Geschichtsunterricht erfahren sollten, wie er in den Worten des Studenten anklingt: Die Geschichtswissenschaft ist von einem „gewissermaßen schluckaufartigen Pluralisierungsschub"[3] erfasst; die Geschichtstheorie hat auf den Konstruktcha-

1 Oliver Schneider, Kontroversität in der Geschichtswissenschaft als Thema historischen Lernens. Wissenschaftliche Hausarbeit im Rahmen der Ersten Staatsprüfung für das Lehramt an Haupt- und Realschulen, Gießen 1999, S. 7.

2 Hans Mayer, Aufklärung heute. Reden und Vorträge 1978-1984, Frankfurt/M. 1985, S. 72.

3 Ute Daniel in GWU 48 (1997), S. 197.

rakter narrativen historischen Wissens (einschließlich des für den Geschichtsunterricht staatlich verordneten narrativen Wissens) aufmerksam gemacht, und außerhalb von Wissenschaft und Schule gibt es eine geradezu wuchernde „Geschichtskultur", der die Schülerinnen und Schüler ausgesetzt sind wie keine Generation vor ihnen.

Das historische Lernen in der Schule muss immer wieder neu bedacht werden, wie ja auch Geschichte immer wieder neu gedacht wird. Die gegenwärtige Diskussion kreist um ein historisches Lernen, das es den Schülerinnen und Schülern ermöglichen soll, selbständig historisch zu denken und über Kategorien zur historischen Reflexion ihrer Lebenslagen zu verfügen.

Dabei kommt einem historischen Lernen, das auf Perspektivität und Multiperspektivität abhebt, eine besondere Bedeutung zu. Bei diesem Lernen werden Verfahren der historischen Orientierung in der Welt kennengelernt, Kategorien historischen Denkens eingeübt, Erfahrungen bedacht und utopischer Überschuss aus der Vergangenheit eingeholt. Damit wird zugleich ein didaktisch wesentlicher Kern historischen Denkens gelernt: das Erkennen und Anerkennen von Vielfalt und Differenz in menschlichen Lebensverhältnissen und Wertvorstellungen.

Dies zu begründen – und ausführlicher zu begründen, als es bisher geschehen ist – und an Beispielen zu zeigen, welche Möglichkeiten es in der Unterrichtspraxis gibt, ist Aufgabe des Buches.

Gießen, im Mai 2000
Klaus Bergmann

I. Theoretischer Teil

1. Einführung

Die Richter der Republik Venedig hatten eines Tages einen Bäckergesellen zu Unrecht verurteilt und hinrichten lassen. Als das Unrecht erkannt und bekannt war, bestellte die Republik Venedig so lange, wie sie bestand, einen Mann, der vor jeder Sitzung des Richterkollegiums den Richtern den Satz zuzurufen hatte: „Gedenket des Bäckergesellen.“[1] Das Finden der Wahrheit ist ein schwieriger Prozeß, und Irren ist so menschlich wie schiere Parteilichkeit. Aber es gibt Mittel und Wege, die Gefahr des Irrtums zu verringern und Parteilichkeit als Parteilichkeit benennbar zu machen.

Kein Richter wird einen juristischen Streitfall entscheiden, nachdem er die Klägerin gehört hat und dazu die Zeugen und Zeuginnen, die die Klägerin in ihrer Klage unterstützen. Keine Richterin wird einen Fall entscheiden, nachdem sie nur den Staatsanwalt und sein Plädoyer vernommen hat. „Audiatur et altera pars“ hieß im römischen Recht der Grundsatz der Rechtsprechung, der Irrtum und Parteilichkeit so weit wie möglich ausschließen soll und eine Selbstverpflichtung der Rechtsprechenden ausdrückt, die sich ihrer Fehlbarkeit bewußt sind: „Es soll auch die andere Seite gehört werden“. Die andere Seite hat Gründe für ihr Denken und Handeln, hat Gründe für ihre andere Wahrnehmung und ihre andere Sicht der Dinge und Verläufe. Und darum gibt es in jedem juristischen Verfahren Klägerin und Beklagte, Anwälte und Gegenanwälte, Rechts-Anwälte und Staats-Anwälte, die dafür zuständig sind, dem Richter oder der Richterin den Streitfall aus verschiedenen Hinsichten darzustellen. Das hat seinen tieferen Sinn: Es gibt in menschlichen Dingen keine einfach konstatierbare Wahrheit, sondern nur den Prozess der Wahrheitsfindung, der nach verbindlichen, erprobten und als ziemlich zuverlässig erkannten Regeln abläuft.

Die Urteilenden, wenn sie gute Richterinnen und Richter sind, sind sich dabei selber ihrer Fehlbarkeit bewußt: Sie wissen, dass sie selber

1 Berichtet von Lion Feuchtwanger in seinem Roman „Erfolg“ (1930), Frankfurt/M. 1975, S. 563.

bestimmte Hinsichten haben, die in ihr Urteil einfließen und das Urteil in der Richterschaft und in der Öffentlichkeit umstritten machen können. Das Urteil kann in der nächsten Instanz – nachdem wieder alle Beteiligten gehört und ihre Aussagen, dazu die Urteilsbegründung des ersten Gerichts gegeneinander abgewogen worden sind – überprüft, als stimmig erkannt oder als zweifelhaft oder parteilich eingeschätzt, bestätigt oder verworfen werden. Revision nennt man ein solches Verfahren, auf das jeder Beklagte oder jede Klägerin einen Anspruch hat. Am Ende steht ein „Grundsatzurteil", das aber wie jedes juristische Urteil in der Gesellschaft umstritten sein mag – vor allem auch auf Grund der Erfahrung, dass Grundsatzurteile aus früheren Zeiten heute als außerordentlich problematisch, ja als für die heutige Zeit kaum nachvollziehbar erkannt sind.

Damit fängt es bei allen Urteilen in menschlichen Angelegenheiten und Beziehungen an: Wer ein fundiertes Urteil abgeben will, kann dies nicht tun, ohne den Grundsatz „audiatur et altera pars" befolgt und die eigene Anfälligkeit für vorgängige Sympathien oder Antipathien selbstkritisch bedacht zu haben. Zu unterschiedlich nehmen sich die verschiedenen Wahrnehmungen und Interessen, Wertvorstellungen und Absichten der Beteiligten und Betroffenen aus, als dass man blind und taub gegen die eine oder andere Seite und ohne kritische Selbstreflexion entscheiden könnte. Und ist es nicht so, dass das eigene Urteil, wie fundiert es auch immer ist, anderen Urteilen gegenübersteht, in denen die Dinge, Beziehungen, Angelegenheiten ganz anders gesehen werden, weil sie aus anderen Perspektiven herrühren?

Rhetorische Fragen: Sollte es sich in historischen Angelegenheiten anders verhalten? Sind nicht die *Wahrnehmungen*, die die unmittelbar Beteiligten und Betroffenen in Zeugnissen hinterlassen haben, Zeugnisse ihrer Sicht der Dinge, ihrer Hoffnungen, Wertvorstellungen, Interessen, die wiederum mit ihrer Stellung in ihrer Gesellschaft zu tun haben? Sollte es sich bei *Deutungen*, den deutenden Urteilen über historische Angelegenheiten von Menschen und Beziehungen zwischen Menschen, wie sie von Nachgeborenen – vor allem Historikern – immer wieder neu vorgelegt werden, anders verhalten als bei der Wahrheitsfindung der Juristen – wohlbegründeten, nach bestem Wissen und Gewissen erstellten Deutungen und Urteilen, die aber auch Urteilsschelte durch Kollegen nicht ausschließen, die den Fall nach bestem Wissen und Gewissen anders sehen? Und ist nicht Geschichte immer auch Revision einer früheren Geschichte? Und besteht die Arbeit von Historikerinnen und Historikern nicht wesentlich darin, Geschichte immer wieder neu zu denken und „die Geschichte gegen den

Strich zu bürsten"? Und sind nicht schließlich die *Orientierungen*, die sich aus der Auseinandersetzung mit vergangenem menschlichem Handeln und Leiden – mit den *Wahrnehmungen und Erfahrungen* der Zeitgenossen wie mit den *Deutungen* der Nachgeborenen – ergeben, vielfältigster Art, jeglicher Vereinheitlichung widerstrebend?

Der juristische Grundsatz des „audiatur et altera pars" ist auch ein geschichtswissenschaftlicher Grundsatz: Historikerinnen und Historiker können über einen historischen Sachverhalt erst urteilen, wenn sie alle für diesen Sachverhalt wesentlichen Zeugnisse, die auf sehr unterschiedlichen Wahrnehmungen beruhen und eine bestimmte Hinsicht auf den Sachverhalt ausdrücken, zur Kenntnis genommen, kritisch geprüft, gegeneinander abgewogen und die darin enthaltenen Informationen in einen sinnvollen Zusammenhang gebracht haben, der dann in seiner zeitlichen Abfolge erzählt oder „narrativ" vergegenwärtigt werden kann.

Die geschichtsdidaktische Betrachtung des Grundsatzes ist auf einen anderen Aspekt gerichtet: Was lernt derjenige, der gewohnheitsmäßig dem Grundsatz des „audiatur et altera pars" und den sich daraus ergebenden Verfahren der Prüfung, Abwägung und Deutung verpflichtet ist und folgt, daraus für sich, für sein soziales Verhalten und Handeln, für seine Fähigkeit, sich in gesellschaftlichen Lebenszusammenhängen gegenüber und mit den anderen zu orientieren? Welche Auswirkungen auf das Bewusstsein haben die Denkvorgänge, die notwendig sind, um historisch andere in ihrer Sicht der Dinge zu verstehen und ihr Verhalten und ihre Handlungen in einer bestimmten Konstellation nachvollziehen zu können?[2] Man könnte auch sagen: Welche Bedeutung hat dieses Denken für die Bildung von Menschen?

Das Prinzip, auch die andere Seite zu hören, beruht auf der Grundannahme und Tatsache, dass Perspektivität ein Grundsachverhalt menschlicher Wahrnehmung und menschlichen Denkens ist, der unhintergehbar ist.[3] Jeder Mensch hat einen – wie es der Aufklärungshistoriker Chladenius genannt hat – „Sehepunkt", von dem aus er die Umstände und Zusammenhänge seines Lebens erfährt, wahrnimmt

---

2 Vgl. dazu Friedrich J. Lucas, Geschichte als engagierte Wissenschaft. Zur Theorie einer Geschichtsdidaktik, Stuttgart 1985, S. 165 über „Didaktisches Denken als Reflexion zweiten Grades".

3 Vgl. dazu für den Bereich der Geschichtsdidaktik Jochen Huhn, Geschichtsdidaktik. Eine Einführung, Köln–Weimar–Wien 1994, S. 48 ff. („Perspektivität").

und deutend verarbeitet, um sich zu orientieren: „Der Sehepunkt ist der innerliche und äußerliche Zustand eines Zuschauers, in so ferne daraus eine gewisse und besondere Art, die vorkommenden Dinge anzuschauen und zu betrachten, flüsset".[4] Anderes ist nicht denkbar: „Dargegen aber irren die sehr, die verlangt haben, daß ein Geschichtsschreiber sich wie ein Mensch ohne Religion, ohne Vaterland, ohne Familie anstellen soll; und haben nicht bedacht, daß sie unmögliche Dinge fordern".[5] Die „eunuchische Objektivität", die Johann Gustav Droysen so dankend ablehnte[6], ist nichts als eine Chimäre und ein Missverständnis von Objektivität.

Die Kategorie der „Perspektivität" muss auch in der Schule als Kategorie vermittelt werden, wenn Schule denn auf soziales Handeln vorbereiten soll. Perspektivität erkennen lernen heißt dabei immer, die Perspektivität der Wahrnehmungen, Gefühle und Wertvorstellungen der anderen ebenso erkennen wie die eigene Perspektivität reflektieren und sich selber mit den Augen der anderen sehen zu können.

Der Grundsatz des „audiatur et altera pars" begründet für das historische Lernen das Prinzip der Multiperspektivität. Multiperspektivität heißt, sowohl auf der Ebene der *Erfahrung und der Wahrnehmung* durch die Zeitgenossen wie auch auf der Ebene der *Deutung* durch Nachgeborene als auch auf der Ebene der durch Erinnerung angeleiteten *Orientierung* in der Gegenwart und Zukunft viele unterschiedliche Sichtweisen zu beobachten, zu beachten und zu reflektieren.[7] Für das historische Lernen heißt das zu lernen, dass die Zeitgenossen gegenüber der Wirklichkeit ihrer Zeit je nach ihrer Stellung im Herrschaftszusammenhang eine andere *Wahrnehmung* hatten, die in Absichten und Handlungen einfloss, dass die *Deutungen* historischer Sachverhalte durch die Nachgeborenen zum Teil sehr unterschiedlich, in jedem

---

4 Johann Martin Chladenius, Allgemeine Geschichtswissenschaft, Leipzig 1752 (ND Wien–Köln–Graz 1985), S. 100.

5 Chladenius, Geschichtswissenschaft, S. 151.

6 Johann Gustav Droysen, Historik. Vorlesungen über Enzyklopädie und Methodologie der Geschichte (1857), hg. v. Rudolf Hübner, 4. Aufl., München 1960, S. 287.

7 Die Unterscheidung von *Erfahrung/Wahrnehmung* durch die an einem historischen Prozeß Beteiligten und von ihm Betroffenen, *Deutung* durch spätere, nicht zeitgleich lebende Betrachter (z.B. Historiker) und *Orientierung*, die aus der Auseinandersetzung mit den Wahrnehmungen und Deutungen folgt, geht zurück auf Jörn Rüsen, Das ideale Schulbuch, in: ders., Historisches Lernen, Köln 1994.

Falle aber unterschiedlich ausfallen und dass schließlich die historische Erinnerung zu höchst unterschiedlichen *Orientierungen* gegenüber Gegenwart und Zukunft führt. Für das historische Lernen in der Schule bedeutet das, vergangenes menschliches Handeln und Leiden im bedingenden Rahmen der seinerzeit gewordenen und gegebenen Möglichkeiten aus der Sicht vieler, mindestens mehrerer Beteiligter und Betroffener – aus ihrer Perspektive also – wahrzunehmen und zu sehen, um die Sichtweisen dann anschließend gegeneinander abzuwägen und zu einem deutenden historischen Urteil und einem eigenen, wohlbegründeten Werturteil zu kommen, das der je individuellen Orientierung in der Gegenwart und Zukunft dienen kann – einer Orientierung, die einen auch mit anderen verbinden kann. Zugleich macht es die Auseinandersetzung mit den Sichtweisen der historisch Beteiligten und Betroffenen erforderlich, sich die eigene Perspektive in ihren Voraussetzungen, Bedingungen und Folgen bewusst zu machen: Nur wer sich der eigenen Perspektivität voll bewusst ist und damit Perspektivität als nicht hintergehbaren Grundsachverhalt menschlicher Wahrnehmung erkannt hat, kann begreifen, warum Menschen in der Vergangenheit gedacht und gehandelt haben, wie sie gedacht und gehandelt haben und warum Menschen in der Gegenwart anders denken und handeln und sich anders erinnern als man selbst.

Das ist ein verhältnismäßig junger Ansatz für historisches Lernen, der einen Bruch mit dem traditionellen Geschichtsunterricht bedeutet, der monoperspektivisch angelegt war.

2. Traditioneller Geschichtsunterricht – Das Prinzip der Monoperspektivität

Der traditionelle Geschichtsunterricht war ein Belehrungsunterricht und zugleich ein Gesinnungsunterricht. Belehrt wurden die unwissenden Schülerinnen und Schüler vom allwissenden Lehrer darüber, was sich warum in der Vergangenheit zweifelsfrei zugetragen haben sollte. Der Lehrer und das Schulbuch waren die Sprachrohre einer „historischen Wahrheit", die als unbezweifelbar galt und doch nur eine ideologische Konstruktion war. Zweck der Belehrung war, eine einheitliche Gesinnung und ein einheitliches Geschichtsbewusstsein zu erzeugen, das politisch für staatliche Zwecke und für die Zwecke der „staatstragenden" Klasse brauchbar war. Die klassische Ausprägung findet sich im Kaiserreich bei den Herbartianern Rein, Pickel und Scheller: Sie forderten, „durch den Unterricht in der Geschichte die Gesinnung der Schüler so zu beeinflussen, daß sie dereinst als charaktervolle Männer Gut und Blut einsetzen für die Ehre und die Größe ihres Vaterlandes". Und: „Unsere Schüler sollen zu dem felsenfesten Glauben erzogen werden, unserm Volk stehe noch Großes bevor, und sie sollen so ausgerüstet werden, daß die kommende Zeit kein kleines Geschlecht finde."[1] Diese Ziele bestimmten, was und wie gelehrt wurde, was und wie gelernt wurde.

Gelehrt wurde ein narratives Wissen über die Vergangenheit, das als feststehende historische Wahrheit ausgegeben wurde, aber doch nichts anderes war als eine unter den gesellschaftlichen Eliten als Pensum für alle Schüler vereinbarte Geschichte, die für den Bestand und die Zukunft des Staates und damit für die Rolle der Eliten nützlich war. „‚Geschichte' ist historisch meist die geformte und verbindliche (u.U. sanktionsbewehrte) Festlegung von Deutungen der geistlichen und weltlichen Eliten für die gesamte Gesellschaft gewesen"[2] – eine Festle-

---

1 W. Rein; A. Pickel; E. Scheller, Theorie und Praxis des Volksschulunterrichts nach Herbartschen Grundsätzen. Das fünfte Schuljahr, 3. Aufl., Leipzig 1897, S. 33 f.

2 Bodo von Borries, Notwendige Bestandsaufnahme nach 30 Jahren. Ein Versuch über Post-'68-Geschichtsdidaktik und Post-'89-Problemfelder, in: GWU 50 (1999), S. 275.

gung durch „jene Minorität oder ‚politische Klasse' (‚Elite'), die bildungspolitische Entscheidungen treffen und durchsetzen"[3] konnte und kann. Sie beinhaltete nur das, was politisch wirkungsmächtig war, sich durchgesetzt hatte und begründete, warum die gegenwärtigen Verhältnisse so geworden und dass sie gut waren. Es war zugleich eine Geschichte, die das Wirken der „großen Persönlichkeit" betonte und ins Zentrum des Unterrichts stellte – eine personalisierende Geschichte, die Geschichte und Politik als die Handlungsfelder der „großen Persönlichkeiten" vorstellte und einbildete.[4] Es war eine einsinnige Geschichte, gesehen aus der einen Perspektive der gesellschaftlichen Eliten, aus der alle – erfolglosen – historischen Alternativen und alle möglichen anderen Hinsichten getilgt waren – die „fable convenue" einer Erfolgsgeschichte. Das historisch Erfolgreiche wurde dabei zugleich auch als das für die Gegenwart Bedeutsame unterstellt. Das nur Gedachte, Ungelungene, nur Versuchte oder Gescheiterte, vor allem das Erlittene und Vorenthaltene wurden als belanglos abgetan und für den Unterricht als nicht denk- und merk-würdig nicht zugelassen. Analog zur Hochsprache als der Sprache, die alle Deutschen jenseits ihrer Dialekte verbindet, kann man die im Geschichtsunterricht vermittelte Geschichte auch als „Hochgeschichte" bezeichnen – eine Geschichte, die alle Deutschen in einem gemeinsamen Geschichtsbewusstsein, einer gemeinsamen historischen Identität vereinen oder vereinheitlichen sollte.

Nicht zuletzt wurde diese „Hochgeschichte" auch von der Geschichtswissenschaft getragen, die – im Großen und Ganzen – im 19. Jahrhundert und in der ersten Hälfte des 20. Jahrhunderts unter dem Einfluß des Historismus eine Staats-, Nations- und Politikgeschichte vertrat und relativ einheitlich ausgerichtet war. Außenseiter der Zunft mit neuen Fragestellungen und Fragerichtungen, mit neuen Ansätzen, neuen Perspektiven hatten kaum eine Chance, sich im Wissenschaftsbetrieb zu etablieren. Und so blieben auch ganze Gattungen von Quellen, die als Zeugnisse aus anderen Lebensbereichen und Lebenszusammenhängen hätten bearbeitet und gedeutet werden können, aus der Forschungsarbeit der meisten Historiker ausgeschlossen. Es waren unter anderen auch Nicht-Historiker, die die Sterilität, die Orthodoxie und die antiquierten Fragerichtungen der zünftigen His-

---

3 Borries, Bestandsaufnahme, S. 269.

4 Vgl. Klaus Bergmann, Personalisierung im Geschichtsunterricht – Erziehung zu Demokratie?, 2., erw. Aufl., Stuttgart 1977.

torie angriffen, weil sie bemerkt hatten, wie wenig die Historie ihrer Zeit auf Fragen ihrer Zeit einging, weil die Historiker selber den „tonangebenden“ Kreisen entstammten oder ihnen durch ihre Karriere verbunden waren. Bertolt Brechts „Fragen eines lesenden Arbeiters“[5] hätten nicht geschrieben werden können, wenn diese Fragen in der universitären Geschichtswissenschaft selber gestellt worden wären. Es waren Fragen aus einer anderen Perspektive, aus der Perspektive eines lesenden Arbeiters, der beim Lesen bemerkt, dass er und seine Vorfahren in der Perspektive der beamteten Universitätsprofessoren nicht auftauchen.

Der Philosoph Walter Benjamin warf dem herrschenden Historismus vor, er schreibe die Geschichte der Sieger und bedenke nicht die „namenlose Fron der Zeitgenossen“. Und er forderte – „nach Maßgabe des Möglichen“, wie er vorsichtig einschränkte –, „die Geschichte gegen den Strich zu bürsten“.[6]

Übertragen auf die im Geschichtsunterricht vermittelte Geschichte: Der Philosoph Günter Anders hat darauf hingewiesen, dass in dem Geschichtsunterricht, „an dem die Proletarierkinder wie die anderen teilnehmen“, „sie in diesem fast ausschließlich mit *Fremdgeschichte* gefüttert werden, kaum je mit der *Geschichte des Leids*, also mit der Abfolge der von ihren Vorfahren erlittenen Demütigungen“.[7] Die Ziele solchen Geschichtsunterrichts konnten nur erreicht werden, wenn die monoperspektivisch angelegte Geschichte durch die Autorität des Lehrers oder der Lehrerin kundgetan wurde – im Lehrervortrag, in Geschichtserzählungen als einer ganz bestimmten Gattung der Vermittlung oder durch das Geschichtsbuch, in dem die Konstruktion der Eliten aufgeschrieben war. Geschichte war Geschichtskunde und wurde entsprechend als Gewissheit über die Vergangenheit „verkündet“ – und gelernt.

Gelernt wurde in diesem einseitigen Geschichtsunterricht ein chronologisch sortiertes historisches Wissen, das die Schülerinnen und Schüler als das zutreffende Wissen über die Vergangenheit entgegenzunehmen und zu lernen hatten – ein in sich hoch selektives und ideologisches Gerüst von Namen, Daten und Fakten aus der politisch-his-

---

5 Bertolt Brecht, Fragen eines lesenden Arbeiters, in: ders., Werke in 20 Bänden, Bd. 9, Frankfurt 1967, S. 656 f.

6 Walter Benjamin, Geschichtsphilosophische Thesen, in: ders., Zur Kritik der Gewalt und andere Aufsätze, Frankfurt 1965, S. 83.

7 Günther Anders, Die Antiquiertheit des Menschen, Bd. 2, München 1987, S. 276.

torischen Welt, dessen Kenntnis „Bildung" und „Gebildetsein" verbürgte. Gelernt wurde rezeptiv, was der Lehrer vortrug oder das Schulbuch enthielt. Erhellend ist in diesem Zusammenhang eine methodische Bemerkung Oskar Jägers, der 1877 über die Arbeit mit dem Schulbuch schrieb: „Der Lehrer läßt den betreffenden Abschnitt durch einen Schüler deutlich, nicht zu rasch, vorlesen; er erzählt sodann, nicht zu weit von der Ordnung des Buches sich entfernend (was ja auch kaum möglich) die Geschichte etwas ausführlicher, mit Zuhilfenahme der Wandkarte, wobei Fragen, welche das Verständnis fördern und kontrollieren, leicht sich ergeben. Das Thatsächliche wird, nachdem dies geschehen, entweder katechetisch abgefragt oder (mit Abwechslung, denn nicht jeder Stoff ist dazu geeignet) von einem oder dem anderen Schüler nacherzählt."[8] Erhellend an dem Zitat ist die Wendung, der Lehrer möge sich nicht zu weit von der Ordnung des Buches entfernen, „was ja auch kaum möglich" sei – kaum möglich, weil die Ordnung des Buches der Ordnung der historischen Realität entsprach. Gelernt wurde – wie Jäger betont – über katechetische Verfahren, über das Abfragen von vorgegebenen Gewissheiten und Urteilen, bei dem in aller Regel die Antworten als „falsch" oder „richtig" ausfielen und nicht verhandelbar waren.

Später wurde das katechetische Verfahren abgelöst durch das „fragend-entwickelnde Verfahren", bei dem Geschichte als ein alternativloser, in sich stimmig und logisch ablaufender kontinuierlicher Prozess unterstellt wurde, der in der Gegenwart seinen vorläufigen Abschluss gefunden hatte. Der Lehrer kannte die Entwicklung und wusste das Ende und stellte aus diesem Wissen heraus Fragen, die dem Grundgedanken entstammten, es habe so kommen müssen, wie es gekommen war und daher sei die historische Entwicklung durch geschickte Fragen von den Schülern spekulativ erschließbar. Die beliebte Frage „Wie wird es dann wohl weiter gegangen sein?" konnte falsch oder richtig beantwortet werden. Die falschen Antworten hatten dabei durchaus eine Funktion: Die Schüler dachten so „falsch" wie die historischen Akteure, die sich nicht durchgesetzt hatten, und wurden durch den Verweis auf die „richtige" Antwort auf die einzig wahre und im Ablauf logische Geschichte verpflichtet. So wurden die erfolglosen, gescheiterten historischen Versuche der Politikgestaltung als grundsätzliche

---

8 Oskar Jäger, Bemerkungen über den geschichtlichn Unterricht, Mainz 1877, zitiert aus: Encyklopädisches Handbuch der Pädagogik, nach: W. Rein (Hg.), Bd. 2, Langensalza 1896, S. 750.

Irrtümer und als unhistorische Ansätze abgetan, die nicht mit dem Lauf der Geschichte übereinstimmten. Geschichte als Leidensgeschichte, als Geschichte von Unterdrückungen und Versagungen, als Geschichte von sinnvollen und noch heute und künftig bedenkenswerten Alternativen und Gestaltungsversuchen wurde ausgeblendet. Der utopische Überschuss von Geschichte kam nicht in den Blick.

Historisch blieb dieser monoperspektivische Geschichtsunterricht nicht auf das 19. Jahrhundert und das Kaiserreich beschränkt: Er bildete das Grundmuster des Geschichtsunterrichts bis in die 68er Jahre unseres Jahrhunderts (und in der Praxis weit darüber hinaus). Er bestimmte die historische Unterweisung in der Weimarer Republik, im Faschismus, in der frühen Bundesrepublik und in der DDR. Er blieb Medium zur Herstellung einer nationalen und staatlichen historischen Identität. In der frühen Bundesrepublik wurzelte er in der bildungstheoretischen Didaktik, die die Verantwortung vor dem Volksganzen als Ziel des Unterrichts verstand und darum auf eine einheitliche Deutung der Geschichte angewiesen war. In der DDR wurde Geschichte aus der einen Perspektive der Partei, die immer recht hatte, betrachtet, um ein sozialistisches Geschichtsbewusstsein anzuerziehen. In der DDR gab es dabei eine Zuspitzung des Grundsatzes der Erfolgsgeschichte, das Ungelungene, nur Versuchte und Gescheiterte auch wertend abzutun, wenn es mit dem gewussten und und gesetzmäßigen Verlauf der Geschichte nicht übereinstimmte. Es galt entsprechend als reaktionär oder aber als utopisch und in beiden Fällen als historisch falsch.

Hier wie überall zuvor und zum Teil noch gleichzeitig sollten die Schülerinnen und Schüler durch den monoperspektivisch angelegten Geschichtsunterricht für die Zwecke der Zeit, des Staates, der Demokratie, des Sozialismus abgerichtet werden. Unter formalen Gesichtspunkten gab es zwischen den Geschichtsunterrichten in autoritär, diktatorisch oder demokratisch regierten Staaten kaum wesentliche Unterschiede[9]: Sie waren alle monoperspektivisch angelegt, dem strittigen Durchsprechen historischer Inhalte und der Möglichkeit, aus einer je eigenständigen historischen Erinnerung eine je individuelle Orientierung für Gegenwart und Zukunft zu gewinnen, verschlossen. Noch heute findet man in vielen demokratisch regierten Staaten, die durch ein hohes Maß an nationalem Bewusstsein bestimmt werden, den klassischen

---

9 Darauf hat insbesondere Friedrich J. Lucas, Geschichte als engagierte Wissenschaft. Zur Theorie einer Geschichtsdidaktik, Stuttgart 1985, S. 39 ff. hingewiesen.

monoperspektivischen Geschichtsunterricht, der nur die eine erwünschte und national weitgehend zustimmungsfähige Geschichte zulässt und als allgemeines Lernpensum aufgibt, um das Nationalbewusstsein durch ein nationales Geschichtsbewusstsein zu unterfüttern.

Bis zur Umbruchphase der 68er Jahre gab es einen allgemein mehr oder weniger zustimmungsfähigen und in den Schulen von Lehrerinnen und Lehrern verlässlich exekutierten Kanon von Unterrichtsinhalten, die durch alte methodische Verfahren – Geschichtserzählung, Lehrervortrag, fragend-entwickelndes Verfahren, Arbeit mit dem Schulbuch – als zu lernender Wissensstoff an die Schülerinnnen und Schüler vermittelt wurden. Die scheinbar so neutralen Stoffpläne waren ideologische Selbstläufer: Die Auswahl und chronologische Anordnung der Stoffe, die Lehrmethoden und die Lernmethoden entstammten der Grundannahme, damit werde „die Geschichte" präsentiert und gelernt. Das Beispiel der Schulbücher ist aufschlussreich: Sie bestanden bis zur Mitte der 60er Jahre aus Leitfaden-Darstellungen; ein allwissender Verfasser mit einem „übermenschlichen Zugang zur Wahrheit"[10] hatte aufgeschrieben, „wie es eigentlich gewesen", und seine Darstellung der Ursachen und Folgen, des Wirkens der großen Persönlichkeiten und der politisch-ereignisgeschichtlich gesehenen Vergangenheit verstand sich als Quintessenz der Geschichte, wie sie in der Zunft der Geschichtswissenschaft gesehen wurde. Ziel war die Vermittlung eines Kanons von historischen Sachverhalten, eines kanonisierten Wissens, das gesellschaftlich unumstritten sein sollte und das als Wissen in den Zusammenhängen des Lebens eine „richtige" Orientierung ermöglichen sollte. „Richtig" war die Orientierung dann, wenn sie die „Liebe zur demokratischen Staatsform" oder die „Liebe zum sozialistischen Vaterland" verbürgte, denn das Ziel des Geschichtsunterrichts war weiterhin von einem staatsorientierten Denken bestimmt. Die bildungstheoretische Didaktik in der Bundesrepublik begründete diese Staatsorientiertheit damit, dass der Staat als die über den Parteiungen stehende Institution das Wohl aller im Auge habe. Die Folge war, dass es in der Schule eine Staats-Geschichte geben musste, eine vom Staat her gedachte und konzipierte Geschichte, die kaum ein wenig Raum für andere Sichtweisen bot. Die „sozialistische Didaktik" begründete ihre Ziele aus dem erkannten und gewussten Geschichtsverlauf, der dem „ersten sozialistischen Staat auf deutschem Boden" eine revolutionäre Rolle zumaß.

---

10 Volker Neuhaus, Typen multiperspektivischen Erzählens, Köln–Wien 1971, S. 161.

3. Die neue Geschichtsdidaktik und der neue Geschichtsunterricht

Eine Änderung trat erst ein, als im Zuge eines großen Umdenkens Geschichtswissenschaft, Geschichtstheorie, Geschichtsdidaktik und Pädagogik zu theoretischer Selbstreflexion fanden und die Grundlagen ihres Denkens neu bestimmten.

In der Geschichtswissenschaft begann eine Abkehr vom klassischen Historismus, der nicht mehr in der Lage war, die bedingenden Strukturen und Mentalitäten der Moderne zu erfassen und den Herausforderungen der Sozialwissenschaften nicht gewachsen war. Konzepte von Sozialgeschichte, Strukturgeschichte, einer Historischen Sozialwissenschaft und Gesellschaftsgeschichte wurden mit einem hohen theoretischen Aufwand erörtert und in der Forschung und Geschichtsschreibung erprobt. Die Geschichtswissenschaft hat in der „neuen Unübersichtlichkeit“ (Habermas) der Gegenwart einen „gleichsam schluckaufartigen Pluralisierungsschub“ (Ute Daniel) erfahren: Immer neue, gegenwärtigen Problemen, Krisen und Entwicklungen Rechnung tragende Zugriffsweisen auf die erkennbare menschliche Vergangenheit haben die klassische Orientierung an der politischen Geschichte der Haupt- und Staatsaktionen, der großen historischen Persönlichkeiten und an der Ideen-Geschichte abgelöst: Die Frauen- oder Geschlechtergeschichte, ausgehend von der gesellschaftlichen Bewegung des Feminismus, eröffnet eine neue Perspektive auf die Vergangenheit, indem sie Geschlecht als eine wesentliche oder auch als zentrale Kategorie historischen Denkens annimmt; die Gesellschaftsgeschichte, ausgehend von der Erfahrung, dass die „lange Dauer“ von wirtschaftlichen und gesellschaftlichen Strukturen wie von Mentalitäten menschliches Handeln und Leiden bedingt, dass also eher die Umstände die Menschen machen als dass die Menschen die Umstände machen, begreift sich als historische Sozialwissenschaft, die Kategorien der anderen Sozialwissenschaften in die geschichtswissenschaftliche Forschung einführt. Die Alltagsgeschichte zeigt sich vorwiegend am Handeln und Leiden von Frauen, Männern und Kindern interessiert, die eher als Fußvolk denn hoch zu Ross in die historischen Zusammenhänge verstrickt waren, fragt danach, wie die Menschen vergangener Zeiten ihre Grundbedürfnisse befriedigt haben. Die Kulturgeschichte ist das derzeit letzte Glied der Kette. Dieser Pluralisierungsschub ist Ausdruck der „neuzeitlich bewegten Geschichte“[1], der immer schnelleren Entwicklung und der damit sich einstellenden Probleme und gesellschaftlich anstehenden Fragen, die zu neuen Hinsichten auf die erkennbare Vergangenheit führen.

Es zeigte und zeigt sich daran: Geschichte ist eine Wissenschaft, die in einer besonderen Weise als eine „Gegenwartswissenschaft“ gelten kann. Alle Wissenschaften sind von Gegenwartsbezogenheit und Zukunftsbezogenheit bestimmt: Sie denken durch die Forscherinnen und Forscher von den Erfahrungen und Problemen der Gegenwart her, und Zukunftserwartungen gehen in ihre Fragestellungen ein. Die meisten dieser Wissenschaften bestimmen gegenwärtige und voraussichtlich künftige Probleme als ihren Forschungsgegenstand. Die Geschichtswisenschaft ist auf eine indirektere Weise „Gegenwartswissenschaft“: Sie hat wie alle anderen Wissenschaften ihren Ausgangspunkt notwendigerweise in Gegenwartserfahrungen und Zukunftserwartungen der sie betreibenden Erinnerungsprofis, aber ihr Forschungsgegenstand ist vergangenes, nicht gegenwärtiges menschliches Handeln und Leiden. Sie nimmt einen Umweg oder einen besonderen Pfad, um Informationen und Orientierungen zu liefern, die in und für Gegenwart und Zukunft für Motivbildungen und das Bedenken von historischen Erfahrungen bedeutsam sein können. Aber der Umweg ist unaufhebbar von den Gegenwartserfahrungen, Zukunftserwartungen und Zukunftsbefürchtungen der Wissenschaftlerinnen und Wissenschaftler bestimmt. Und so entstehen in der Gegenwart der Historie auch immer neue Versuche, sich vergangenes menschliches Handeln und Leiden zu vergegenwärtigen. Sie sind neuen grundsätzlichen Standpunkten und Fragestellungen zu verdanken, die bei den einzelnen Forscherinnen und Forschern unterschiedliche individuelle Ausprägungen erfahren und als Perspektiven in die Forschung eingehen. Die Geschichtswissenschaft zeigt in ihren neuen Richtungen und Fragestellungen die Tatsächlichkeit der Gegenwarts- und Zukunftsbezogenheit und der Perspektivität der Historie, die von der Historik theoretisch reflektiert wird.

Die Grundlagenreflexion der Geschichtstheorie oder Historik als Selbstreflexion der Geschichtswissenschaft wurde unter veränderten Bedingungen neu aufgenommen und erbrachte oder bestätigte wichti-

---

1 Vgl. Reinhart Koselleck, Historia Magistra Vitae. Über die Auflösung des Topos im Horizont neuzeitlich bewegter Geschichte, in: ders., Vergangene Zukunft. Zur Semantik geschichtlicher Zeiten, Frankfurt/M. 1979, S. 38 ff.

ge Einsichten über die „Standpunktabhängigkeit“[2] von Historikerinnen und Historikern, die Gegenwarts- und Zukunftsbezogenheit aller Historie, über den subjektiven Faktor und die regulative Idee der Objektivität oder über die „Historische Methode“. Die Geschichtstheorie legte – „(j)ede Geschichte ist perspektivisch“[3] – die Notwendigkeit der „Standpunktreflexion“[4] in Forschung und Geschichtsschreibung dar und kritisierte den „naiven Dogmatismus (...), mit dem ohne Reflexion der Standpunktabhängigkeit historisch erzählt zu werden pflegt“.[5]

Die Geschichtsdidaktik entdeckte, dass der Geschichtsunterricht – eng an Geschichtsforschung und Geschichtstheorie angebunden – den Interessen der Lernenden und nicht den Interessen des Staates dienen solle, entdeckte, dass – wie Friedrich J. Lucas es ausgedrückt hat – „in unserer Situation die konkrete, persönliche, individuelle Freiheit Voraussetzung, Aufgabe und Problem jeder situationsgerechten Erziehung und Bildung sein muß“.[6] Daraus ergab sich eine Folgerung, die bis heute als unüberholt gelten kann: „Hieraus folgt, daß wir ‚Bildung‘ heute nicht mehr im Sinne inhaltlich bestimmter Ergebnisse, der Verfügung über oder auch der Geprägtheit durch kanonisierte geistige Besitztümer, verstehen, sie vielmehr rein formal umschreiben und unsere Aufmerksamkeit auf das Prozessuale reflexiver Bildung, des Sich-Bildens und seiner Sinnrichtungen wenden. Nicht die gesetzten Ziele transitiver Bildung, sondern die Kategorien eigener kritischer Welterfassung und -bemeisterung, die sich im Prozeß der Bildung dem Menschen vermitteln, gilt es zu bedenken und auszulegen“.[7] Damit war die Frage aufgeworfen, welche didaktisch ertragreichen Methoden und Kategorien historischen Denkens im Unterricht vermittelt werden sollten.

Nicht der staatlich oktroyierte Kanon historischen Wissens, der aus dem Interesse und Verständnis der gesellschaftlich dominierenden Eliten entstanden war, sollte im Geschichtsunterricht gelernt werden; im

---

2 Jörn Rüsen, Historische Vernunft. Grundzüge einer Historik I: Die Grundlagen der Geschichtswissenschaft, Göttingen 1983, S. 102.

3 Rüsen, Historische Vernunft, S. 100.

4 Ebd., S. 99 ff.

5 Ebd., S. 104.

6 Friedrich J. Lucas, Geschichte als engagierte Wissenschaft. Zur Theorie einer Geschichtsdidaktik, Stuttgart 1985, S. 49.

7 Lucas, Geschichte, ebd.

Geschichtsunterricht sollte vielmehr jede Schülerin – von der seinerzeit noch kaum die Rede war –, jeder Schüler in den Stand gesetzt werden, selber historisch zu denken, sich selber „die Kategorien eigener kritischer Welterfassung und -bemeisterung“ anzueignen. Daraus ergab sich, dass die Geschichtsdidaktik eine engere Verbindung zur Geschichtstheorie eingehen musste als je zuvor in ihrer Geschichte, dass sie die Erkenntnisse der Geschichtstheorie über die Voraussetzungen und Verfahren der Geschichtswissenschaft einer didaktischen Reflexion unterziehen musste. Diese didaktische Reflexion fragte danach, was an den Erkenntnissen und Aussagen, an den in der Historik gewonnen Kategorien und beschriebenen methodischen Verfahren für Lernende besonders „bildend“ war, um – auf einer anderen Ebene als in der Geschichtswissenschaft – fähig zu werden, in den Zusammenhängen des Lebens eigenständig historisch zu denken. Geschichte war dabei vorausgesetzt als ein neben anderen Fächern bestehendes Fach, das sich mit seinen Fragestellungen, Kategorien und Methoden in einer besonderen Weise – anders als die übrigen Fächer – mit den Problemen und Herausforderungen der Gegenwart und der absehbaren Zukunft auseinandersetzt.

Der Ansatz „lag in der Luft“. Später wurde von „Schülerinteresse“ und „Schülerorientierung“ gesprochen, wenn es darum ging, das formale Bildungsziel des Geschichtsunterrichts oder – wie es später hieß – des *historischen Lernens* zu umschreiben: Immer ging es darum, den Schülerinnen und Schülern die Fähigkeit zum Selberdenken zu vermitteln und ihnen zu verdeutlichen, warum historisches Denken in den Auseinandersetzungen der Gegenwart und in den Zusammenhängen des eigenen Lebens eine erprobte und ertragreiche Betrachtung der Wirklichkeit sein könnte und ist. Rüsen nennt die angestrebte Fähigkeit „narrative Kompetenz“[8] als die Fähigkeit, auf eine vernünftige Weise sich selber eine verantwortbare Antwort auf eine historische Frage geben zu können – eine vertretbare „historische Sinnbildung“ zu erarbeiten und erzählen zu können. Oskar Negt nennt die angestrebte Fähigkeit „historische Kompetenz (Erinnerungs- und Utopiefähigkeit)“[9] als eine Kompetenz, die es ermöglicht, die Gegenwart gedanklich zu überschreiten, sich zu erinnern und aus der Erinnerung Erwar-

---

8 Jörn Rüsen, Historisches Erzählen, in: Handbuch der Geschichtsdidaktik, 5. überarb. Aufl., Seelze-Velber 1997, S. 62.

9 Oskar Negt, Kindheit und Schule in einer Welt der Umbrüche, Göttingen 1997, S. 236 als eine von „5 gesellschaftlichen Schlüsselqualifikationen“.

tungen an eine humane Zukunft zu entwickeln. Immer geht es jedenfalls darum zu lernen, wie man sich in den Herausforderungen der Lebensgeschichte auch historisch orientieren kann, indem Schülerinnen und Schüler lernen, nach den Ursachen der gegenwärtigen Herausforderungen zu fragen und sie sich zu erarbeiten sowie nach den Wertvorstellungen und den Erfahrungen zu fragen, die Menschen in der Vergangenheit in bedingt vergleichbaren Situationen gehabt und gemacht haben, und sie sich zu erarbeiten.

Das Konzept der Multiperspektivität beansprucht, wesentlicher Bestandteil eines neuen historischen Lernens zu sein, in dem die Kategorie „Perspektivität" – Perspektivität in den Zeugnissen der historisch Beteiligten und Betroffenen, Perspektivität der später Betrachtenden, Deutenden und Urteilenden (z.B. bei Historikerinnen und Historikern) und Perspektivität in den Orientierungen, die sich aus der Auseinandersetzungen mit Geschichte ergeben (z.b. bei Schülerinnen und Schülern) – eine wesentliche Rolle spielt.

Getragen wurde dieser Ansatz auch durch eine erneuerte Pädagogik, die sich – auf reformpädagogische Ansätze zurückgreifend – dem Anspruch der Lernenden, selber denken zu lernen, wieder verpflichtet weiß. Getragen wurde dieser Ansatz auch von einer pädagogisch orientierten Psychologie, die den aus der Aufklärung stammenden Gedanken, dass Lernen durch Erfahrung ungleich produktiver ist als jedes Lernen durch Belehrung, immer wieder bestätigen konnte.

4. Geschichtstheoretische Begründung des perspektivischen und multiperspektivischen historischen Lernens

Das neue Verständnis von historischem Lernen ging davon aus, dass die Geschichtstheorie die wichtigste Bezugswissenschaft der Geschichtsdidaktik ist, wenn denn die Geschichtsdidaktik ihren Anspruch einlösen will, eine wissenschaftliche Disziplin und eine Subdisziplin der allgemeinen Geschichtswissenschaft zu sein. Erkenntnisse und Aussagen der Geschichtstheorie wurden daraufhin untersucht, welche Bedeutung sie für die neue Konzeption historischen Lernens haben könnten. In diesem Zusammenhang kam die Idee auf, im Geschichtsunterricht historische Sachverhalte „multiperspektivisch" durch die unterschiedlichen und sich unterscheidenden Zeugnisse von beteiligten und betroffenen Menschen darzustellen, zu präsentieren und in der Auseinandersetzung mit den Zeugnissen historisches Denken und Urteilen zu lernen. Die Idee der Multiperspektivität ist aus der Geschichtstheorie, der Reflexion des Tuns der Historikerinnen und Historiker, ableitbar.

Das forschende Denken von Historikerinnen und Historikern, das von einer sie in ihrer Gegenwart bewegenden Frage ausgeht, richtet sich auf die Zeugnisse und Bekundungen vergangenen menschlichen Handelns und Leidens, die die Zeitgenossen absichtlich oder unabsichtlich hinterlassen haben. Die an einem historischen Prozess Beteiligten haben ihre Lebenszusammenhänge und die sie betreffenden Umstände ihrer Zeit jeweils anders, aus ihrer Perspektive wahrgenommen und aus ihrer Lage heraus denkend und handelnd – oder unterlassend und leidend – auf diese Umstände eingewirkt oder nicht eingewirkt. Sie haben die Dinge, Vorkommnisse, Zusammenhänge aus ihrer Sicht gesehen und damit auf eine andere Weise wahrgenommen und verarbeitet als andere Zeitgenossen. Die Perspektive, die ihrer Wahrnehmung zugrundelag, beruhte auf unterschiedlichen Faktoren – vor allem auf sozialer Herkunft und Zugehörigkeit, auf der Zugehörigkeit zum männlichen oder weiblichen Geschlecht, auf Erziehung und lebensgeschichtlichen Erfahrungen sowie auf Interessen, die ihr Denken und Handeln bestimmten.

Historikerinnen und Historiker treffen so auf viele und vielfältige Zeugnisse von Zeitgenossen, die in unterschiedlicher Weise in die Prozesse verstrickt waren, sie je nach ihrer Lage und ihren Interessen gesehen, wahrgenommen, gedeutet und ihnen handelnd oder leidend, handelnd oder nicht handelnd begegnet sind. Die Zeugnisse sind perspektivische Brechungen der Wirklichkeit. Die vielen Zeugnisse, mit denen Historikerinnen und Historiker im Forschungsprozeß zu tun haben, sind immer perspektivische Zeugnisse und nicht – was Schülerinnen und Schüler erst lernen müssen – die objektive Spiegelung einer vergangenen Wirklichkeit.

Im Forschungsprozess sammeln und sichten Forscherinnen und Forscher so viele Zeugnisse, wie sie für ihren Forschungsgegenstand und für die wissenschaftliche Beantwortung ihrer Ausgangsfrage erreichen können, möglichst alle einschlägigen Zeugnisse. Diese Phase des Findens möglichst aller einschlägigen Zeugnisse – oder „Quellen" – ist die Phase der „Heuristik". In der Regel handelt es sich um eine ungeheure Fülle von Quellen aus den verschiedensten Bereichen, die in irgendeiner erkennbaren Weise mit dem historischen Sachverhalt in Beziehung stehen und Aussagen über ihn beinhalten. (Und eingeschlossen in diese Phase ist immer auch die Kenntnisnahme der bisher zu diesem Sachverhalt betriebenen historischen Forschung).

In der Phase der „Kritik" untersuchen Forscherinnen und Forscher die vielen und vielfältigen, einander widersprechenden oder gelegentlich nur in Nuancen voneinander abweichenden Zeugnisse „quellenkritisch": Sie fragen nach dem Wahrheitsgehalt der in den Quellen enthaltenen Wahrnehmungen und Aussagen, indem sie auf die soziale Stellung oder die Geschlechtszugehörigkeit, auf mögliche Interessen und größere oder geringere Nähe der Quellenlieferanten zum historischen Geschehen – die Perspektive – schauen. In einem aufwendigen Verfahren des Vergleichs und der Abwägung, der Ausschließung von Unwahrscheinlichkeiten, des ideologiekritischen Entlarvens von interessegeleiteten selektiven Wahrnehmungen und offensichtlichen Irrtümern versuchen sie herauszufinden, was tatsächlich der Fall war. Dies ist für die Forschung eine überaus arbeitsintensive Phase, in der es darum geht, aus den Zeugnissen die Absichten, Beweggründe, Interessen und Wertvorstellungen der Beteiligten zu erschließen und sie zu „verstehen". Es geht darum, sich in die Situation der wahrnehmenden, handelnden, leidenden Zeitgenossinnen und Zeitgenossen hineinzuversetzen, ihre historische Perspektive einzunehmen, ihre historische Rolle zu übernehmen, um zeitweise aus ihr heraus zu denken, denkend zu handeln und Erfahrungen zu machen. Es geht in dieser Phase zugleich darum, die bedingenden Umstände, die gesellschaftliche Position und Machtposition der handelnden und nicht handelnden, der herrschenden und der leidenden Menschen, die ökonomischen, gesellschaftlichen, kulturellen und politischen Rahmenbedingungen des Handelns und Leidens zu „erklären". Ingesamt geht es bei dem „Verstehen" und dem „Erklären" um die dialektische Verschränktheit der beiden Ebenen und ihre Erfassung.

In der Phase der „Interpretation" verknüpfen die Forscherinnen und Forscher die von ihnen als zweifelsfrei oder als höchst wahrscheinlich gewonnenen Informationen zu einer „Sinnbildung", einer narrativen Konstruktion, in der alle angefallenen Informationen zu einem in sich stimmigen Nacheinander von Ursachen und Folgen zeitlich und zu Funktionszusammenhängen geordnet und einander zugeordnet werden. In dieser Phase entsteht die Geschichte, die Forscherin oder Forscher erzählen, entsteht das „narrative" Konstrukt oder: die „historische Sinnbildung" (Rüsen).

Wenn sie dann ihre Geschichte als ihr Forschungsergebnis und als Antwort auf ihre historische Frage veröffentlichen, befinden sie sich formal in einer bedingt vergleichbaren Lage wie ihre historischen Gewährsleute, die den Bezugsrahmen ihres Handelns und Leidens unterschiedlich erfahren, wahrgenommen und gesehen haben: Die Wissenschaftlichkeit ihres methodischen Vorgehens schützt sie nicht davor und kann sie nicht davor schützen, dass sie nur eine unter vielen anderen möglichen und tatsächlich vorhandenen Sinnbildungen vorgelegt haben. Zehn oder mehr Historikerinnen oder Historiker, die das Ende der Weimarer Republik als Forschungsgegenstand gewählt haben, weil es ihnen in ihrer Zeit wichtig geworden ist und es ihre „historische Frage" begründet, veröffentlichen zehn oder mehr voneinander abweichende Darstellungen des Endes der Weimarer Republik. Ob sie das wissen oder nicht, reflektieren oder nicht: Sie alle haben eine Sinnbildung vorgelegt, die sich ihrer besonderen, lebensgeschichtlich gewordenen, durch soziale Herkunft und Geschlechtszugehörigkeit beeinflussten Perspektive, ihrer unterschiedlich bedingten individuellen Hin-Sicht, ihrem „Sehepunkt" (Chladenius) verdankt. Bei aller Wissenschaftlichkeit ihres Vorgehens, bei aller Beachtung der in ihrer Wissenschaft erprobten Forschungsmethode – der „Historischen Methode" – haben sie „nur" eine unter vielen denkbaren und tatsächlich vorhandenen Sinnbildungen vorgelegt – und es gehört theoretisch zum Selbstverständnis von Historikerinnen und Historikern, dass sie sich ihrer eigenen Perspektivität bewusst sind und sie sich im Forschungsprozess und in der Geschichtsschreibung bewusst halten. In aller Regel – es sei denn, sie hätten schlecht und schlampig gearbeitet, oder schiere Gesinnungstüchtigkeit habe zu erkennbar selektiven Wahrnehmungen und parteilichen Interpretationen der Quellen geführt – werden ihre Darstellungen als „ein wichtiger Beitrag zur Forschung" gewürdigt. Aber selbst der euphorischste Rezensent wird ihre Geschichte nie als die „endgültige" Geschichte zum Thema empfehlen oder empfehlen können, denn: Geschichte ist ein unendliches, niemals abreißendes Nachdenken über vergangenes menschliches Handeln und Leiden, das sich Orientierungsbedürfnissen einer jeweiligen Gegenwart gegenüber einer erwarteten oder gefürchteten Zukunft verdankt und ohne den subjektiven Faktor gar nicht denkbar ist. Größere oder kleinere Kontroversen über die von Historikerinnen und Historikern vorgelegten Sinnbildungen sind in der Geschichtswissenschaft wie in jeder „Deutungswissenschaft" die Regel und nicht die Ausnahme.

Dieser Grundsachverhalt bedingt auch eine weitere Tatsache: Die Historikerinnen und Historiker, die eine Darstellung – eine Sinnbildung – zum Ende der Weimarer Demokratie vorlegen, erfahren nicht nur die Kritik anderer zeitgenössischer Historikerinnen und Historiker; sie grenzen sich selber von den Sinnbildungen anderer in ihrer Zeit ab, kritisieren ihrerseits Positionen und Deutungen der anderen, und das mit ihren guten Gründen. Und mehr noch: Sie grenzen sich entschieden, in wesentlichen Punkten oder in Nuancen von den Auffassungen ab, die früher zum gleichen Thema geäußert und veröffentlicht worden sind und sich auch einer zeitlich bedingten Perspektive, der zeitlichen „Standortgebundenheit", verdankten. Ja, in der Regel ist es sogar so, dass sie in Kenntnis gegenwärtiger und vergangener Sinnbildungen die Absicht haben, eine neue Sinnbildung vorzulegen, die ihnen zeitgemäßer erscheint als die anderen gegenwärtigen und erst recht als die früheren deutenden Konstruktionen. „Historiker sind ja in der Regel eher damit beschäftigt, die Ergebnisse ihrer Vorgänger zu widerlegen, als auf ihnen aufzubauen".[1] Daraus entstehen dann die kleineren, nur in der Fachöffentlichkeit ausgefochtenen und die größeren, auch die allgemeine Öffentlichkeit erregenden Kontroversen – etwa die „Fischer-Kontroverse" über den Ausbruch des Ersten Weltkrieges, der „Historikerstreit" über die Bewertung des Nationalsozialismus oder die „Goldhagen-Kontroverse" über „Hitlers willige Vollstrecker". Diese Kontroversen haben für die Geschichtswissenschaft wichtige Funktionen: In ihnen werden die unterschiedlichen Sinnbildungen auf die ihnen zugrundeliegenden Per-

---

1 Richard J. Evans, Fakten und Fiktionen. Über die Grundlagen historischer Erkenntnis, Frankfurt/M.–New York 1998, S. 52.

spektiven untersucht. Es geht in diesen Kontroversen darum, „die jeweils aufgrund unterschiedlicher Standpunkte und mit entsprechend unterschiedlichen normativen Gegenwartsbezügen verschieden perspektivierten Geschichten so aufeinander zu beziehen, dass sie sich wechselseitig kritisieren und ergänzen. Dann stehen eben nicht mehr verschiedene historische Perspektiven beziehungslos nebeneinander, sondern sie werden aufeinander mit der Maßgabe bezogen, sich aneinander zugunsten umgreifender Perspektiven abzuarbeiten".[2] Es handelt sich dabei um eine *„Perspektivenerweiterung durch Standpunktreflexion"*[3], durch die ein Abgleiten in einen postmodernen Relativismus – „everything goes" und „jede Perspektive hat ihr relatives Recht" – ausgeschlossen wird.

Perspektivität liegt aber nicht nur in den *Wahrnehmungen* der Zeitgenossen vor, die uns in den Zeugnissen der Vergangenheit begegnen, und nicht nur in den *Deutungen*, die diese Zeugnisse durch Nachgeborene – etwa Historiker – erfahren, sondern auch in den *Orientierungen*, die sich in der Beschäftigung mit den Wahrnehmungen der Zeitgenossen und/oder mit den Deutungen der Nachgeborenen bilden. In jedem Falle handelt es sich um viele unterschiedliche Wahrnehmungen, Deutungen und Orientierungen und damit um Multi-Perspektivität.

So sind, noch einmal zusammenfassend, drei verschiedene Formen der Perspektivität zu unterscheiden und zu beachten: Erstens die Perspektivität der aus der unmittelbaren Erfahrung hervorgehenden Wahrnehmung der Zeitgenossen, so wie sie sich in den Zeugnissen der Vergangenheit niederschlägt, zweitens die Perspektivität in der Deutung historischer Sachverhalte durch Nachgeborene, die sich mit den Zeugnissen der Vergangenheit auseinandersetzen – und sich dabei ihrer eigenen Perspektivität bewusst sein sollten – und drittens Perspektivität in den Orientierungen derjenigen, die sich mit den Wahrnehmungen der Zeitgenossen und den Deutungen durch die Nachgeborenen auseinandersetzen und zu eigenen Perspektiven auf die Gegenwart und die Zukunft gelangen. Um Begriffsverwirrungen zu vermeiden, hat Bodo von Borries bereits 1983 vorgeschlagen, den Begriff der „Multiperspektivität" zu beschränken auf die Zeugnisse der Beteiligten und Betroffenen und demgegenüber den Begriff der „Kontroversität" für die Ebene der Deutung durch spätere Betrachter – z.B. Histo-

2 Rüsen, Historische Vernunft, S. 105.
3 Ebd.

riker – zu verwenden.[4] 1999 plädiert er dafür, für die Ebene der Orientierung den Begriff der „Pluralität“ einzuführen.[5] Ich werde im Folgenden diese Begrifflichkeit weitgehend übernehmen, vor allem dann, wenn deutlich werden soll, welche zeitliche Ebene gemeint sein soll – die Ebene der zeitgleich zu einem historischen Prozess Lebenden (Multiperspektivität), die Ebene der aus einer späteren Zeit heraus Betrachtenden und Deutenden (Kontroversität) oder die Ebene der sich heute Orientierenden (Pluralität).

4 Vgl. Bodo von Borries, Geschichte lernen – mit heutigen Schulbüchern?, in: GWU (1983), S. 558 ff.

5 Zur Zeit der Abfassung dieser Arbeit nur als email von Bodo von Borries an meinen Staatsexamenskandidaten Oliver Schneider vom 28.2.1999 zitierbar, angekündigt für einen Beitrag in GWU 1999.

5. Geschichtsdidaktische Begründung des perspektivischen und multiperspektivischen historischen Lernens

Wenn die Geschichtsdidaktik nach dem „Bildungswert" der Geschichte fragt, kann sie sich nicht darauf verlassen, dass die Geschichtswissenschaft ihr einen für alle verbindlichen Katalog, einen Kanon narrativen historischen Wissens liefert, der historische „Bildung" verbürgt, wenn man unter historischer Bildung die Fähigkeit versteht, sich in verschiedenen Lebenslagen erinnernd orientieren zu können. Die Geschichtswissenschaft kann keinen Kanon liefern, weil sie auch über zeitlich entfernteste Sachverhalte unterschiedliche Fragestellungen entwickelt, die so noch nie gedacht worden sind und zu Aussagen und Urteilen führen, die so noch nicht ausgesprochen worden sind. In der neuzeitlich bewegten Zeit und im „veitstanzartigen Vorwärtsschreiten der Zeit"[1] ergeben sich auch in immer schnellerer Folge neue Zugriffsweisen gegenüber vergangenem menschlichem Handeln und Leiden und immer neue Anfragen an die erkennbare Vergangenheit, die ein schier unübersehbares Wissen ergeben. Dieses ständig erweiterte, korrigierte, modifizierte Wissen geht in eine Vielzahl zeitgenössisch wichtiger, fruchtbarer Deutungen – historische Sinnbildungen – ein. Wie daraus einen Kanon formulieren, zumal gewiss ist, dass die Sinnbildungen keinen dauerhaften Bestand haben?

Wenn es das Ziel historischen Lernens ist, narrative Kompetenz oder historische Kompetenz zu fördern, kann nicht mehr das Erlernen historischen Wissens als eines je und je perspektivischen Konstrukts im Vordergrund stehen, für das die Kulturadministration sowie die Lehrerinnen und Lehrer sich unter Ausblendung anderer Sinnbildungen dezisionistisch entscheiden. Statt einer Einlagerung von vorgeordnetem narrativem Wissen muss vielmehr gelernt werden, wie man sich in der Zeit orientieren kann, wie man sich informieren kann, indem man sich mit unterschiedlichen Quellen und unterschiedlichen Urteilen aus der Geschichtswissenschaft oder der weiteren Geschichtskultur auseinandersetzen kann, um nach diszipliniertem, an Regeln gebunde-

1 Heinz-Joachim Heydorn, Zu einer Neufassung des Bildungsbegriffs, Frankfurt/M. 1972, S. 18.

nem Nachdenken zu eigenen Aussagen und Urteilen, zu einer eigenen, tragfähigen historischen Erinnerung – und zu einem eigenen narrativen Wissen – zu kommen.

Erinnerungsfähig zu sein heißt, Verfahren zu kennen und anwenden zu können, die es ermöglichen, sich zutreffende Informationen über die Ursachen und historischen Bedingungen der gegenwärtigen Lage zu verschaffen sowie Wertvorstellungen und Erfahrungen von Menschen zu bedenken, die in anderen Zeiten vor bedingt – nur bedingt – vergleichbaren Prozessen gestanden haben, sie auf ihre Weise wahrgenommen und sinnvoll auf sie einzuwirken versucht haben.

Im multiperspektivischen Geschichtsunterricht begegnen Schülerinnen und Schüler, nachdem eine „historische Frage" gefunden oder gestellt worden ist, Zeugnissen von Zeitgenossinnen und Zeitgenossen, die in die historischen Zusammenhänge verwickelt waren und diese von ihrem Sehe-Punkt, aus ihrer Perspektive wahrgenommen und auf sie in ihrem Sinne einzuwirken versucht haben. Es sind voneinander abweichende, gelegentlich sich widersprechende, mitunter gegensätzliche Zeugnisse, die unterschiedliche Ansichten, Wertvorstellungen und Sinnrichtungen enthalten. Es können dies schriftliche – in der Zeitgeschichte dank der oral history auch mündliche – Zeugnisse, es können bildliche Zeugnisse unterschiedlichster Art sein oder auch die Kombination sprachlicher und bildlicher Zeugnissee, es können andere vielfältige Zeugnisse sein. Die Schülerinnen und Schüler begegnen dabei der Grundtatsache der Perspektivität menschlicher Wahrnehmung, Deutung und Orientierung und damit auch der eigenen Perspektivität. Und sie erfahren, dass Perspektivität im gesellschaftlichen Zusammenhang immer auf Multiperspektivität hinausläuft – auf viele unterschiedliche Wahrnehmungen, Deutungen und Orientierungen.

Angenommen, die „historische Frage" richtet sich angesichts der gegenwärtigen und voraussichtlich dauerhaften gesellschaftlichen Diskussion über Arbeit und Arbeitslosigkeit und die Zukunft der Arbeitsgesellschaft darauf, welche Bedeutung Arbeit in der griechischen Antike hatte, welcher Wert ihr beigemessen wurde und welche Vorstellungen mit Arbeit verbunden waren. Die Schülerinnen und Schüler finden unterschiedliche, in ihren Aussagen nicht kongruente und sich unterscheidende schriftliche und bildliche Zeugnisse zu dem Thema, oder aber Lehrerin oder Lehrer präsentieren ihnen entsprechende Zeugnisse, und die Schülerinnen und Schüler finden dann in diesen Zeugnissen Angaben und Aussagen zum Thema. Diese Phase ist durchaus der Phase der „Heuristik" vergleichbar: Die Schülerinnen und Schüler sammeln, finden, sichten einschlägiges Material, das dann in den folgenden Phasen der „Kritik" und der „Interpretation" genauer untersucht wird. Dabei wenden sie vor allem zwei miteinander verschränkte geistige Operationen an, die für sich und in ihrer Verschränktheit didaktisch von besonderer Bedeutung sind: „Erklären" und „Verstehen". Sie müssen sich in eine fremde, ganz andersartige frühere Welt einarbeiten, in die äußeren Bedingungen menschlichen Handelns und Leidens, in die überaus dauerhaften ökonomischen, gesellschaftlichen, politischen und mentalen Voraussetzungen menschlichen Handelns und Leidens, auf die die Menschen der früheren Zeit denkend, planend absichtsvoll reagieren und handelnd eingreifen wollen, um zu verändern oder zu bewahren, was ist.

Die Erschließung der äußeren Umstände, Bedingungen und Voraussetzungen geschieht mit dem methodischen Verfahren des „Erklärens": Hier werden Informationen über Herrschaftsstrukturen, wirtschaftliche Gegebenheiten und Notwendigkeiten, gesellschaftliche Schichtung und soziale Mentalitäten gesammelt, um die dauerhaften Zusammenhänge und die konkrete Lage, in der sich die denkenden und planenden, handelnden und leidenden Menschen der Zeit befunden haben, zu erschließen.

Die Erschließung der Motive, der Wertvorstellungen, der Absichten, mit denen die Menschen in unterschiedlicher Weise auf die Herausforderungen der äußeren Bedingungen eingehen, um sie zu verändern oder zu bewahren, geschieht mit dem methodischen Verfahren des „Verstehens", das im Historismus ausgebildet worden ist. Hier müssen die Schülerinnen und Schüler versuchen, sich in die Lage der Betroffenen hineinzuversetzen, ihre historische Rolle und Perspektive einzunehmen, um die Lage mit ihren Augen, aus ihrer Perspektive zu betrachten. Es gibt viele, in Nuancen voneinander abweichende Bezeichnungen für die schwierige Operation, die Welt mit den Augen der Menschen in ihrer Zeit zu sehen, sich in ihre Köpfe hineinzudenken oder ihre Gefühle nachzuvollziehen: „Perspektivenübernahme" und „Rollenübernahme" stehen für einen eher rational betonten Zugang zum Denken der anderen, „Empathie" und „Einfühlung" stehen für einen Zugang, der stärker über das Gefühl bestimmt wird.

Der didaktische Wert beider Verfahren – des „Verstehens" und des „Erklärens" – liegt auf der Hand. Beim „Verstehen" lernen die Schülerinnen und Schüler die eminent wichtige soziale Fähigkeit, die sie in der alltäglichen Kommunikation brauchen: sich in andere Menschen hineinzuversetzen, deren Gedankenwelt ihnen auch völlig fremd sein kann, Perspektiven einzunehmen, die nicht die ihren sind, Gefühle wahrzunehmen, die sie nur schwer nachvollziehen können, von sich selber abzusehen und nicht von sich in kurzschlüssiger, „unhistorischer“ Weise auf andere in der Vergangenheit zu schließen, aber auch im Idealfall sich ihrer eigenen Perspektivität als Perspektivität bewusst zu werden. Sie können dabei lernen, dass die anderen, die historisch anderen, in ihrer Andersartigkeit Gründe und Motive, Absichten und Wertvorstellungen hatten, die aus ihrer Situation heraus gerechtfertigt waren; sie lernen möglicherweise, dass das Fremdartige eine durchaus sinnvoll begründete Denkweise (und daraus folgende Handlungsweise) und Reaktionsweise darstellen kann. Sie erfahren dabei, dass es Wertvorstellungen gibt, die bedenkenswert sind; sie erfahren, dass es Wertvorstellungen gibt, die ihre eigenen Wertvorstellungen durchaus bereichern können; sie erfahren, dass sie mit der spontanen und vorschnellen Aburteilung von Menschen der Vergangenheit diesen Menschen nicht gerecht werden; sie erkennen, welche Folgen das Handeln und Nicht-Handeln in einem historisch gewordenen Zusammenhang zeitigten; sie erfahren, dass sie selber eine Perspektive haben, die sie reflektieren und distanzieren können müssen; sie erfahren dabei, dass ihre eigene Perspektive sie zu anderen eigenen Sinnbildungen führt, die von anderen in der Klasse erarbeiteten Sinnbildungen abweichen können; sie erfahren dabei, dass durch Standpunktreflexion die eigenen oder die anderen Urteile korrigiert werden müssen oder sich annähern lassen; sie erfahren dabei – vielleicht und hoffentlich –, dass andere in ihrer Lage ein Recht haben, so zu denken, wie sie denken, so zu handeln, wie sie handeln: Sie erwerben sich – vielleicht und hoffentlich – Toleranz gegenüber dem Toleranzwürdigen. „Toleranz (...) als Kategorie mehrperspektivischer Sicht“ – über ihre Grenzen und über das Recht auf Intoleranz wird noch zu reden sein – wird immer wichtiger: Die gegenwärtigen und absehbaren Internationalisierungsprozesse und die gleichzeitig beobachtbare mentale und faktisch wirksame Erneuerung von Nationalismen legen nahe, „das Nachdenken über Toleranz in den Fragezusammenhang einer kulturwissenschaftlichen Fremdheitsforschung und Fremdheitslehre (Xenologie) einzubetten und die Toleranzfrage zugleich als Überlebensfrage und mithin als Sicherheitsfrage der gesamten Weltgesellschaft zu begreifen“.[2] Es geht um bewusste Annahme der Vielfalt: Geschichte ist Vielfalt und zugleich auch die Erzählung von der Geschichte der Vielfalt. „Die Ge-

2 Alois Wierlacher, Kulturthema Toleranz, in: DVPB aktuell. Report zur Politischen Bildung 1 (1999), S. 5.

schichte der Vielfalt will uns vermitteln, daß unsere Interaktionen mit vielen verschiedenen Menschen uns zu dem machen, was wir sind"[3] – und das betrifft auch Interaktionen mit den Menschen der Vergangenheit, mit deren Zeugnissen und Hinterlassenschaften, mit deren Handeln und Erfahrungen wir uns auseinandersetzen. Die Fähigkeit zum „Fremdverstehen", beim historischen Lernen erwerbbar, ist eine gegenwärtig und künftig wesentliche Grundlage sozialen Denkens und Handelns.

Bodo von Borries hat in einer eindrücklichen Form darauf hingewiesen, was es bedeuten kann, wenn man historisches „Verstehen" nicht lernt:

- „Wer nicht weiß, nicht psychisch akzeptiert, daß er als Kreuzfahrer ein Judenschlächter, als Conquistador ein Indianermörder, als Seemann ein Sklavenhändler, als Nazischerge ein Massenmörder hätte sein können, wird gegen neue Zumutungen und Verführungen wenig sensibel sein (...).
- Wer von der bedingungslosen überzeitlichen Gültigkeit der Menschenrechte (...) überzeugt ist, verkennt nicht nur alle vormodernen Gesellschaften und den grundlegenden Prozeß der ‚Erfindung und Entdeckung der Menschenrechte', sondern kann auch die Tatsachen und die Gründe der Nichteinhaltung in heutigen Staaten mit anderen mentalen Traditionen nicht begreifen (...).
- Wer sich Verschiedenheit bzw. Anderssein nur als defizitär gegenüber der eigenen, allein vollwertigen Verwirklichung des Menschseins vorstellen kann, der ist – Menschenrechte hin, Menschenrechte her – selbst ein Ethnozentriker, bleibt dadurch hinter den Menschenrechten zurück und reduziert sie auf eine ‚moderne europäische Stammesmoral'. Das Ertragen von Verschiedenheit und Ambivalenz soll – in der künftigen interdependenten und vielgestaltigen Weltgesellschaft – eine der wesentlichen Lernleistungen von Geschichtsbewusstsein sein (...).
- Wer fremdartiges Handeln aus anderen Traditionen und Mentalitäten nicht ertragen und erklären kann, der tut den ‚Anderen' (seinen Vorfahren wie fremden Kulturen) nicht nur Unrecht, denn er gefährdet auch Freiheit und Frieden. Denn wie soll er mit der nötigen flexiblen Kombination von Toleranz und Festigkeit auftreten, d.h.

---

3 Neil Postman, Keine Götter mehr. Das Ende der Erziehung, München 1997, S. 173.

den anderen gelten lassen, aber auch etwaige Übergriffe abwehren?"[4]

Das Erkennen und Nachvollziehen von Perspektiven, auf dem das „Verstehen" beruht, kann aber nicht nur zu Verständnis und Toleranz führen; es ist auch Voraussetzung für ideologiekritisches Denken. Unter ideologiekritischem Denken soll hier verstanden werden ein Denken, das danach fragt und darüber nachdenkt, wer, in welcher Rolle, an wen gewendet, in welcher Absicht und in welchen Zusammenhängen, Gedanken geäußert hat, deren Gehalt unzutreffend oder fragwürdig ist und die wahren Absichten verschleiert oder verschleiern soll: „Um ein Urteil als ideologisches nachzuweisen, muß gezeigt werden, daß a) die Aussage sachlich unzutreffend und b) der Irrtum selbst durch Standortgebundenheit des Denkenden bedingt ist. Es sollte sich verstehen, daß ein befangenes Urteil von seinem Träger nicht als solches erkannt sein muß; es kann vielmehr mit Überzeugung, also mit voller subjektiver Redlichkeit, gehegt und geäußert werden."[5] Ideologiekritik ist eine „Hermeneutik des Verdachts" (Habermas) – des Verdachts, der Autor einer Äußerung habe etwas anderes im Sinn oder sei sich selber nicht bewusst, dass er etwas anderes im Sinn habe als das, was in der Äußerung ausgesagt wird. Sie ist damit auch eine Hermeneutik der Wachsamkeit und der Vorsicht, der in sozialen und politischen Zusammenhängen große Bedeutung zukommt.

Eingeschlossen in den Akt des „Verstehens" ist ein Prozeß der Selbstreflexion und der Selbsterkenntnis, die in Rollendistanz zum Ausdruck kommt: „Rollendistanz bezeichnet eine Selbstreflexion, in der ich mich gedanklich gleichsam neben mich stelle und meine Rolle betrachte. Das heißt in unserem Zusammenhang, dass ich zu erkennen suche, was mich in einer bestimmten Situation bewegt, welche Gedanken, Erwartungen und Gefühle ich habe, welche Normen und Werte darin erkennbar werden".[6] Rollendistanz und „die Einübung in reflexives Denken, das sich auf den eigenen Bezugsrahmen richtet"[7], sind

4 Bodo von Borries, Kindlich-Jugendliche Geschichtsverarbeitung in West- und Ostdeutschland,1990. Ein empirischer Vergleich, Pfaffenweiler 1992, S. 63.

5 Werner Hofmann, Gesellschaftslehre als Ordnungsmacht. Die Werturteilsfrage – heute, Berlin 1961, S. 20 f.

6 Jochen Huhn, Theoretische Grundlagen, in: Vergangenes sehen. Perspektivität im Prozeß historischen Lernens. Theorie und Unterrichtspraxis von der Grundschule bis zur Sekundarstufe II, Bonn 1995, S. 37.

7 Huhn, Grundlagen, S. 37.

Fähigkeiten, die für soziales Handeln so unentbehrlich sind wie „Erklären" und „Verstehen" oder „Empathie" gegenüber den anderen, den nahen oder fremden Menschen.

Beim „Erklären" lernen die Schülerinnen und Schüler, was in der Dimensionierung des Geschichtsbewusstseins bei Hans-Jürgen Pandel „Historizitätsbewußtsein" genannt wird und für die historisch-politische Bildung einen eminenten Stellenwert hat: die Unterscheidung von „veränderlich" und „dauerhaft".[8] Menschliches Denken und Handeln muss sich immer an den Möglichkeiten orientieren, die die Bedingungen hergeben, um verändern oder bewahren zu können; menschliches Denken und Handeln muss immer sinnvoll mit den Möglichkeiten vermittelt sein, und diese Vermitteltheit entscheidet wesentlich über den Erfolg oder den Misserfolg, das Gelingen oder das Scheitern. Die Schülerinnen und Schüler sollen lernen, dass es Strukturen gibt, die sich nur durch eine langfristige Zukunftsperspektive und durch das berühmte Bohren dicker Bretter (Max Weber), möglicherweise über Generationen hinweg, verändern lassen: Die Republik. – bei Kant noch eine „Chimäre" und doch ein Ziel, für das es einzutreten lohnte – ist nach Generationen dadurch zur Wirklichkeit geworden, dass sich in diesen Generationen viele und immer mehr Menschen für diesen Gedanken eingesetzt haben; der Acht-Stunden-Tag, zunächst eine Utopie, die acht Stunden Arbeit, acht Stunden „Frei-Zeit" von der Arbeit und acht Stunden Schlaf vorsah, ist dadurch historisch zur Wirklichkeit geworden, dass viele und immer mehr Menschen an der Verwirklichung dieser Vision solidarisch mitgewirkt haben; die Gleichberechtigung von Frauen, seit Jahrhunderten gefordert, immer abgewehrt und mit der Guillotine oder anderem und subtiler bestraft, wird Realität werden, und eine der dazu notwendigen Voraussetzungen ist, bei Schülerinnen und bei Schülern ein Historizitätsbewusstsein zu fördern, das um die Schwierigkeiten der Verwirklichung weiß und den Schwierigkeiten durch Geschichtsbewusstsein trotzen kann.

Das alles kann durch einen Geschichtsunterricht gefördert werden, der multiperspektivisch angelegt ist, denn: Idealiter lernen die Schülerinnen und Schüler hier wesentliche, didaktisch ergiebige Methoden des Denkens und Kategorien der Welterfassung kennen, wie sie kein

8 Vgl. Hans-Jürgen Pandel, Dimensionen und Struktur des Geschichtsbewusstseins, in: Hans Süssmuth (Hg.), Geschichtsunterricht im vereinten Deutschland. Auf der Suche nach Neuorientierung, T. 1, Baden-Baden 1991, S. 55 ff.

Belehrungsunterricht vermitteln kann. Sie erarbeiten sich, indem sie diszipliniert und kritisch nachdenken, ihre eigene Antwort auf die „historische Frage“, ihre Geschichte und fällen eigenständige Urteile über vergangenes menschliches Handeln und Leiden, die sie dann in der Klasse mit anderen Urteilen konfrontiert sehen, die aus anderen Perspektiven als der eigenen stammen. Spätestens in der Auseinandersetzung mit anderen Urteilen in der Lerngruppe werden sie dabei auf legitime Weise zur Standpunktreflexion gezwungen: Sie unterziehen die anderen Urteile einer Standpunktreflexion und befragen sie auf die ihnen zugrundeliegenden Perspektiven; sie werden von den anderen zu einer eigenen, selbstkritischen Standpunktreflexion und zur Überprüfung der eigenen Urteile angehalten. Ein solcher Diskurs ist wesentlicher Bestandteil des multiperspektivisch orientierten Lernens. Er verhindert, dass der historische Sachverhalt in der Bearbeitung durch die Lernenden in voneinander isolierte Geschichten zerfällt. Er ermöglicht, dass die verschiedenen Geschichten, die sich aus unterschiedlichen Hinsichten ergeben, nicht nur subjektive Reflexe der Ablehnung oder Zustimmung auslösen, sondern eine objektive Reflexion in Gang setzen, die zu einer „Perspektivenerweiterung durch Standpunktreflexion“ führt, deren normativer Gehalt darin besteht, dass die Schülerinnen und Schüler voneinander lernen, ihre je eigene Perspektive kritisch reflektieren und vielleicht für andere Gesichtspunkte öffnen und sich zugleich in ihrer vernünftig begründeten Unterschiedlichkeit anerkennen, respektieren und garantieren.

Der historische Prozess, in dem wir uns befinden, erzwingt im Bereich des historischen Lernens ein Lernen, das stark auf die Kategorien der Perspektivität und der Multiperspektivität hin angelegt ist und damit Perspektivenübernahme und Fremdverstehen ermöglichen soll. Wir stehen in einer tiefgreifenden Umbruchsituation, befinden uns in einem epochalen Strukturwandel der Industriegesellschaft – Stichworte sind etwa: Globalisierung, „Modernisierung“, „Flexibilisierung“ – bis in Fragen einer gesellschaftlichen Sittlichkeit hinein –, Medienrevolution, Krise und Ende der herkömmlichen Arbeitsgesellschaft, Umweltproblematik, politisch und wirtschaftlich bedingte Migrationen, multiethnische Gesellschaft, kulturelle und politische Identitätsverstörungen, ideologische Rückversicherungen in alten, überkommenen und diskreditierten – etwa nationalistischen – Orientierungen. Rolf Schörken hat bereits 1980 auf den „Geschichtsunterricht in der kleiner werdenden Welt“ hingewiesen.[9] Er konnte seinerzeit nur eine Vorahnung von dem haben, was sich heute als Szenario darstellt. In dieser Welt, die sich teilweise wie eine Einlösung der Prophezeiungen im „Kommunistischen Manifest" von Marx und Engels ausnimmt, sind Fähigkeiten vonnöten, die der traditionelle Geschichtsunterricht weder vermitteln konnte noch wollte. Zu diesen Fähigkeiten gehört wesentlich die Fähigkeit zur Perspektivenübernahme als Voraussetzung für das Fremdverstehen in den Begegnungen mit „den anderen" – mit den kulturell und religiös anders geprägten Mitschülerinnen und Mitschülern aus anderen Ethnien in der Lerngruppe[10] wie mit den anders geprägten, in anderen Traditionen und historischen Mentalitäten aufgewachsenen Menschen draußen in der Welt. Die uns immer stärker begegnende Vielfalt verlangt nach einem historischen Denken, das mit dieser Vielfalt umgehen kann und verlangt nach einem Denken in ideologiekritischer Absicht. Und vielleicht kann der „Flexibilisierung" der Lebensverhältnisse, Mentalitäten und Moralen wachsam und widerständig begegnet werden durch die Fähigkeit, sich der besseren Versprechen der Geschichte zu vergewissern.

---

9 Vgl. Rolf Schörken, Geschichtsunterricht in der kleiner werdenden Welt, in: Hans Süssmuth (Hg.), Geschichtsdidaktische Positionen. Bestandsaufnahme und Neuorientierung, Paderborn–München–Wien–Zürich 1980, S. 315 ff.

10 Vgl. etwa Bettina Alavi, Geschichtsunterricht in der multiethischen Gesellschaft, Frankfurt/M. 1998.

6. Perspektivität, Multiperspektivität und Kontroversität als Themen historischen Lernens

Fächer wie etwa Geographie, Soziologie oder Geschichte sind bestimmte Betrachtungsweisen der einen Wirklichkeit, haben ihre eigenen Fragestellungen gegenüber der Wirklichkeit, haben ihre Kategorien zur Durchdringung der Wirklichkeit und haben bestimmte Methoden zur Erschließung. Sie unterscheiden sich in all diesen Punkten voneinander und von anderen Wissenschaften, die ebenfalls forschend auf diese eine Wirklichkeit gerichtet sind. Ein Fach ist eben „eine bestimmte objektiv mögliche und übliche Weise, die Welt zu erfassen und denkend zu ordnen, und deren Ergebnisse“[1] – eine ertragreiche Weise, denn wäre sie nicht ertragreich und aus langer Erfahrung als nützlich einschätzbar, gäbe es sie wohl nicht mehr. Die Fragestellungen, Kategorien und Methoden kann man didaktisch reflektieren, d.h. daraufhin befragen, was sie hergeben für die Bildung und Orientierungsfähigkeit von Menschen – „auf ernste und knappe Formel gebracht: Bildung ist Orientierungsvermögen“.[2]

Perspektivität, Multiperspektivität und Kontroversität sind zunächst Kategorien der Geschichtstheorie, unter welchen Bezeichnungen auch immer sie behandelt werden. Jede „Historik“ wird bestätigen, dass die Beteiligten und Betroffenen Zeugnisse hinterlassen haben, die man nur erschließen kann, wenn man sich der Perspektivität ihrer Ausdrucksformen bewußt ist; und jede Historik wird bestätigen, dass die Sinnbildungen der Historikerinnen und Historiker, die aus den vielen inkongruenten Zeugnissen der Beteiligten und Betroffenen geschaffen worden sind, ihrerseits perspektivisch sind und zu Kontroversen unter den Kolleginnen und Kollegen führen.

Die didaktische Reflexion dieser Kategorien zeigt, dass sich daraus für das Orientierungsvermögen der Lernenden wichtige Folgerungen ergeben. Das begründet den Gedanken, Perspektivität, Multiperspek-

1 Friedrich J. Lucas, Grundriss der Geschichtsdidaktik (1967), in: ders., Geschichte als engagierte Wissenschaft, Stuttgart 1985, S. 151.

2 Victor Klemperer, Ich will Zeugnis ablegen bis zum letzten. Tagebücher 1933-1941, Berlin 1995, Bd. 1, S. 639.

tivität und Kontroversität im Geschichtsunterricht selber zu thematisieren, sie zum Gegenstand des Unterrichts zu machen und damit ein wichtiges Lernziel zu erreichen: eine naive Wissenschaftsgläubigkeit abzubauen.

Naive Wissenschaftsgläubigkeit ist ein letzter Nachklang des Positivismus, des Glaubens, ein für alle mal irgendwann sagen zu können, was nach allen empirischen Befunden die Welt im Innersten zusammenhält und weiterführt. In der Geschichtswissenschaft führte der Positivismus zu der irrigen Annahme, es sei möglich, durch eine immer weiter perfektionierte Sammlung von „Fakten" ein allgemein zustimmungsfähiges und unbestreitbar wahres historisches Wissen zu erzeugen, dessen schulische Schrumpfausgabe dann im sogenannten „Überblickswissen" auftauchte. Es ist didaktisch ein ungemein notwendiger und zugleich reizvoller Gedanke, diese naive Wissenschaftsgläubigkeit abzubauen und gleichzeitig die Rationalität von Wissenschaft zu betonen.

Zu der im multiperspektivischen historischen Lernen angestrebten narrativen oder historischen Kompetenz gehört auch, dass die Schülerinnen und Schüler lernen, dass Perspektivität der Wahrnehmung und des Denkens eine nicht hintergehbare Tatsache ist, dass sie also die Kategorie „Perspektivität" an anderen und selbstreflexiv an sich selber kennenlernen. Sie müssen lernen, dass es keine perspektivelose Wahrnehmung und kein perspektiveloses Denken geben kann. Sie können das lernen, wenn sie an den historischen Zeugnissen selber oder unter Anleitung bewusst feststellen, dass es unterschiedliche, nicht kongruente, sondern z.T. erheblich voneinander abweichende Hinsichten auf die historische Wirklichkeit sind, nicht aber diese Wirklichkeit selbst. Sie können im Einzelnen konstatieren, warum die Betroffenen diese oder jene Perspektive gehabt haben, und da gibt es viele Möglichkeiten: Zeitliche Standortgebundenheit, Geschlechtszugehörigkeit, Zugehörigkeit zu einer Schicht oder Klasse, zu einer religiösen Gemeinschaft oder einer Generation und andere denkbare Zugehörigkeiten. Sie können die Kategorie „Perspektivität" auch und vielleicht sogar besonders eindringlich bei oral history-Projekten erfahren, wenn mehrere Zeitzeugen unabhängig voneinander ihre Version bestimmter Gegebenheiten der Zeitgeschichte erzählen. Und auch da geht es immer wieder darum herauszufinden, worin die konkrete Perspektive gründet und warum der eine Zeitzeuge anders erzählt als die andere Zeitzeugin, da sie doch beide beteiligt und betroffen waren.

Da Perspektivität ein unvermeidbarer Tatbestand menschlicher Wahrnehmung und menschlichen Denkens ist, sind auch die Sinnbildungen der Historikerinnen und Historiker verschieden perspektivierte Geschichten. Sie sind nach wissenschaftlichen Grundsätzen zustandegekommen, nachdem die Forscherinnen und Forscher in nachvollziehbarer Weise die Verfahren und Regeln angewandt haben, die in der Geschichtswissenschaft üblich und erprobt sind. Aber sie sind eben doch perspektivische Konstrukte, die nie die historische Wirklichkeit widerspiegeln können. Sie sind in einer besonderen, eben rational wissenschaftlichen Weise gewonnen, aber doch unvermeidbar perspektivisch. Das bedingt, dass in der Fachöffentlichkeit die Sinnbildungen kontrovers diskutiert werden. Kontroversität ist in der Geschichtswissenschaft als einer Deutungswissenschaft nicht die Ausnahme, sondern die Regel und gipfelt gelegentlich auch in Kontroversen, die in der weiteren Öffentlichkeit wahrgenommen werden.

Schülerinnen und Schüler müssen lernen, dass „Kontroversen in der Historie konstitutiv und nicht wie in manchen anderen Wissenschaften nur akzidentiell"[3] sind, dass es die „richtige" Geschichte nicht gibt und nicht geben kann und dass die Bedeutung der historischen Wissenschaft eben darin besteht, dass sie vergangenes menschliches Handeln und Leiden unter jeweils anderen Perspektiven für die jeweilige Gegenwart neu deutet. Sie könnten sich sonst nicht kritisch verhalten gegenüber historischen Urteilen, ob sie nun von Wissenschaftlern oder aus Produktionen der markt- und medienbestimmten weiteren „Geschichtskultur" stammen.

Kontroversität als ein Grundsachverhalt der Geschichtswissenschaft ist damit auch ein Thema für historisches Lernen in der Schule, und gelegentlich, so oft wie möglich, müssen kontroverse Standpunkte von Historikerinnen und Historikern im Geschichtsunterricht besprochen werden. Die Schülerinnen und Schüler werden sich nicht in aller Ausführlichkeit mit ihnen beschäftigen können, sie werden – selbstverständlich – auch nicht in der Lage sein, zu den Kontroversen ein eigenes Urteil abzugeben, das so fundiert ist wie das der Forscherinnen und Forscher, aber: es kann ihnen die Einsicht kommen, dass es „die" Geschichte als gültiges narratives Wissen nicht gibt und warum es sie nicht geben kann. Die Schülerinnen und Schüler können auch auf der Ebene der Schulbuchdarstellungen – im diachronen wie im synchronen Vergleich von Schulbuchtexten – feststellen, dass im Lauf der Zeit

---

3 Lutz Niethammer, Über Kontroversen in der Geschichtswissenschaft, in: Gerhard Schneider (Hg.), Geschichtsbewußtsein und historisch-politisches Lernen, Pfaffenweiler 1988, S. 205.

Darstellungen gleicher historischer Prozesse ebenso unterschiedlich ausfallen wie bei gleichzeitigen Darstellungen in ihrer Gegenwart.

Die Erkenntnis, dass Geschichte als Wissenschaft und Geschichte in der Schule nicht jene Richtigkeit und Objektivität aufweisen, die den Schülerinnen und Schülern – erkenntnistheoretisch naiv – vorschwebt, fällt den Lernenden ungemein schwer. Sie muss gleichwohl erworben und mit dem Hinweis kompensiert werden, dass Geschichte eine höchst disziplinierte und an Regeln gebundene Erinnerung ist, die eine Orientierung in den sich ändernden Lebenszusammenhängen der Gegenwart und Zukunft ermöglichen soll und kann.

Überlegungen zu Perspektivität, Multiperspektivität und Kontroversität haben mittlerweile auch Eingang in die Richtlinien einiger Bundesländer gefunden: In Brandenburg wird für die Klassen 5 und 6 der Grundschule die Orientierung am Prinzip der „Multiperspektivität" gefordert, wenn auch die Erläuterung erkennen lässt, dass die Lehrplanautoren „Kontroversität" meinen: *„Multiperspektivität:* Bereits in den Jahrgängen 5 und 6 können die Schülerinnen und Schüler an verschiedenen Beispielen kennenlernen, daß die Ergebnisse historischen Arbeitens selbst umstritten, die Darstellung von ‚Fakten' mit Interessen und Absichten verbunden und historische Analysen aus spezifischen Blickwinkeln vorgenommen sein können."[4] In Hamburg etwa gehört die „Auseinandersetzung mit kontroversen Standpunkten" ausdrücklich zu den „Didaktischen Prinzipien" im „Lehrplan Geschichte/Politik" für die Haupt- und Realschule[5]; Ähnliches wird für die Sekundarstufe I des Gymnasiums gefordert.[6] Für die gymnasiale Oberstufe wird bei den „Didaktischen Prinzipien" die „Multiperspektivität" ausdrücklich genannt: „Mehr als bisher ist mit Materialien zu arbeiten, in denen Ereignisse, Prozesse und Entscheidungen von Zeitgenossen aus unterschiedlicher Perspektive wahrgenommen werden. ‚Objektive Aussagen' zu einem historischen Sachverhalt können nur als perspektivische gedacht werden. In der Auseinandersetzung mit verschiedenen

4 Land Brandenburg, Ministerium für Bildung, Jugend und Sport: Vorläufiger Rahmenplan Lernbereich Gesellschaftslehre. Geschichte. Klasse 5 und 6. Grundschule, Potsdam 1991, S. 6.

5 Freie und Hansestadt Hamburg. Behörde für Schule, Jugend und Berufsbildung. Amt für Schule, Lehrplan für die Haupt- und Realschule: Geschichte/Politik, Hamburg 1990, S. 6.

6 Vgl. Lehrplan für das Gymnasium, Sekundarstufe I: Geschichte und Sozialkunde, Hamburg 1994, S. 5 über „Didaktische Prinzipien", darunter „Kontroversen und Konflikte".

Interpretationen eines historischen Sachverhalt oder in der Erörterung geschichtswissenschaftlicher Kontroversen wird die Begrenztheit eigener Deutung bewußt, gleichzeitig werden durch die punktuelle Überprüfung Argumentationsfähigkeit und Urteilsbildung geübt".[7] Was macht es bei solchen guten Absichten schon, dass auch hier die in der geschichtsdidaktischen Literatur geläufige Unterscheidung von Multiperspektivität und Kontroversität übergangen wird? In Nordrhein-Westfalen hat die Landesschulbuchkommission für die Zulassung von Geschichtsbüchern ein Kriterienpapier entwickelt, das die Zulassung von Geschichtsschulbüchern sowohl an die Berücksichtigung von „Multiperspektivität" als auch von „Kontroversität" bindet – mit der Unterscheidung einer Multiperspektivität auf der Ebene der Beteiligten und Betroffenen und einer Multiperspektivität auf der Ebene des Betrachters und Interpreten.[8]

---

7 Lehrplanrevision Sekundarstufe II: Lehrplan Geschichte für die gymnasiale Oberstufe, Hamburg 1989, S. 3.

8 Vgl. die Vorstellung des Kriterienpapiers der Landesschulbuchkommission NRW durch Dietrich Scholle, Schulbuchanalyse, in: Handbuch der Geschichtsdidaktik, 4. Aufl., Seelze-Velber 1992, S. 294 f.

7. Perspektivität, Multiperspektivität und Kontroversität in der außerwissenschaftlichen Geschichtskultur

Die Historie ist wie auch der Geschichtsunterricht Bestandteil dessen, was heute „Geschichtskultur" benannt wird, um einen kategorialen Zugriff auf die Ausdrucksformen von Geschichtsbewusstsein in der Gesellschaft zu haben.[1] In der Diskussion über Geschichtskultur werden vor allem drei Bereiche der Geschichtskultur unterschieden: Der kognitive Bereich umfasst alle Ausdrucksformen von Geschichtsbewusstsein, die vorrangig einem rationalen, an Regeln gebundenen, in der Regel wissenschaftlichen Umgang mit Geschichte verpflichtet sind – z.B. Geschichtswissenschaft, Geschichtsunterricht oder geregeltes historisches Lernen in anderen Institutionen; der ästhetische Bereich bezeichnet einen Umgang mit der Vergangenheit, der in der Auseinandersetzung mit Vergangenem mehr ästhetischen Kriterien folgt – etwa in Gedichten, Romanen, Erzählungen, Dramen, musealen Inszenierungen, Produktionen der bildenden Kunst; der politische Bereich der Geschichtskultur ist bestimmt durch Versuche, in die politische Auseinandersetzung der Zeit historische Argumente einzuführen, oder aus politischen Gründen und Interessen historische Identitäten zu stiften oder zu bestätigen – bei Parlamentsdebatten, an Stammtischen oder an Gedenktagen und in Gedenkjahren, aber auch im Geschichtsunterricht.

Phänomene der Geschichtskultur tauchen selbstverständlich nicht in den reinen Formen der drei Dimensionen auf. In der kognitiven Dimension sind in den auszumachenden Perspektiven immer auch ästhetische und politische Momente feststellbar; und nicht anders verhält es sich bei den übrigen Dimensionen, die immer auch Spurenelemente aus den jeweils anderen Dimensionen enthalten. Darüber hinaus liegt der Gedanke nahe, dass die Erscheinungsformen der „Geschichtskultur" einigermaßen vollständig nur erschlossen werden können, wenn

---

1 Vgl. Jörn Rüsen, Was ist Geschichtskultur? Überlegungen zu einer neuen Art, über Geschichte nachzudenken, in: K. Füßmann; H.T. Grütter; J. Rüsen (Hg.), Historische Faszination. Geschichtskultur heute, Köln–Weimar–Wien 1994, S. 3-26.

ein vierter Bereich wahrgenommen wird: In der Markt- und Mediengesellschaft entscheiden auch ökonomische Interessen, die sich an Markt- und Bedürfnisanalysen orientieren, darüber, wie Geschichte in der Gesellschaft dargestellt wird – in den Medien, in der Werbung, bei Buchproduktionen anlässlich von Gedenktagen und -jahren. Da werden, von vorhandenen und hergestellten Bedürfnissen her, passende Geschichtsdarstellungen geliefert, die auf hohe Einschaltquoten oder auf zahlreich verkaufte Exemplare hoffen lassen.

In der Geschichtskultur werden sehr unterschiedliche Perspektiven auf die erkennbare Vergangenheit eingenommen. Ob in der Geschichtswissenschaft und im Geschichtsunterricht, in den politisch begründeten Aussagen in Parlamentsdebatten oder bei Festveranstaltungen zu Gedenkjahren und -tagen, in künstlerischen Auseinandersetzungen oder in den Medienproduktionen – überall zeigen sich deutlich unterscheidbare Perspektiven auf Vergangenes und auf Geschichte.

Schülerinnen und Schüler wachsen in dieser Geschichtskultur auf, leben in ihr und sind ihr und damit den vielfältigen Aussagen, Deutungen, Topoi ausgeliefert. Dabei handelt es sich, wenn auch der Begriff der „Geschichtskultur“ einen gleichsam kultivierten Umgang mit Vergangenem und Geschichte nahelegt, keineswegs immer um Produkte einer seriösen Auseinandersetzung mit Vergangenem und Geschichte. Schon im kognitiven Bereich der Befassung mit Geschichte – vor allem in der Geschichtswissenschaft und in der Geschichtsdidaktik – müssen Perspektiven zur Geltung kommen, die auf politische, ästhetische, ökonomische und andere Faktoren – etwa Geschlechterperspektive – zurückzuführen sind, aber gleichwohl durch wissenschaftliche Verfahren so weit wie möglich offengelegt, reflektiert oder distanziert werden. Erst recht in den anderen Bereichen spielen ästhetische, politische oder ökonomische Imperative eine große Rolle und bedingen aus Sicht der Geschichtswissenschaft und der Geschichtsdidaktik einen überaus problematischen Umgang mit Vergangenem und Geschichte: Da gibt es die vorwiegend politisch und ästhetisch inspirierte „Erinnerungspolitik“ staatsmusealer Inszenierungen, die Geschichte als nationale Erfolgsgeschichte, nicht aber die Leidenszusammenhänge oder die Geschlechterbeziehungen berücksichtigen und nostalgische ebenso wie Identitäts-Bedürfnisse befriedigen; da gibt es in Parlamentsdebatten – oder auch an Stammtischen – überaus gewagte Analogien und Gegenwartsbezüge; da gibt es – Einschaltquoten sind alles – gewagte Mischungen zwischen fiktionalen Elementen und dokumentarischem Material in Fernseh-“Dokumentationen“ und „Knoppiaden“; da gibt es den filmischen historischen „Schinken“, der unbekümmert mit gesicherten Erkenntnissen umspringt und die Geschichte monoperspektivisch erzählt; da gibt es schließlich – etwa in der Werbung, die mit Geschichte arbeitet – die Topoi von der „guten alten Zeit" ebenso wie die von der „schlechten alten Zeit", Vorstellungen von Geschichte als Fortschrittsprozess wie nostalgische Verklärungen vergangenen Lebens. Da gibt es aber zugleich – wenn auch vom großen Publikum eher gemieden – kunstvolle literarische Versuche, die Erzählperspektive immer wieder zu reflektieren und in Frage zu stellen oder in Erzählungen den „point of view" zu wechseln und multiperspektivisch zu erzählen, wobei „eine solche Erzähltechnik es dem Leser überläßt, zu entscheiden, ob die Wirklichkeit in den einzelnen Medien übereinstimmend, ergänzend oder widersprechend gespiegelt wird".[2]

Mit all dem werden Kinder und Jugendliche außerhalb der Schule konfrontiert und sie bilden auch daran ihr Geschichtsbewusstsein und ihre Hinsicht auf historische Sachverhalte. Und in ihren späteren Lebenszusammenhängen ist es vor allem die außerwissenschaftliche Geschichtskultur, in der ihnen Geschichte in den vielfältigsten Formen der Aufbereitung, Zubereitung und Zurichtung begegnen wird. Das begründet zunächst die Forderung, sie auf den Umgang mit der außerwissenschaftlichen Geschichtskultur vorzubereiten, indem die Ausdrucksformen dieser Geschichtskultur in der Schule besprochen und an außerschulischen Lernorten zur Kenntnis genommen sowie kritisch reflektiert werden: Öffentliche Debatten über Mahnmale, Straßen- Umbenennungen, Museen, Erhalt oder Abriss von historischen Gebäuden, die Rolle von Historikern im Nationalsozialismus, die Wehrmacht im Vernichtungskrieg müssen Inhalte historischen Lernens in der Schule sein oder werden – eine unabdingbare Forderung. Daran geknüpft ist eine weitere Forderung: Die in der Geschichtskultur gegebene Perspektivität und Multiperspektivität der Aussagen, Deutungen, Geschichtsbilder, Topoi, Legenden, Mythen und Lügen muss in Zukunft Thema des historischen Lernens in der Schule sein. An ihr müssen die Schülerinnen und Schüler die perspektivischen Zugangsweisen zu Vergangenem und Geschichte und ihre davon beeinflusste eigene Perspektivität ebenso erkennen lernen, wie sie sie in der Kontroversität der Historikerinnen und Historiker erkennen lernen und wie sie Perspektivität in den Zeugnissen der Beteiligten und Betroffenen einer vergangenen Zeit wahrnehmen lernen.

2 Volker Neuhaus, Typen multiperspektivischen Erzählens, Köln–Wien 1971, S. 162.

8. Perspektivenübernahme und Fremdverstehen in Kindheit und Jugend

Die Fähigkeit, „die Welt mit den Augen der anderen zu sehen" und sich selber ebenfalls mit den Augen der anderen zu sehen, muss erst mühsam erlernt werden. Sie entwickelt sich nicht von allein oder nur unzureichend, wenn sie nicht absichtlich gefördert wird. Ob diese Fähigkeit als „Verstehen", als „einfühlendes Denken", als „Empathie", als „Fremdverstehen" oder als „Perspektivenübernahme" bezeichnet wird, ist abhängig davon, ob mehr affektive Momente oder mehr rational betonte Momente bei der Definition des Vorgangs betont werden. Der hier bevorzugte Begriff der „Perspektivenübernahme" hat den Vorteil, dass er den anderen hier verwendeten Begriffen „Perspektivität", „Monoperspektivität" und „Multiperspektivität" zugeordnet werden kann. Er schließt nicht aus, dass es bei der Perspektivenübernahme auch einfühlendes Denken und Empathie gibt, ja geben muss: „Empathie lernen heißt immer zweierlei: Genaue Wahrnehmung der Verhaltensweisen, Gefühle und Denksysteme anderer Menschen, wie auch Wahrnehmung der Reaktionen anderer Menschen auf das eigene Verhalten, wie auch der eigenen Reaktionen, die durch das Verhalten anderer Menschen ausgelöst werden."[1]

Die Fähigkeit zu Perspektivenübernahme ist Voraussetzung und wesentliches Moment sozialen Handelns. Soziales Handeln ist menschliches Handeln in einem gegebenen, historisch entstandenen und veränderlichen gesellschaftlichen Zusammenhang, ein Handeln, „das sich intentional in bestimmter Weise auf andere Subjekte bezieht"[2] – auf anders denkende Menschen, auf Fremde. Perspektivenübernahme ist dabei „der zentrale Aspekt sozialer Erkenntnis und Bewertung (...), der menschliche und vormenschliche Lebensformen unterscheidet, das Vermögen nämlich, sich und andere als Subjekte zu begreifen, auf andere wie auf sich selbst zu reagieren und das eigene Verhalten aus der

1 Rolf Schörken, Geschichtsunterricht in einer kleiner werdenden Welt, in: Hans Süssmuth (Hg.), Geschichtsdidaktische Positionen. Bestandsaufnahme und Neuorientierung, Paderborn–München–Wien–Zürich 1980, S. 326.

2 Dieter Geulen, Soziales Handeln und Perspektivenübernahme, in: ders. (Hg.), Perspektivenübernahme und Verstehen. Texte zur sozial-kognitiven Entwicklung, Frankfurt/M. 1982, S. 86 f.

Perspektive des anderen zu beurteilen".[3] Es handelt sich um die Fähigkeit zu Fremdverstehen und Selbstverstehen.

Unter didaktischen Gesichtspunkten kann eine Theorie sozialen Handelns so gesehen und daraufhin bedacht werden, wie die im sozialen Leben notwendigen geistigen Operationen der Perspektivenübernahme zu Verstehen und Verständigung, zur Verminderung von unnötigen Konflikten oder zur Überwindung von Affekten und Reflexen führen können. „Die Selbstüberwindung, die Lage von beiden Seiten sehen zu können, gibt uns die unersetzliche Atempause des Denkens vor drang- und angstabhängigen Entscheidungen".[4] Erst dann kommt es möglicherweise – jedenfalls mit größeren Chancen – dazu, den anderen und Fremden in seiner Eigenart und in seinem Eigenrecht wahrzunehmen und ihn als anspruchsberechtigtes Subjekt anzuerkennen oder aber auch seine eigentümlichen Ansprüche als Zumutung oder als historisch unberechtigten, obsoleten Herrschaftsanspruch abzuweisen.

Für Bildungs- und Lernprozesse im Geschichtsunterricht ist es wichtig zu erfahren, wann und wie Kinder lernen, andere zu verstehen, die Perspektiven der anderen einzunehmen, die Welt aus der Perspektive der anderen zu sehen. Das Konzept der Perspektivenübernahme beruht im wesentlichen auf Piagets Theorie der kognitiven Entwicklung. Zwei seiner Grundkonzepte hängen unmittelbar mit dem Konzept der Perspektivenübernahme zusammen: „Egozentrismus, charakteristisch für präoperationales Denken, ist die Unfähigkeit, die eigene Sichtweise zu transzendieren; Dezentrierung, charakteristisch für operationales Denken, ist die Fähigkeit, eine Vielfalt von Perspektiven oder Aspekten einer Situation zu berücksichtigen. Diese Konzepte sind auf die Objektwelt anwendbar, aber sie treffen auch die Sphäre interpersoneller Beziehungen und verweisen auf eine Entwicklung der Fähigkeit, sich in die Lage von alter zu versetzen und die Welt durch seine Augen zu sehen".[5]

---

3 Robert L. Selman; Diane F. Byrne, Stufen der Rollenübernahme in der mittleren Kindheit – eine entwicklungslogische Analyse, in: Rainer Döbert; Jürgen Habermas; Gertrud Nunner-Winkler (Hg.), Entwicklung des Ichs, 2. Aufl., Königstein/Ts. 1980, S. 109.

4 Margarete Mitscherlich; Alexander Mitscherlich, Die Unfähigkeit zu trauern. Grundlagen kollektiven Verhaltens, München 1967, S. 224.

5 Selman/Byrne, Stufen, S. 109.

„Die Entwicklung der Fähigkeit zur Perspektivenübernahme ist ein Weg vom Egozentrismus zur Dezentrierung. Dabei lassen sich mindestens drei Typen von Dezentrierung unterscheiden, die nach den Forschungsbefunden eine Entwicklungssequenz bilden:

a) *Perspektivendifferenzierung*, d.i. das Wissen um die Differenz zweier Perspektiven,
b) *Perspektivenübernahme*, d.i. die inhaltliche Ausgestaltung der fremden Perspektive und
c) *Perspektivenkoordinierung*, d.i. die auf einer Meta-Ebene vollzogene Integration inhaltlich unterschiedlicher Perspektiven".[6]

Piaget ging noch davon aus, dass ein Kind im Alter zwischen 18 Monaten und 7 Jahren vorwiegend egozentrisch orientiert ist. Es bleibe unbewusst auf sich selber zentriert und sei unfähig, die Sichtweise eines anderen einzunehmen. Erst in der späteren Kindheit im Alter von 7 bis 12 Jahren sei das Kind fähig, sich von seinem eigenen Standpunkt zu lösen und ihn mit der Sichtweise anderer zu koordinieren.[7] Neuere Untersuchungen stellen Piagets Position in Frage, dass ein Kind im Alter zwischen 2 und 7 Jahren vorwiegend egozentrisch und unfähig sei, die Sichtweise einer anderen Person einzunehmen. Statt dessen legen die Untersuchungsdaten nahe, daß Kinder schon im Alter von 3 Jahren wahrnehmen, dass andere Menschen Gefühle haben und dass diese Gefühle entsprechend der Situation, in der sich ein Individuum befindet, variieren.[8]

Selman unterscheidet fünf Stufen in der Entwicklung der Fähigkeit zur Perspektivenübernahme.[9] Nach der Stufe 0, die durch egozentrische Perspektive geprägt ist und in das Alter zwischen 3 und 6 Jahren fällt, folgt als Stufe 1 die „sozial-informationsbezogene Perspektivenübernahme" im Alter zwischen 6 und 8 Jahren: Auf dieser Stufe nimmt das Kind wahr, „daß der andere eine eigene, in seinem Denken begründete Perspektive hat und daß diese seiner eigenen Perspektive ähnlich oder auch nicht ähnlich sein kann. Jedoch kann das Kind sich nur auf jeweils eine Perspektive konzentrieren und nicht verschiedene Gesichtspunkte koordi-

---

6 Wolfgang Edelstein; Monika Keller; Karl Wahlen, Entwicklung sozialkognitiver Prozesse. Eine theoretische und empirische Rekonstruktion, in: Geulen, Perspektivenübernahme, S. 184.

7 Melen Borke, Interpersonelle Wahrnehmung bei kleinen Kindern: Egozentrismus oder Empathie?, in: Geulen, Perspektivenübernahme, S. 109.

8 Borke, Wahrnehmung, S. 119 f.

9 Das Folgende nach Robert L. Selman, Sozial-kognitives Verständnis. Ein Weg zu pädagogischer und klinischer Praxis, in: Geulen, Perspektivenübernahme, S. 230 ff.

nieren". Die Stufe 2 wird „Selbstreflexive Perspektivenübernahme" genannt und für das Alter von 8 bis 10 Jahren angesetzt: „Dem Kind ist bewußt, daß jedes Individuum der Perspektive des anderen gewärtig ist und daß dies jeweils die Sicht seiner selbst wie die vom anderen beeinflußt. Eine Möglichkeit, die Intentionen, Absichten und Handlungen eines anderen zu beurteilen, besteht darin, sich an seine Stelle zu versetzen. Das Kind kann eine koordinierte Kette von Perspektiven bilden, aber noch nicht von diesem Prozeß auf Ebene simultaner Gegenseitigkeit abstrahieren". Auf der Stufe 3 – „Wechselseitige Perspektivenübernahme" (10 bis 12 Jahre) – nimmt das Kind wahr, „daß sowohl es selbst wie auch der andere den jeweils anderen Teil wechselseitig und gleichzeitig als Subjekt sehen kann. Es kann aus der Zwei-Personen-Interaktion heraustreten und diese aus der Perspektive einer dritten Person betrachten." Stufe 4 – „Perspektivenübernahme mit dem sozialen und konventionellen System" (12 bis 15 Jahre und älter) – ist erreicht, wenn „die Person sieht, daß wechselseitige Perspektivenübernahme nicht immer zu völligem Verstehen führt. Soziale Konventionen werden als notwendig angesehen, weil sie von allen Mitgliedern der Gruppe (dem generalisierten anderen) unabhängig von ihrer Position, Rolle oder Erfahrung verstanden werden".

Interessant ist nun, dass diese Stufen in der Entwicklung der Fähigkeit zur Perspektivenübernahme parallelisiert werden können mit Entwicklungsstufen des moralischen Urteilens. Der Stufe 0 bei der Perspektivenübernahme, der Stufe der egozentrischen Perspektive, entspricht beim moralischen Urteil die Stufe 0 als „vormoralische Stufe": „Aussagen über Recht und Unrecht werden aus guten bzw. schlechten Auswirkungen und nicht aus Absichten begründet. Moralische Entscheidungen werden aus dem Wunsch nach eigenem Wohlergehen hergeleitet. Vom Kind angegebene Handlungsgründe bestätigen lediglich die getroffene Entscheidung, aber versuchen sie nicht zu rechtfertigen. Der Stufe 1 bei der Perspektivenübernahme „Sozial-informationsbezogene Perspektivenübernahme" entspricht beim moralischen Urteilen die „Stufe 1: Orientierung an Strafe und Gehorsam": „Das Kind sieht nur eine Perspektive, die des Mächtigeren bzw. der Autorität. Jedoch versteht es bereits, daß gute Handlungen in guten Absichten gründen. Anfänge des Bewußtseins von Fairneß als Äquivalenz von Handlungen". Der Stufe 2 bei der Perspektivenübernahme entspricht beim moralischen Urteilen „Stufe 2: Instrumentelle Orientierung": „Moralische Gegenseitigkeit wird als gleichrangiger Austausch der *gegenseitigen* Absichten zweier Personen begriffen. Hat jemand eine geringschätzige Einstellung zu sich selbst, so ist es richtig, wenn er entsprechend handelt. Moralisch richtig wird definiert als das, was von mir selbst hochgeschätzt wird". Der Stufe 3 bei der Perspektivenübernahme – „Wechselseitige Perspektivenübernahme" – steht beim moralischen Urteilen die Stufe 3 gegenüber, die durch „Orientierung an der Aufrechterhaltung wechselseitiger Erwartungen" bestimmt ist: „Moralisch richtig wird definiert, als die goldene Regel: ‚Sei zu anderen so, wie du willst, daß sie zu dir seien'. Das Kind betrachtet alle Gesichtspunkte und reflektiert die Motive aller Beteiligten in dem Versuch, Übereinstimmung zwischen ihnen herzustellen". Der letzten Stufe schließlich entspricht bei der Entwicklung des moralischen Urteilens die Stufe 4 „Orientierung an der Perspektive der Gesellschaft": „Moralisch richtig wird definiert im Sinne der Perspektive des generalisierten anderen bzw. der Mehrheit. Es werden die Folgen von Handlungen für die Gruppe bzw. Gesellschaft in Betracht gezogen. Orientierung an der Aufrechterhaltung der sozialen Moral und Ordnung".

Im Zusammenhang mit den Forschungen zum sozialen Handeln und zur Perspektivenübernahme ergeben sich wichtige Fragen nach dem entwicklungslogischen Kontext von sozialer Perspektivenübernahme und moralischem Urteilen, von gattungsgeschichtlicher Entwicklung – vom Ethnozentrismus zu universalistischen Orientierungen – und lebensgeschichtlicher Entwicklung – vom Egozentrismus zur Perspektivenübernahme und Empathie.

Festzuhalten bleibt zunächst, daß Perspektivenübernahme eine Fähigkeit ist, die durch Unterricht und gerade auch durch Geschichtsunterricht auf jeder Altersstufe gefördert werden kann. Beim historischen Lernen haben wir es vornehmlich mit den anderen zu tun, die in ihrer Andersartigkeit fremd sind. Für Schülerinnen und Schüler sind die Menschen der Vergangenheit fast samt und sonders in ihren Wertvorstellungen, Verhaltensweisen und Handlungsweisen fremd und anders, der Sklavenhalter der Antike ebenso wie die mittelalterliche Nonne, der Reformator Luther ebenso wie der Revolutionär Müntzer, die Kaiserin Maria Theresia ebenso wie Friedrich der Große, die Proletarier des 19. und 20. Jahrhunderts ebenso wie die Bürger und Kleinbürger der Zeit, der kriegsfreiwillige Urgroßvater ebenso wie die begeisterte nationalsozialistisch denkende Großmutter. „Es sind eben nicht nur die Verhältnisse früherer Zeiten uns fremd und in ihrer Fremdheit interessant, sondern auch die jeweiligen Arten, Mensch zu sein".[10] Diese

---

10 Christian Meier, Ein Gespräch mit Christian Meier, in: Ulrich Raulff (Hg.), Mentalitätsgeschichte. Zur historischen Rekonstruktion geistiger Prozesse, Berlin 1987, S. 163.

diachrone Andersartigkeit zu erschließen, ist deshalb so wichtig, weil bei diesem historischen Lernen die Schülerinnen und Schüler die eigene Besonderheit und die Besonderheit unserer Verhältnisse erkennen können – freilich ohne sich letztendlich überheblich gegenüber den historisch anderen, die sie aus ihrer Zeit heraus verstehen lernen müssen, zu verhalten.

Es handelt sich beim historischen Lernen aber immer auch um Versuche, die in einem historischen Zusammenhang gegebene gleichzeitige Andersartigkeit zu sehen und nachzuvollziehen – wenn etwa Menschen aus verschiedenen Gründen andere Menschen als andere Menschen oder als Nicht-Menschen, als Sklaven oder Barbaren, als „Gemeinschaftsfremde" oder als „Untermenschen" oder als „Kanaken" betrachten und behandeln. Die Perspektive der Täter wie der Opfer einnehmen zu können, ist ein „Lernziel", das gerade im historischen Lernen angestrebt werden kann.[11]

Wenn historischer Unterricht auf soziales Handeln vorbereiten will und die Perspektivenübernahme als Bildungsprozess begreift, ist die Darstellung von Geschichte und die Auseinandersetzung mit Geschichte bewusst so zu gestalten, dass die Denkweisen, Wertvorstellungen, Interessen, Mentalitäten, Verhaltensweisen und Erfahrungen möglichst vieler der an einem historischen Prozess Beteiligten und von ihm Betroffenen aus ihrer eigenen Sicht und nicht – wie früher üblich – nur aus der Sicht der Sieger gesehen und bedacht werden können. Multiperspektivität ist der Schlüssel zum Erlernen des Fremdverstehens.

11 Vgl. dazu ausführlicher Klaus Bergmann, Wir und die anderen. Lernen an und aus Geschichte, in: ders., Geschichtsdidaktik. Beiträge zu einer Theorie historischen Lernens, Schwalbach/Ts. 1998, S. 224 ff.

9. Probleme des perspektivischen und multiperspektivischen Lernens

Multiperspektivität ist kein Wunderschlüssel zu einem neuen historischen Lernen, und nichts wäre dem Prinzip abträglicher, als in jeder Stunde nach Perspektivität und Multiperspektivität zu fragen, in jede Stunde perspektivische und multiperspektivische Zeugnisse einzugeben und Geschichte multiperspektivisch zu verhackstücken. Das Prinzip eignet sich in erster Linie da, wo es in historischen Zusammenhängen um wesentliche Entscheidungsfragen ethisch-politischer Art geht, die uns in unseren Lebenszusammenhängen bedeutsam sind, weil sie unerledigt und uneingelöste Bestandteile der „großen Erzählungen" sind, auf die Neil Postman so nachhaltig als „Grund" für Erziehung aufmerksam gemacht hat[1] und die jene Sinnzusammenhänge stiften können, ohne die das historische Lernen Stückwerk bleibt; Fragen nach Selbst- und Mitbestimmung, sozialer Gerechtigkeit und Solidarität mit den Schwachen, humanen Lebensformen, Gleichberechtigung der Geschlechter, Frieden und Gewaltlosigkeit, Gestaltung und Pflege der Natur, Entfremdung und Selbstentfremdung, religiösen Orientierungen, Toleranz und Verständigung, Kampf gegen den inhumanen Selbstlauf der Ökonomie und die anderen „falschen Götter" (Neil Postman).

Ein Unterricht, in dem das historische Lernen und Denken möglichst an multiperspektivischen Zeugnissen erfolgen soll, wirft einige schwierige didaktische und methodische Probleme auf.

9.1 Historisches Denken oder Historisches Wissen?

Geschichte selber denken – das ist eine Vorstellung, die eine Folgerung nach sich ziehen könnte, die nicht beabsichtigt ist. Danach würde es gleichgültig sein, an welchen historischen Sachverhalten Kinder und Jugendliche Geschichte als einer Denkform lernen; inhaltliche Beliebigkeit wäre angesagt, und die Verfechter eines Kanons von histori-

---

1 Vgl. Neil Postman, Keine falschen Götter mehr. Das Ende der Erziehung, München 1995.

schem Wissen hätten gut kritisieren: Geschichte als aufklärende und kritische Denkform kann man und können Schülerinnen und Schüler auch in der Beschäftigung mit der Geschichte von Botswanaland lernen, sofern es denn genügend inkongruente Zeugnisse gibt, an denen gelernt werden kann, historisch zu denken. Aber es geht eben doch auch um Inhalte und um ein möglichst selber geordnetes Wissen. Es geht darum, historisches Denken an historischen Sachverhalten zu lernen, die einen gut begründbaren Bezug zu den Lebenszusammenhängen der Schülerinnen und Schüler und zu der Geschichte haben, an der sie auch als nachgeborene Generation teilhaben.

Es geht – bei aller Orientierung an Methoden und Kategorien eines didaktisch ertragreichen historischen Denkens – um die Auswahl und Begründung von Themen, die mehr für die Gegenwart und Zukunft hergeben als mögliche andere Inhalte. Didaktik fragt nun einmal danach, wie und mit welchen nachvollziehbaren Gründen Lernwürdiges aus dem Lernmöglichen herausgefiltert werden kann. Ein Problem besteht freilich darin, dass es „die ‚große Erzählung' von der Geschichte unserer Gesellschaft", die es nach Schwanitz „neu zu fassen" und „wieder zu lehren" gelte[2], nicht gibt und nicht geben kann. Wohl gibt es „große Fragen", die uns heute und in absehbarer Zukunft beschäftigen und die ohne Geschichte kaum zureichend gestellt geschweige denn beantwortet werden können. Aber diese „großen Fragen" führen nicht zu der einen großen Erzählung, sondern in der Auseinandersetzung mit Zeugnissen der Vergangenheit und deutenden Urteilen von Historikern zu unterschiedlich perspektivierten Erzählungen, die den Schülerinnen und Schülern wichtig sind.

Die Klage, die Schülerinnen und Schüler hätten unglaubliche Wissenslücken, ist ein Gemeinplatz, der sich in der gesamten Erziehungsgeschichte nachweisen lässt. Ihre besondere Berechtigung in der heutigen Zeit kann damit füglich bezweifelt werden. Dass Schülerinnen und Schüler immer erheblich weniger wussten, als ihnen von Eltern, Lehrern, Professoren und Kultusverwaltungen als Pensum zugedacht war, ist unbestreitbar. Man kann daraus eher den Schluss ziehen, dass die Schülerinnen und Schüler mit dem Pensum überfordert waren und sind, als dass es sich bei ihnen um „eine Horde lernunwilliger, ungezogener, an Fernsehunterhaltung gewöhnter Bestien" handelt, die „nichts anderes im Sinne haben, als Attacken auf die Würde des Leh-

2 Dietrich Schwanitz, Malte nicht Mozart den „Faust"?, in: der stern, Nr. 40 v. 30.9.1999, S. 29.

rers zu organisieren".[3] Man kann daraus auch den weiteren Schluss ziehen, dass an den Schülerinnen und Schülern pädagogisch, didaktisch und methodisch gesündigt wurde: Das ihnen im Belehrungsunterricht zugewiesene Wissen war und ist ihnen äußerlich, hatte und hat für sie keinen erkennbaren Bezug zu ihren Fragen, zu ihrer Neugier – und welches Kind hätte keine Fragen und keine Neugier gegenüber der Welt, in der es lebt? Wo Kinder ihren eigenen, sokratisch geförderten und zu Bewusstsein gebrachten Fragen nicht nachgehen können, sondern ein Pensum lernen müssen, um einem „Bildungskanon" zu genügen, wird Wissen immer Stückwerk sein. Wo sie aber selber fragen, selber denken, sich unter kundiger Anleitung in eine Sache vertiefen und Antworten finden, *entsteht* ein Wissen, *ihr Wissen* von Beweggründen und Verhältnissen, von Ursachen und Folgen, von großen Zusammenhängen und chronologischer Verortung.

9.2 Hintergrundnarration und Historisches Denken

Es gibt eine Fehlform von multiperspektivischem Unterricht. Die Begegnung und Auseinandersetzung mit unterschiedlichen Perspektiven in den Zeugnissen geschieht bei der Fehlform, indem Texte oder andere Zeugnisse ohne ihre Kontexte vorliegen: Unterschiedliche Sichtweisen und Wahrnehmungen von Zeitgenossen stehen nebeneinander oder einander gegenüber, können gegeneinander abgewogen werden, als mehr oder weniger stimmig und überzeugend eingestuft werden. Sie liegen als unterschiedliche Sichtweisen und Wahrnehmungen alle auf der gleichen Ebene, und so kann der Eindruck entstehen, als seien sie in der Verschiedenartigkeit doch alle gleich. Der fehlende Kontext besteht eben darin, dass die unterschiedliche Stellung der Zeitgenossinnen und Zeitgenossen, die diese Zeugnisse hinterlassen haben, im gesellschaftlichen Machtgefüge und in den Herrschaftsverhältnissen der Zeit – von Huhn dem sogenannten „Bezugsrahmen"[4] zugerechnet – nicht hinreichend beachtet wird. Ohne die Berücksichtigung dieses Bezugsrahmens „wird jeder Frage nach gesellschaftlichen Verursachungszusammenhängen (...) der objektive Realitätsbezug abge-

3 Schwanitz, Mozart, S. 28.

4 Jochen Huhn, Theoretische Grundlagen, in: Vergangenes sehen. Perspektivität im Prozeß historischen Lernens. Theorie und Unterrichtspraxis von der Grundschule bis zur Sekundarstufe II, Bonn 1995, S. 28.

schnitten, und es scheint sich nur mehr um einen subjektiv beliebigen Meinungsstreit zu handeln"[5], der sich in den Zeugnissen spiegelt. Ein solcher multiperspektivischer Unterricht vernachlässigte und übersähe die materiellen und herrschaftlichen Grundlagen historischer Prozesse und leistete der Illusion Vorschub, die Perspektiven seien voreinander gleich und ihre Vertreterinnen und Vertreter hätten die gleichen Chancen gehabt, sich in ihrer Zeit zu artikulieren und sogar durchzusetzen. Verschiedene Gruppen in historischen, herrschaftsgeordneten Gesellschaften haben aber höchst unterschiedliche Chancen, ihre voneinander abweichenden Positionen gesellschaftlich auszudrücken, öffentlich zu verbreiten und gegen jeweils andere Positionen durchzusetzen. Wo aber gesellschaftliche Ungleichheit und eine historisch gewordene Ungleichheit der Geschlechter in historischen Herrschaftszusammenhängen als prägende Grundsachverhalte auszumachen sind, sind die Chancen der Partizipation, der Artikulation und der Durchsetzung höchst ungleich verteilt. In einem multiperspektivisch angelegten Unterricht müssen die strukturell unterschiedlichen Voraussetzungen und Bedingungen des Denkens, Handelns und Leidens mitbedacht werden. Historisch hat sich durchaus nicht immer die gut begründete und vernünftige Absicht durchgesetzt, eben weil sie gut und vernünftig war, sondern auf Grund von Macht und Herrschaft ist die Vorstellung der Mächtigen und Herrschenden durchgesetzt worden. „Ohne die Möglichkeit zur Gewichtung und Bewertung von Bedingungsfaktoren gesellschaftlicher Probleme kann die Folge bloßer Multiperspektivität auch Orientierungslosigkeit und politische Handlungsunfähigkeit sein".[6]

Voraussetzung für die Gewichtung und Bewertung solcher Bedingungsfaktoren ist eine historische „Hintergrundnarration", die den Bezugsrahmen von Produktionsverhältnissen, Herrschaftsverhältnissen, Geschlechterverhältnissen und Mentalitäten in seiner Gewordenheit und Struktur umreißt. Wenn es denn das Ziel historischen Lernens in der Schule ist, dass die Schülerinnen und Schüler lernen, selber eine Geschichte zu erzählen („Narrative Kompetenz"), „so ist eine selbständige Rekonstruktion vergangenen Geschehens in Form von Erzählungen nur möglich, wenn bereits eine Erzählung vorliegt, in die hinein der Schüler

---

5 Martin Rudolf Vogel, Erziehung im Gesellschaftssystem, München 1970, S. 21.

6 Karl A. Otto, Die sozialwissenschaftlichen Lehramtsstudiengänge, in: Franz-Xaver Kaufmann; Rüdiger Korff (Hg.), Soziologie in Bielefeld. Ein Rückblick nach 25 Jahren, Bielefeld 1995, S. 206.

seine Geschichte einbringt".[7] Wenn zwei oder mehrere Zeugnisse aus der Vergangenheit ohne eine solche Hintergrundnarration einander gegenübergestellt werden, von den Schülerinnen und Schülern geprüft, erschlossen und gedeutet werden sollen, dann liegen diese Zeugnisse zeitlich auf einer Ebene wie in einem unhistorischen Raum. Die Schülerinnen und Schüler können dann zwar trefflich über die in den Zeugnissen beschlossenen Wahrnehmungen und Wertvorstellungen streiten und für die eine oder andere Position Partei ergreifen, wie sie das auch bei strittigen Themen im Sozialkundeunterricht oder im Religionsunterricht können. Aber erst die Hintergrundnarration erlaubt es, das Denken und Handeln der Zeitgenossen in eine historisch gewordene Konstellation einordnen und aus ihr heraus verstehen zu können. Zugleich ist die Hintergrundnarratio die Voraussetzung dafür, dass überhaupt historisch gedacht werden kann, weil sie auch die Möglichkeit begründet, nach der Erschließung der Zeugnisse die Frage zu verfolgen, wer sich denn in dieser historischen Konstellation warum hat durchsetzen können und wer in dieser Konstellation mit seiner Absicht gescheitert ist, zu verändern oder zu bewahren. Sie ist damit Voraussetzung einer narrativen Rekonstruktion.

Die Notwendigkeit einer solchen Hintergrundnarratio wirft das schwierige Problem auf, dass ja auch sie eine perspektivische Deutung ist oder in den Zusammenhang einer perspektivischen Deutung gehört. Gleichwohl ist es möglich, eine solche Hintergrundnarratio eines historischen Sachverhalts, der von den Zeitgenossen unterschiedlich wahrgenommen wurde und auf den sie in unterschiedlicher Weise einzuwirken versucht haben, zu erstellen. Oft genügt ein Minimum an einzelnen Informationen oder „konstatierenden Urteilen" (vgl. dazu weiter unten) über die Gewordenheit und Struktur der Umstände, die noch gar nicht unbedingt im strengen Sinn „narrativ" – eher chronikartig – verbunden sind, um bestimmte Grundsachverhalte zu fixieren und als Rahmenbedingungen vergangenen menschlichen Wahrnehmens, Handelns und Leidens vorzustellen. Die derzeitigen Schulbücher für den Geschichtsunterricht, die alle den Anspruch erheben, Arbeitsbücher zu sein und dem Grundsatz der Multiperspektivität zu folgen, enthalten unterschiedliche Sorten von Hintergrundnarrationen – von chronikhaften,

7 Hans-Jürgen Pandel, Entwicklung der didaktischen Darstellung: Katechese – Erzählung – narrative Rekonstruktion. Eine Diskussionsbemerkung, in: Karl-Ernst Jeismann; Siegfried Quandt (Hg.), Geschichtsdarstellung. Determinanten und Prinzipien, Göttingen 1982, S. 41.

tabellarischen Zusammenstellungen von Daten und Personen über knappe informative Texte bis hin zu relativ ausführlichen Verfassertexten (siehe Beispiele auf S. 111-113). Sie alle sind in der Absicht verfasst, nur eine noch nichts präjudizierende Hintergrundnarration zu sein, die die selbständige Auseinandersetzung mit Zeugnissen der Vergangenheit erst ermöglichen soll. Gerade die Tatsache, dass die Hintergrundnarratio mit ihrem Minimum an Informationen – wenige Daten, wenige Fakten – oft noch bewusst als narratives Stückwerk konzipiert ist, reizt zu weiteren, eigenen Recherchen, wenn die Schülerinnen und Schüler mit multiperspektivischen Zeugnissen konfrontiert sind und bemerken, dass sie sich für das „Verstehen" und für das „Erklären" ebenso weitere Informationen beschaffen müssen wie für das Verfolgen der Frage, wie es denn weitergegangen ist.

9.3 Die historisch stummen Gruppen

In den gleichen Zusammenhang gehört ein weiteres prinzipielles Problem. Es kann aus historischen Gründen nicht gelingen, wichtige Perspektiven zu präsentieren oder zu finden. Es gibt historisch mehr stumme als sprechende Gruppen, und was wir über die stummen Gruppen wissen, stammt in der Regel von den sprechenden Gruppen, die lesen und schreiben oder malen konnten. Die unteren Bevölkerungsschichten, die großen Mehrheiten der Arbeitenden, der Sklaven, der leibeigenen Bauern etwa haben sich nicht artikulieren können; was wir über sie wissen, stammt fast ausschließlich von den Herrschenden und den Schreibkundigen. Frauen – die Hälfte der Menschheit – waren über Jahrtausende zur Sprachlosigkeit verdammt, und was wir über sie wissen, stammt fast ausschließlich aus der Männerperspektive. „Die schwachen Spuren, die sie hinterlassen haben, gehen weniger auf sie selbst zurück – ‚Sie waren unwissend und konnten nicht einmal Briefe lesen' – als auf die Perspektive der Männer, die regierten, das öffentliche Gedächtnis definierten und die Archive verwalteten. Die Überlieferung dessen, was Frauen taten und sagten, richtet sich nach den Auswahlkriterien, die die Schreiber im Dienste der Macht angelegt haben".[8] Erst die Geschlechtergeschichte hat die Augen geöffnet

8 Georges Duby; Michelle Perrot, Vorwort. Eine Geschichte der Frauen, in: dies., Geschichte der Frauen, Bd. 1: Antike, hg. v. Pauline Schmitt Pantel, Frankfurt/M.–New York–Paris 1993, S. 9.

für eine historische Tatsache, die für das historische Lernen in der Schule ungeheuer wichtig ist und die Georges Duby und Michelle Perrot so ausgedrückt haben: „Wir gehen von einer männlichen Herrschaft aus – und daher von einer Unterordnung und Unterwerfung der Frauen –, so weit der Horizont der Geschichte reicht".[9]

Allgemein kann man sagen, dass nur ein Bruchteil der Bevölkerung Zeugnisse hinterlassen hat, aus denen wir durch Perspektivenübernahme ihre Wertvorstellungen annäherungsweise erschließen können. Wir können diese Zeugnisse als perspektivische Zeugnisse erkennen, aber wir kennen – fast „so weit der Horizont der Geschichte reicht" – kaum oder keine Zeugnisse aus der Perspektive der übergroßen Mehrheit der Bevölkerung. Das wirft für multiperspektivisches Lernen erhebliche Probleme auf, auf die später eingegangen werden muss.

9.4 „... wie es eigentlich gewesen"?

Der multiperspektivische Geschichtsunterricht trifft bei den Schülerinnen und Schülern oft auf ein Vorverständnis von Geschichte, das sich als erheblicher Lernwiderstand erweisen kann: Sie wollen wissen, wie es wirklich war, „wie es eigentlich gewesen" und haben Probleme damit, dass Geschichte ein deutendes Nachdenken und ein nachdenkendes Deuten vergangenen menschlichen Handelns und Leidens ist, das eben keine „richtigen" und verbindlich zustimmungsfähigen Ergebnisse erbringt – jene „harten" Fakten, die zu lernen ihnen wiederum den Geschichtsunterricht vergällt. Aber es führt kein Weg daran vorbei, dass sie lernen, dass Geschichte eine Sinnbildung ist und aus Sinnbildungen besteht, in denen vergangenes menschliches Handeln und Leiden immer neu aus den Orientierungsbedürfnissen der Gegenwart und der voraussehbaren Zukunft bedacht wird.

9.5 Fremdverstehen und Eigenwertung

Schülerinnen und Schüler haben auch Schwierigkeiten damit, sich in die Menschen einer früheren Zeit hineinzuversetzen, ihnen mit „Verstehen" und Empathie zu begegnen und ihre Perspektive einzunehmen.

---

9 Duby/Perrot, Vorwort, S. 19.

Die Abwehr richtet sich gegen die „Provinzler der Zeit“[10] und ist verbunden mit einer Abwertung der Lebensweisen und Denkweisen der Menschen, die ihnen fremd sind. Bodo von Borries hat bei seinen empirischen Erkundungen zu „Jugend und Geschichte“ feststellen müssen, dass die Operation des „Fremdverstehens“ den Jugendlichen ungemein schwer fällt: „Die befragten Jugendlichen in Europa sind nicht fähig und/oder nicht willens, sich in eine ihnen fremde Zeit hineinzuversetzen und aus dieser hypothetisch zu argumentieren und probeweise zu handeln“.[11] Wer aber nach diesen Befunden „auf Perspektivübungen und Rollenübernahme verzichtet, gibt das Fach Geschichte preis“[12], „bleibt doch – gewiß neben und nicht statt einer Relevanzzumessung aus heutiger Sicht – die möglichst präzise Betrachtung mit möglichst sorgfältig und kunstgerecht hergestellten zeitgenössischen Sichtweisen und Maßstäben eine Grundoperation historischen Denkens überhaupt“.[13] Dass nach den empirischen Befunden „die Jugendlichen zugleich unwillig und unfähig zum tatsächlichen Vollzug von Fremdverstehen“[14] sind, hat wesentlich damit zu tun, dass diese Grundoperation in der Praxis des historischen Lernens noch immer nicht zureichend beachtet und geübt wird. Dabei besteht gerade in der Fremdheit und der Andersartigkeit eine Chance des multiperspektivischen Lernens: Sie kann ja auch – methodisch geschickt vermittelt – neugierig machen.

Die spontanen Abwertungen bergen zugleich wichtige Chancen, die beim multiperspektivischen Lernen besser als im traditionellen Unterricht genutzt werden können. Der Weg geht vom Reflex zur Reflexion. Die hochmütige Abwertung der „Provinzler der Zeit“ – z.B. „Wie blöd sind die Leute gewesen, die den Schreihals Hitler gewählt und ihm zugejubelt haben“ – soll sich auflösen in der Vertiefung in die Zeit, in der „verstehenden“ und ideologiekritischen Auseinandersetzung mit den Zeugnissen, in denen die Menschen der Zeit zum Sprechen kommen, und in den „erklärenden“ Recherchen nach ihren Handlungsbedingungen. Es ist ein didaktisch ungemein gut begründeter Zwang, dem die

---

10 Günther Anders, Die Antiquiertheit des Menschen, Bd. 1: Über die Seele im Zeitalter der zweiten industriellen Revolution (1956), 7. Aufl., München 1987, S. 119.

11 Vgl. Bodo von Borries, Jugend und Geschichte. Ein europäischer Kulturvergleich aus deutscher Sicht, Opladen 1999, Kapitel 5.1, S. 190 ff., Zitat S. 196.

12 Borries, Jugend, S. 194.

13 Ebd., S. 195 f.

14 Ebd., S. 197.

Schülerinnen und Schüler ausgesetzt werden, wenn von ihnen verlangt wird, den Weg vom Reflex zur Reflexion zu gehen, weil nur auf diese Weise eine vernünftige Erinnerungsfähigkeit, eine vernünftige historische Kompetenz erworben werden kann. „Der Lernvorgang selber läßt sich beschreiben als Schritt vom quasi-natürlichen Dogmatismus historischer Einstellungen (meine Geschichte – oder vielleicht auch: die Geschichte des Lehrers – ist die einzig mögliche und wahre) zur Perspektivierung historischen Wissens, in der die Perspektive selber argumentativ aufgewiesen und dann auch argumentativ verändert werden kann."[15]

Gerade beim multiperspektivischen historischen Lernen stellt sich ein weiteres Problem, wenn die Schülerinnen und Schüler gelernt haben, die Menschen früherer Zeiten in ihrem Denken und Handeln zu „verstehen": Wer ständig und mit guten Gründen aufgefordert wird, sich in die Menschen früherer Zeiten hineinzuversetzen, ihre Absichten, ihre Wertvorstellungen nachzuvollziehen, kann Schwierigkeiten bekommen, sich aus den Menschen wieder herauszuversetzen, um ein Urteil auszusprechen. „Alles verstehen, heißt alles verzeihen", heißt ein Sprichwort, das die durchaus gegebenen Gefahren eines multiperspektivischen Lernens umschreiben kann. Aus eben diesem Grund haben Horst Jung und Gerda von Staehr schlicht und forsch behauptet: „Die Wahrheit des vielgerühmten geschichtsdidaktischen Prinzips *Multiperspektivität* ist in erkenntnistheoretischer Hinsicht Relativismus, in praktischer Hinsicht Reproduktion dessen, was ohnehin der Fall ist."[16] Mit Verlaub: Diese Behauptung ist so falsch wie sie schlicht und forsch ist, aber: Lehrerinnen und Lehrer müssen wissen, dass es diese Gefahr eines übergreifenden Relativismus gibt und dass es für perspektivisches und multiperspektivisches Lernen wesentlich ist, dass die Schülerinnen und Schüler verbürgt Stellung nehmen und Partei ergreifen können: „Verständnis bedeutet nicht Einverständnis".[17]

Es gibt beim perspektivischen und multiperspektivischen Lernen eine fast regelhafte Folge von Urteilen: In vielen Fällen beginnen die Schülerinnen und Schüler mit einem mehr oder weniger spontanen, oft (ab)wertenden Urteil über die Menschen der Vergangenheit. Sie werden dann angehalten, ihr (ab)wertendes Urteil anhand der methodi-

15 Jörn Rüsen, Lebendige Geschichte. Grundzüge einer Historik III: Formen und Funktionen des historischen Wissens, Göttingen 1989, S. 103.

16 Horst Jung; Gerda von Staehr, Historisches Lernen. Didaktik der Geschichte, Köln 1983, S. 63.

17 Erich Kästner, Notabene 45. Ein Tagebuch, Berlin 1961, S. 179.

schen Operationen des Verstehens und des Erklärens zurückzunehmen und eine Stufenfolge von Urteilen zu lernen und zu akzeptieren.[18] Der erste Schritt ist das *konstatierende Urteil.* Es geht dabei um die Feststellung dessen, was tatsächlich „der Fall war": Es hat viele Menschen gegeben, die den Führer der Nationalsozialisten in freien Wahlen gewählt haben, in Prozentzahlen nachweisbar, feststellbar wie die Tatsache, dass dieser Hitler am 30. Januar 1933 zum Reichskanzler ernannt wurde. Nach dem konstatierenden Urteil folgt das für die Geschichtswissenschaft konstitutive *deutende Urteil,* das nach den Motiven der beteiligten Menschen in ihren damaligen Lebenszusammenhängen und Mentalitäten fragt, Beziehungen zwischen den erhobenen Daten und Fakten herstellt, ihnen Bedeutung verleiht, indem es sie in Zusammenhänge einordnet und so eine in sich stimmige Sinnbildung herstellt. Am Beispiel müsste der Frage nachgegangen werden, wie es denn dazu kam, dass zwischen 1930 – dem Bruch der Großen Koalition – und 1933/1934, d.h. in der Zeitspanne von nicht einmal einer Legislaturperiode, eine parlamentarische Demokratie in einer Diktatur endete – und da sind, bei gleichen bekannten Daten und Fakten, allemal verschiedene Deutungen möglich und nachweisbar. Nach dem konstatierenden und dem deutenden Urteil kann dann ein *wertendes Urteil* erfolgen, das historische Sachverhalte und das Verhalten der beteiligten Menschen aus historischer Sicht *und* aus heutiger Sicht als billigenswert oder verwerflich einstuft. Wertmaßstäbe sind geschichtlich. Die Geschichtlichkeit der Wertmaßstäbe bedeutet, dass sich die Vorstellungen vom zu Sollenden und zu Dürfenden historisch entfaltet haben. Lebensäußerungen und Verhalten von Menschen der Vergangenheit müssen zunächst einmal an den Wertmaßstäben ihrer Zeit gemessen werden: Für die (meisten) Griechen war es selbstverständlich, dass die Nicht-Griechen „Barbaren" und die Sklaven stimmbegabte Werkzeuge waren. Ihnen das vorzuwerfen, wäre so unhistorisch wie undidaktisch.

Aber die Idee gesellschaftlicher Sittlichkeit ist historisch immer weiter vorangetrieben worden und hat immer größere Kreise von Menschen eingeschlossen: Die Kämpfe um die Abschaffung der Sklaverei im 19. Jahrhundert etwa zeugen nachdrücklich davon. Und die heutigen, historisch entstandenen, besser: erkämpften Wertmaßstäbe beruhen auf jener Idee gesellschaftlicher Sittlichkeit, die in der Geschichte immer weiter entwickelt worden ist und ihren Niederschlag etwa in

---

18 Das Folgende im Wesentlichen nach Werner Hofmann, Gesellschaftslehre als Ordnungsmacht. Die Werturteilsfrage heute, Berlin 1961, S. 14 ff.

den unveräußerlichen Menschenrechten gefunden hat, wie oft sie auch versehrt und verletzt worden ist und wird: „Der einmal erarbeitete, von der Geschichte mühevoll ausgeformte Begriff möglicher Gesittung *bleibt*, auch in der Verdüsterung der Geschichte. Er kann geleugnet, nicht gelöscht, versehrt, nicht vertilgt werden. Der höchste Begriff gesellschaftlicher Sittlichkeit aber, den die bisherige Geschichte hervorgebracht hat, ist derjenige der allgemeinen Humanität (...). In einem zyklopischen Prozess hat sich die Weltgeschichte zu jenem Stand emporgearbeitet, wo erstmals die Idee der Humanität ohne Ausschluss für die *ganze* Menschheit entworfen"[19] werden konnte. Ein Zeitgenosse unserer Tage, der unter Verweis auf die erstrebenswerte Muße attischer Sklavenhalter die Sklaverei wiedereinführen wollte, verstieße gegen diese Idee und hätte auch keine Chance, seine Vorstellungen durchzusetzen.

Eine Toleranz, die allem und jedem entgegengebracht wird, was Menschen denken und tun, ist damit nicht möglich. Wenn auch nicht die Denkweise und das Verhalten der Griechen an dieser Idee gemessen werden können, ohne ihnen historisch Unrecht zu tun, so lassen sich doch etwa die Denkweisen und die Taten von Nationalsozialisten und Rassisten verurteilen, weil es in ihrer Zeit die Idee der allgemeinen Humanität gab. Die Entschiedenheit für die Idee gesellschaftlicher Sittlichkeit begründet heute gar ein Recht auf Intoleranz gegenüber jenen, die diese Idee verletzen.

Für das historische Lernen heißt das, dass Schülerinnen und Schüler die Stufenfolge des Urteilens vom konstatierenden über das deutende zum wertenden Urteilen lernen müssen. Das heißt auch, dass sie historische Menschen zunächst an den Wertmaßstäben der historischen Zeit messen müssen, um erst dann die begründet wertende Aussage zu treffen, was unter heutigen – und seit langem geltenden, ja gültigen – Wertmaßstäben an den Denkweisen und Handlungen der historischen Menschen verwerflich und nicht billigenswert ist. Nur so wird die dem „Verstehen" eigene Gefahr des Relativismus durch „distanzierendes Verstehen"[20] gebannt und die entschiedene Parteinahme für eine historische Errungenschaft – die Idee der allgemeinen Humanität – historisch begründet und sinnvoll gefördert.

---

19 Hofmann, Gesellschaftslehre, S. 40 f.

20 Jürgen Habermas, Apologetische Tendenzen, in: ders., Eine Art Schadensabwicklung, Frankfurt/M. 1987, S. 132.

9.6 Eine Globalisierungsfalle historischen Lernens?

Dass historisches Lernen heute und mehr noch in der Zukunft in der „kleiner werdenden Welt" stattfindet, verführt zu dem Gedanken, die Schülerinnen und Schüler müssten sich mehr denn je mit außerdeutscher, mehr denn je mit außereuropäischer Geschichte befassen, um die Perspektiven von Chinesen oder Russen, Irakern oder Indern einnehmen und ihre deutsche Perspektive in Frage stellen zu können. Die Globalisierung – so könnte man denken – erzwinge geradezu eine solche Perspektivenerweiterung, da sie ja alle mit allen verbinde, ohne dass damit schon die historisch gewachsenen nationalen und ethnischen Mentalitäten hinfällig seien. Empathie und Verstehen gegenüber „den anderen" seien als Lernziele des historischen Lernens unteilbar und nötigten zu einer Kenntnisnahme der historisch gewordenen Mentalitäten der im globalen Dorf wohnenden Menschen.

So bestechend und zeitgemäß der Gedanke zu sein scheint, führt er doch in unlösbare Schwierigkeiten. Deutsche Schülerinnen und Schüler, in Deutschland aufgewachsen, sozialisiert und nationalisiert, haben ihre wie auch immer gesellschaftlich differenzierte nationale Perspektive, von der aus sie wahrnehmen, deuten und sich orientieren – und anderes ist nicht erwartbar. Daraus aber schließen zu wollen, nun seien auch Kurse in chinesischer oder russischer, irakischer oder indischer Geschichte angezeigt, um die Welt mit den Augen der anderen sehen zu können, führt in die Irre, weil die damit verbundene ungeheure und fast beliebig erweiterbare Ausdehnung der narrativen Wissenskomplexe schon in sich problematisch ist, vor allem aber nur einen abstrakt erkennbaren Bezug zu den Lebenszusammenhängen der Schülerinnen und Schüler hat. Es macht durchaus Sinn, Einblicke in die Geschichte der USA zu nehmen und zu geben, weil der „american way of life" erheblichen Einfluss auf deutsche Verhältnisse gewonnen hat. Aber das Beispiel besagt nur, dass es sinnvoll ist, außerdeutsche und außereuropäische Geschichte dann in das historische Lernen in Deutschland zu integrieren, wenn es um Kontakte und Beeinflussungen geht, die von Deutschland ausgegangen sind, auf Deutschland eingewirkt haben oder in Deutschland Fragen nach den Beweggründen und anderen Denkweisen der „anderen" auslösen[21]: „Es ist immer diejenige Kultur

21 Das folgende Zitat: Hans-Jürgen Pandel, Postmoderne Beliebigkeit? Über den sorglosen Umgang mit Inhalten und Methoden, in: GWU 50 (1999), H. 5/6, S. 285.

und Epoche, in der die Schüler und Schülerinnen leben, die sie Fragen an Vergangenheit stellen läßt." „Unser" historisches Denken erfasst die griechische polis und das Imperium Romanum, die Benediktiner und die Cluniazenser, den französischen Absolutismus und die „Große Revolution", das „Amerikanische System" und die Oktoberrevolution zwangsläufig aus deutscher Perspektive, weil alle diese historischen Sachverhalte nachweisbare Einflüsse auf deutsche Lebensverhältnisse gehabt haben. Und so ist es immer dann geboten, außerdeutsche und außereuropäische Geschichte beim historischen Lernen anzusprechen, wenn es Kontakte, wechselseitige oder einseitige Berührungen gegeben hat und heutige Berührungen gibt, die nach historischem Verstehen und historischem Erklären verlangen.

Die Globalisierung erzwingt weniger inhaltliche Ausweitungen der Themenbereiche des historischen Lernens als vielmehr die Stärkung der formalen, methodischen und kategorialen Fähigkeiten der Schülerinnen und Schüler. Sie sollten für ihr späteres Leben in den Stand gesetzt werden, sich in chinesische oder russische, irakische oder indische Mentalitäten hineindenken zu können, wenn es ihnen wichtig und für sie bedeutsam ist. Das Erlernen von Perspektivenübernahme ist das Erlernen einer übertragbaren Kompetenz, deren Wert sich gerade in späteren, nicht vorhersehbaren Lebensverhältnissen erweisen kann und soll.

9.7 Unter dem Diktat von Zeit und „Überblickswissen"?

Es gibt eine Reihe weiterer Schwierigkeiten, die mit einem multiperspektivischen historischen Lernen verbunden sind, und es ist wohl so, dass diese Schwierigkeiten zum Teil nur dann gelöst werden können, wenn äußere Vorgaben, die die didaktische und methodische Kreativität von Lehrerinnen und Lehrern einengen, bei künftigen Lehrplankonstruktionen entfallen. Gleichwohl lassen sich auch im Rahmen der gegebenen Vorgaben einige der Schwierigkeiten durchaus beheben, ohne dass ein schlechtes didaktisches Gewissen schlägt, zumal die Richtlinien einiger Bundesländer die Erkenntnis von Perspektivität zum Lernziel erklären und den Lehrerinnen und Lehrern das Prinzip der Multiperspektivität abfordern.

Der auf Perspektivität und Multiperspektivität abhebende Geschichtsunterricht braucht Zeit – Zeit, die die Lehrerinnen und Lehrer vorgeben nicht zu haben. Das ist ein wichtiger Einwand: Er ist zeitaufwendig. Schülerinnen und Schüler brauchen enorm viel Zeit, um sich in eine fremde Zeit, in fremde Lebenswelten und Wertvorstellungen hineinzudenken, sich widersprechende und unterscheidende Zeugnisse zu erschließen und zu einer eigenständigen Rekonstruktion, zu einem historischen Urteil zu kommen, das als Antwort auf die von der Gegenwart ausgehende „historische Frage“ gelten kann. Der Zeitaufwand kann guten didaktischen Gewissens nur gerechtfertigt werden mit der Kompetenz, die den Schülerinnen und Schülern dabei zuwächst und die ja in den theoretischen Begründungen oder Präambeln der Lehrpläne immer wieder nachhaltig gefordert wird. Sie lernen bei diesem zeitaufwendigen Verfahren also das, was in den modernen und zum Teil durchaus fortschrittlichen Lehrplänen zuerst gefordert wird – jene Kompetenz, die sie in ihren späteren Lebenszusammenhängen vielleicht einmal brauchen werden, um sich in einer bestimmten Problemlage historisch erinnern zu können – nämlich nach Ursachen und Folgen, Gewordensein, Erfahrungen und Wertvorstellungen zu suchen, die ihnen bei ihrem eigenen Nachdenken, bei ihrer Motivbildung und bei ihrem politischen Handeln hilfreich sein können. (Dass dabei eben auch ganz andere Lebenswelten, Lebensweisen, Wertorientierungen in den Blick kommen, die ganze „Alterität“, die in der Geschichte aufgeschatzt ist, macht einen wesentlichen Bildungswert des Faches Geschichte aus: Die athenische Polis ist in all ihren Unvollkommenheiten, bei allem Noch-Nicht, ein Modell, das durch die Globalisierung nicht erledigt ist, sondern utopische Qualität gewinnt). Das gelingt bei keiner Hatz durch die Zeiten der Geschichte; eine Hatz, die kaum anders durchgezogen werden kann als durch jenes Faktenvermitteln und Faktenlernen, die den Geschichtsunterricht so in Verruf gebracht haben. Lehrerinnen und Lehrer sollten gelegentlich den Mut haben, ihr didaktisches und pädagogisches Gewissen höher zu stellen als die sekundär wichtigen Anweisungen, die ihnen – und vor allem den Schülerinnen und Schülern – das Leben schwer machen und als didaktisch und pädagogisch zumindest zweifelhaft zu bewerten sind.

Der an Perspektivität und Multiperspektivität interessierte Geschichtsunterricht ist nicht vorrangig auf Wissensvermittlung hin angelegt – Wissen, das auch nach fortschrittlichen Lehrplänen noch immer in überreichem Maße verlangt wird. Wo bleibt bei diesem Lernen das „Überblickswissen“ – „Mythos Basiswissen“[22] –, das immer wieder

22 Zum „Mythos Basiswissen“ vgl. Hartmann Wunderer, „Nichts veraltet heute schneller als das Wissen“. Probleme und Profile des Geschichtsunterrichts in der gymnasialen Oberstufe, in: Geschichte lernen 68 (1999), S. 10 ff.

gefordert wird? Nach allen empirischen Untersuchungen kann wohl als sicher unterstellt werden, dass sich dieses in sich problematische, weil ideologieträchtige Überblickswissen im herkömmlichen Geschichtsunterricht durchaus nicht eingestellt hat, weil der dazu verwendete chronologische Geschichtsunterricht den Schülerinnen und Schülern äußerlich blieb: Historische Sachverhalte wurden vermittelt, bloß weil sie chronologisch fällig waren, nicht weil sie etwas mit den Interessen und Bedürfnissen der Lernenden, mit ihren Lebenssituationen und Lebensperspektiven zu tun gehabt hätten. Das abverlangte Wissen wurde für den nächsten Test oder für die Wiederholungsphase der nächsten Stunde „gelernt", um möglichst rasch wieder vergessen zu werden. Die Klagen, die Schülerinnen und Schüler wüssten nichts mehr oder hätten elementare Wissenslücken, lassen sich im übrigen in der gesamten Erziehungsgeschichte nachweisen. Lernpsychologen belehren uns darüber, daß Lernende nur dann einen erheblichen Teil des Gelernten als Wissen speichern, wenn sie etwas selber erarbeitet haben. Es macht den Reiz des perspektivisch und multiperspektivisch angelegten Geschichtsunterrichts aus, dass Wissen nicht oder nur in geringem Maße durch die Lehrenden vermittelt werden muss, sondern dass historisches Wissen in der Auseinandersetzung mit den Zeugnissen der Zeit *entsteht*: Wer sich mit den Zeugnissen einer Zeit beschäftigt, braucht Kenntnisse vielfältigster Art über die unmittelbare Vorgeschichte, über Daten, Fakten, Personen, Strukturen – Kenntnisse, deren Wichtigkeit unmittelbar einleuchtet und die darum auch gleichsam beiläufig erfragt, erarbeitet, erworben und behalten werden.

Hervorzuheben ist zudem noch einmal, dass das sogenannte Überblickswissen eine Konstruktion ist, die eine staatlich erwünschte und von der „politischen Klasse" vorgegebene Kontinuitätsvorstellung vermittelt und ihre durch und durch ideologischen Komponenten hat. Sie ist notwendigerweise eine „fable convenue", eine unter gesellschaftlichen Eliten vereinbarte Sicht der Geschichte, die aus der Zeit der Bildung der Nationalstaaten überkommen ist, immer wieder variiert wurde, aber in ihrem Kernbestand überlebt hat. Sie war Grundlage einer historisch unterfütterten nationalen Identität – und soll es auch heute sein. Es ist fraglich, ob sie für die Lebenszusammenhänge und Lebensperspektiven der Lernenden eine so große Bedeutung hat, wie der Staat sie ihr zumisst. Die Lernenden werden in der epochalen Strukturkrise, in die sie hineinwachsen, ganz andere Kompetenzen benötigen, als ein historisches Wissen in chronologischer Richtigkeit reproduzieren zu können, das ihrem Leben äußerlich ist, mit ihren Lebensproblemen nichts zu tun hat und dann, wenn es in Krisensituationen des eigenen Lebens in der Zukunft abgerufen werden soll, vergessen oder möglicherweise veraltet ist.

Der an Perspektivität und Multiperspektivität interessierte Geschichtsunterricht verlangt den Schülerinnen und Schülern viel ab – mehr als viele Lehrerinnen und Lehrer ihren Lerngruppen zutrauen –, aber auch mehr als im herkömmlichen Unterricht? Das Erlernen eines „ich-gleichgültigen Wissens" (K.G. Fischer) scheitert viel eher daran, dass es die Schülerinnen und Schüler überfordert, weil von ihnen erwartet wird, sich unter Zwang und bei Androhung von Notenstrafen mit einem historischen Wissen zu befassen, das sie langweilt, ständig demotiviert und als nicht abwendbares Übel betrachtet wird. Die Schülerinnen und Schüler haben ein Recht auf die Frage „... und was hat das mit mir zu tun?"[23] Gibt es eine „historische Frage", die erkennbar mit ihrem Leben zu tun hat, sind sie eher mit Interesse bei der Sache, nehmen nach einigen Anläufen auch Mühen in Kauf, suchen – jede und jeder nach ihrem und seinem Vermögen, denn innere Differenzierung tut Not – nach Möglichkeiten, eine historische Antwort auf die sie bewegende historische Frage zu finden. Alle Erfahrungen sprechen dagegen, dass sie damit überfordert sind.

9.8 Grenzen von Multiperspektivität, Kontroversität und Pluralität

Es ist so selbstverständlich, dass es eigentlich nicht besonders thematisiert werden müsste: Deutungen historischer Prozesse können nur dann einen Geltungsanspruch erheben, wenn sie nach den Regeln der historischen Methode zustande gekommen sind, wenn sie also empirisch triftig und in sich widerspruchsfrei sind. Die Grenzen der anerkannten und anzuerkennenden Vielfalt historischer Sachurteile und deutender Urteile sind überschritten, wenn nachweisbare Verstöße gegen die „historische Vernunft" vorliegen. Eine verbal und rhetorisch noch so aufwendige Leugnung des Holocaust kann weder in der außerschulischen Geschichtskultur noch im Prozess historischen Lernens geduldet werden, wie denn jede Geschichtsklitterung der Rede nicht wert ist – es sei denn unter kontrolliert didaktischen Gesichtspunkten: Jede offensichtliche Geschichtsklitterung kann im Ge-

---

23 Susanne Thurn, „...und was hat das mit mir zu tun?". Geschichtsdidaktische Positionen, Pfaffenweiler 1993.

schichtsunterricht exemplarisch als Geschichtsklitterung und damit als unannehmbare Perspektive besprochen und verworfen werden.

Ob es zulässig ist, Schülerinnen und Schülern Rollenspiele zuzumuten, in denen sie die Rolle von KZ-Aufseherinnen oder KZ-Kommandanten spielen sollen, ist eine Frage des pädagogischen Takts: Ich selber halte eine solche Rosskur des „Verstehens" für unzumutbar.

10. Methodische Möglichkeiten

Lehrerin und Lehrer übernehmen beim perspektivischen und multiperspektivischen Lernen eine Rolle, die der im Belehrungsunterricht diametral entgegengesetzt ist: Sie besorgen vielfältiges Material oder ermöglichen das Finden von vielfältigem Material, sie leiten die Schülerinnen und Schüler an, wie man mit dem mehrstimmigen Material umgehen kann und muss, sie helfen beim Erlernen historischen Denkens. Sie nutzen ihren Kompetenzvorsprung, indem sie begleiten, helfen, vormachen, anregen, insistieren, ermutigen – Ermutigung ist das Zauberwort der Pädagogik.

10.1 Geschichtsdidaktische Fragen an die Geschichte als Hinführung auf multiperspektivisches Denken

Fragen, wenn sie denn keine rhetorischen oder katechetischen Fragen sind, lassen unterschiedliche Antworten zu und zeigen per se an, dass man das betreffende Thema aus guten Gründen sehr unterschiedlich sehen und beurteilen kann. So wie die „historische Frage“ die Forschung von Historikerinnen und Historikern anleitet, so können geschichtsdidaktisch reflektierte Fragen die Auseinandersetzung von Schülerinnen und Schülern mit einem bestimmten historischen Sachverhalt anleiten. Die Schülerinnen und Schüler werden durch die geschichtsdidaktische Frage im Vorhinein auf die Möglichkeit einer unterschiedlichen Deutung hingewiesen, suchen nach sich unterscheidenden Zeugnissen zum Sachverhalt, in denen sich unterschiedliche Wahrnehmungen der Zeitgenossen zeigen, und kommen zu möglicherweise unterschiedlichen Deutungen, die sie dann als ihre Sicht gegenüber anderen vertreten, korrigieren oder aufgeben müssen.

Geschichtsdidaktische Fragen dieser Art können eingesetzt werden

- als Tafeltext und stummer Impuls,
- als mündliche Frage von Lehrerin oder Lehrer,
- als Überschrift zu multiperspektivisch angelegten Sammlungen von Zeugnissen der Vergangenheit,
- als Überschrift zu kontroversen Aussagen von Historikerinnen und Historikern oder zu kontroversen Aussagen aus der weiteren Geschichtskultur,

- als Überschrift zu Sammlungen von multiperspektivischen Zeugnissen und kontroversen Aussagen.

Sie können eingesetzt werden als Leitfragen für Unterrichtseinheiten wie für einzelne Unterrichtsstunden. Im Idealfall werden solche geschichtsdidaktischen Fragen von Schülerinnen und Schülern selber gefunden oder mit der Lehrerin oder dem Lehrer gemeinsam erarbeitet. Dies kann allemal dann geschehen, wenn ein Stoff als Pensum „dran" ist. Das fast immer vorhandene, aus der außerschulischen Geschichtskultur stammende Vorwissen kann abgerufen werden, um anschließend nach möglichen Interessen am Thema zu fragen und daraus gemeinsame, individuelle oder von Gruppen gestellte Fragen zu entwickeln. Das gleiche Verfahren kann stattfinden, wenn Schülerinnen und Schülern unterschiedliche Materialien – etwa Schulbücher, historische Sachbücher, Bildbände, Lexika, Comics – zu einem ersten „Stöbern" angeboten werden, das in der Begegnung mit der historischen Andersartigkeit zu Fragen reizt, die als genuine Fragen von heutigen Schülerinnen und Schülern ihren didaktischen und methodischen Wert haben. In ihnen kann eine wache Zeitgenossenschaft von Schülerinnen und Schülern zum Ausdruck kommen, die sich von der der Lehrerin oder des Lehrers deutlich unterscheiden mag – Ausdruck einer anderen Perspektive, die ihr Recht und ihre Authentizität für sich hat.

Die „geschichtsdidaktische Frage" verweist auf den Konstruktions- und Deutungscharakter von Geschichte und macht auf eine motivierende Weise mit dem Gedanken vertraut, dass Geschichte ein gegenwärtiges Nachdenken über erkennbare Vergangenheit ist, das zu unterschiedlichen Deutungen führt, obwohl es nach strengen Regeln abläuft.

Die folgenden Beispiele für geschichtsdidaktische Fragen stammen aus einer Unterricht planenden Lehrer-Perspektive; wie geschichtsdidaktische Fragen an die Geschichte aus der Perspektive von Schülerinnen und Schülern aussehen, sollten jede Lehrerin und jeder Lehrer erfahren, indem sie den Schülerinnen und Schülern Gelegenheiten geben, eigene Fragen zu entwickeln.

- Die attische Demokratie – eine Herrschaft des Volkes?
- Sklaven – Menschen oder Werkzeuge?
- Alexander – der Große? (analog: Karl – der Große? Otto – der Große? Friedrich – der Große? …)
- Das Mittelalter – finster oder spannend anders?
- Martin Luther – Reformator oder Herrenknecht?
- Die Französische Revolution – die „Große Revolution"?
- Menschenrechte oder Männerrechte?
- Die Befreiungskriege – Kriege für die Freiheit?

- Die Eisenbahn – eine Lokomotive des Fortschritts?
- Die Weimarer Republik – Republik ohne Republikaner?
- Das „Amerikanische System“ – Etappe auf dem „Marsch des Fortschritts“?
- Machtergreifung oder Machtübertragung?
- Das Dritte Reich – „ein Reich der Ordnung und Sauberkeit“?
- Der 8. Mai 1945 – Niederlage, Kapitulation, Untergang des Reiches oder Befreiung vom Faschismus?
- Der 9. November – Feiertag oder Trauertag?

10.2 Präsentation von Geschichte

Geschichte ist im Unterricht nach Maßgabe des Möglichen so in Zeugnissen zu präsentieren, dass Perspektivität erkennbar ist und unterschiedliche Sichtweisen möglichst unverkürzt – also nicht als „Quellensplitter“ – zur Geltung kommen und durch die Operation der Perspektivenübernahme erschlossen werden können.

Neben der multi- oder mindestens biperspektivischen Präsentation der Motive, Absichten und Ziele beteiligter und betroffener Menschen muss gewährleistet sein, dass die Lernenden die zugrundeliegenden Verhältnisse der sozialen Ungleichheit und der Ungleichheit der Machtposition der Geschlechter, die wirtschaftlichen Verhältnisse und die Herrschaftsbedingungen beim Vergleich und bei der Besprechung der Perspektiven heranziehen können – eine Hintergrundnarratio ist vonnöten, oder aber die Möglichkeit, sich den Bezugsrahmen selber zu erarbeiten.

Lehrerinnen und Lehrer können multiperspektivische Zeugnisse in den Unterricht einbringen, indem sie zu einer gefundenen, die Schülerinnen und Schüler motivierenden historischen Frage ausgewählte Zeugnisse präsentieren oder einen Büchertisch aufbauen, der den Schülerinnen und Schülern die Möglichkeit bietet, selber zu suchen, zu finden und sich darin zu üben, zu suchen und zu finden, um dann unter ständiger Beachtung des Bezugsrahmens in der Auseinandersetzung mit den Zeugnissen die historische Frage zu beantworten.

Geschichte kann gelegentlich – monoperspektivisch – in einer erkennbar einseitigen Weise aus der Perspektive der Täter und Sieger dargestellt werden – entweder in Zeugnissen oder einseitigem Lehrervortrag, um über die provozierende Einseitigkeit die Frage nach der anderen Seite, nach der Perspektive der Opfer und der Verlierer hervorzurufen und dann Zeugnisse aus dieser Perspektive nachzureichen oder suchen zu lassen (vgl. Luther-Beispiel S. 98f.). Dieses Verfahren ist deshalb besonders geeignet, weil es die Frage nach der jeweils anderen Seite einübt und zur Gewohnheit werden lässt.

Geschichte kann gelegentlich auch einseitig aus der Perspektive der Opfer dargestellt werden, um den Wunsch aufkommen zu lassen, etwas über die Motive der Angreifer und Unterdrückenden zu erfahren, die dann in einem zweiten Schritt durch nachgeschobene Materialien erschlossen werden können.

Immer sollten Lehrerinnen und Lehrer darauf achten, was in der außerschulischen Geschichtskultur lokal, regional, national oder international kontrovers diskutiert oder unterschiedlich gesehen wird, die Diskussionen aufgreifen und die Schülerinnen und Schüler auffordern, sich sachkundig an solchen Diskussionen zu beteiligen – durch reale oder fiktive Leserbriefe, durch Interviews u.ä. Geschichte wird den Schülerinnen und Schülern in ihren späteren Lebenszusammenhängen vor allem in den außerschulischen und außerwissenschaftlichen Bereichen der Geschichtskultur begegnen, und sie können nicht früh genug darauf vorbereitet werden, sich in der Geschichtskultur vernünftig zu orientieren.

10.3 Medien

Vorweg ist zu sagen: Grundsätzlich eigenen sich alle traditionellen Medien historischen Lernens und die Kombination unterschiedlicher Medien für einen an Perspektivität und Multiperspektivität interessierten Geschichtsunterricht. Gerade durch die Kombination unterschiedlicher Medien kann oft ein verfremdender, irritierender Effekt erzielt werden, der zum Fragen und zur Erkenntnis von Perspektivität anregt. Innerhalb des Bereichs eines Mediums können verschiedene Sorten mit verschiedenen Perspektiven kombiniert werden. Bei sprachlichen Medien können verschiedene Textsorten gegenübergestellt werden, etwa authentische historische Zeugnisse und literarische Bearbeitungen; bei bildlichen Medien können verschiedene Bildsorten die Wahrnehmung von Perspektivität fördern, etwa wenn einem Herrscherbild eine Karikatur folgt (vgl. S. 154). Bei Schaubildern können dürre Schemata durch künstlerische Versuche, gesellschaftliche Zusammenhänge in einer schematischen Form zu zeigen, in einem neuen Licht erscheinen (vgl. S. 251f.).

Die Zusammenstellung von Materialien aus unterschiedlichen Gattungen – etwa Texte und Bilder, Texte und Schaubilder, Bilder und

Lieder – kann sehr motivierende und erkenntnisfördernde Arrangements ergeben.

Im Vordergrund dieses historischen Lernens stehen die schriftlichen Zeugnisse, die die Beteiligten und Betroffenen hinterlassen haben. Das können Aktennotizen, Tagebucheintragungen, Briefe, Eingaben, öffentliche Stellungnahmen, Inschriften, Urkunden, Pressekommentare, Flugschriften, Aufrufe, gedruckte Reden, Proklamationen, Gesetzestexte, Verfassungstexte und andere Zeugnisse sein, die sich gegeneinander arrangieren lassen, so dass sie Fragen und Denkanstrengungen auslösen. Dabei ist es nach alten Regeln selbstverständlich, dass sorgfältig darauf geachtet wird, die „Quelle" genau anzugeben: Nur wer weiß oder herausfinden kann, wer der Autor ist, kann ein Zeugnis „lesen". Schriftliche Zeugnisse sollten so weit wie möglich in ihrer Authentizität vorkommen. Das ist in der Regel für griechische und römische Zeugnisse und bei Zeugnissen aus anderen Kulturkreisen kaum machbar, aber deutschsprachige Texte aus dem 18. oder 19. Jahrhundert sollten beispielsweise in der Form und Orthographie erscheinen, die ihnen eigen war. Englischsprachige Texte aus der Zeitgeschichte sind gelegentlich zumutbar und sollten endlich auch in deutschen Schulgeschichtsbüchern ein selbstverständliches Element sein. Bei einem so globalen Ereignis wie der Weltwirtschaftskrise etwa bietet sich geradezu an, Zeugnisse von Beteiligten und Betroffenen aus den USA und aus Deutschland in der Originalsprache nebeneinander zu stellen. Das Lesen und Interpretieren schriftlicher Zeugnisse erfolgt dabei nach Regeln, die sich als ertragreich erwiesen haben.[1] Grundfalsch ist in diesem Zusammenhang allerdings die einst wie jetzt noch gestellte Frage oder Aufforderung, die „wesentlichen" Passagen einer Quelle zu benennen. Das ist geradezu antihermeneutisch gedacht: „Die" wesentliche Stelle gibt es nicht; es kann nur die für die einzelnen Schülerinnen und Schülern wesentliche Stelle geben. Das ist geschichtstheoretisch begründbar: Gäbe es – objektiv – „die" wesentliche Stelle in einer Quelle, gäbe es keine Historie als zeitgerechte Deutung vergangenen menschlichen Handelns und Leidens.

Wie schriftliche Quellen gelesen und in ihrer Perspektivität erschlossen werden können, wird später zu erörtern sein.

---

1 Vgl. zuletzt Gerhard Schneider, Die Arbeit mit schriftlichen Quellen, in: Hans-Jürgen Pandel; Gerhard Schneider (Hg.) Handbuch Medien im Geschichtsunterricht, Schwalbach/Ts. 1999, S. 15 ff.

Zu den sprachlichen Medien gehören auch die sogenannten „Geschichtserzählungen", die im traditionellen monoperspektivischen Unterricht eine so große Rolle gespielt haben. Die klassische „Geschichtserzählung" war eine novellistische Form der Darstellung von Geschichte, die auf der Grundlage von geschichtswissenschaftlich erhobenem historischem Wissen einen historischen Sachverhalt oder Episoden aus dem Leben einer historischen Person oder Persönlichkeit durch den Einsatz von fiktionalen Elementen spannend und motivierend zu vermitteln versuchte. In aller Regel war die Geschichtserzählung monoperspektivisch angelegt – ein klassisches Medium des Gesinnungsunterrichts. Lehrer oder Lehrerin erzählten eine Geschichte, die auf einem einzigen „point of view" beruhte, in sich stimmig und geschlossen war und Geschichte in einer Form darstellte, die keinen Zweifel daran ließ, dass es sich exakt so zugetragen hatte. Die Lehrenden als „auktoriale Erzähler" erschienen als allwissend Wissende, die zweifelsfrei wussten, was historisch der Fall gewesen war, und vermittelten doch nur – rhetorisch möglichst glänzend – die eine Deutung, der sie zuneigten oder die ihnen von Staats wegen aufgetragen war (Hitler berichtet in „Mein Kampf", wie eindrücklich ihm der „erzählende" Prof. Pötsch den Geschichtsunterricht zum Lieblingsfach gemacht hat).

Die Geschichtserzählung bezog ihre Suggestivwirkung und ihre Attraktivität für Schülerinnen und Schüler aus eben den Momenten, die die kritische, die „Neue Geschichtsdidaktik" veranlassten, sie gelegentlich pauschal, ohne Wenn und Aber abzulehnen. In ihrer klassischen Form war sie für einen Geschichtsunterricht, der auf das aufklärerische Selberdenken abhebt, unbrauchbar und kontraproduktiv. Sie war ungeeignet, das „Wirklichkeitsbewusstsein" als wesentliches Moment des Geschichtsbewusstseins zu fördern. Sie fiktionalisierte, dramatisierte, personalisierte und personifizierte, kostümierte, kolorierte und verwischte die Unterscheidung zwischen „wirklich" und „erfunden", die für historisches Lernen didaktisch so wesentlich ist. Sie war grundsätzlich so angelegt, dass die Schülerinnen und Schüler zuhörten und sich als historisches Wissen einprägten, was doch nur der Ausfluss des „point of view" des Erzählenden war, der zudem – und dann auch nur, wenn ihm die Problematik bewusst war – Schwierigkeiten bei dem Versuch hatte, die bedingenden Strukturen vergangenen menschlichen Handelns und Leidens in die Erzählung einzubauen.

Dennoch war die pauschale Kritik am Erzählen im Geschichtsunterricht überzogen. Vor allem Rolf Schörken hat „für eine Erneuerung des Erzählens mit Augenmaß" gesprochen und dabei zugleich „das Aufbrechen narrativer Harmonie"[2] als Voraussetzung benannt: „Eine Erneuerung des Erzählens kann nicht an der Notwendigkeit vorbeigehen, Schülerinnen und Schüler auf die Illusionswirkung des Erzählens aufmerksam zu machen und ihnen Kriterien an die Hand zu geben, wie sie diese durchschauen können".[3] In diesem Zusammenhang ist darauf aufmerksam zu machen, dass in modernen Romanen und Erzählungen auf eine kunstvolle Weise verschiedene Perspektiven, irritierende zeitliche Vorgriffe und Rückblenden sowie sich selber distanzierende Reflexionen des Erzählenden eingearbeitet sind, die eine Illusionswirkung gar nicht aufkommen lassen, vielmehr die Lesenden anhalten sollen, selber zu denken. Was Brecht für sein episches Theater als „Verfremdung" gefordert hat, „um das Publikum selbst denken zu lassen"[4], um das Nachdenken an die Stelle des bloßen Einfühlens zu setzen, ist in einer Zeit, in der sich der berechtigte Zweifel an einfach zu findenden Wahrheiten durchgesetzt hat, längst Bestandteil jeder Gattung moderner anspruchsvoller Literatur geworden.

Schörken spricht sich für eine Form des Erzählens „mit aufgerauhter Oberfläche" aus: In ihr „müssen Risse und Spalten bemerkbar sein, die der zuhörende Schüler durch Fragen oder Vermutungen weiter öffnen kann mit dem Ziel, dass als Ergebnis gerade nicht das Bewusstsein herauskäme: ‚So und nicht anders war es', sondern etwas Offeneres, Bescheideneres, vielleicht ein Sinn für Perspektivik, für die Subjektivität von Standpunkten und points of view von Darstellungen, vielleicht sogar für die Schwierigkeiten historischer Wahrheitsfindung".[5] Schörken plädiert für „gebrochene Erzählformen"[6]: Erzählungen müssten durch „Unterbrechungen, Einschübe, Reflexionen, Zweifel, Ausweitungen, das Hin- und Herwenden von Gedanken, unterschiedliche Urteile"[7] geprägt sein. Er nennt verschiedene, vor allem die zwei Möglichkeiten des „opponierenden Erzählens" und des „identifizierenden und verfremdenden Erzählens". Das opponierende Erzählen steht für „eine Erzählform, die durch eine folgende Gegenerzählung in Frage

2 Rolf Schörken, Das Aufbrechen narrativer Harmonie. Für eine Erneuerung des Erzählens mit Augenmaß, in: GWU 48 (1997), S. 727-735.

3 Schörken, Aufbrechen, S. 731.

4 So Brecht 1926, berichtet von Hans Mayer, Brecht, Frankfurt 1996, S. 126.

5 Schörken, Aufbrechen, S. 731.

6 Ebd., S. 732.

7 Ebd., S. 733.

gestellt wird".[8] Das identifizierende und verfremdende Erzählen stellt sich so dar: „Als Gegenstand eignen sich geschichtliche Gestalten oder Ereignisse, mit denen man sich leicht identifiziert. Hier wären – zunächst völlig kommentarlos – zwei Darstellungen im Nacheinander zu bringen, eine, die die Person oder das Geschehnis so darstellt, wie es der üblichen Meinung entspricht, eine andere, die, ohne sich die geringste sachliche Verfälschung zuschulden kommen zu lassen, einfach durch eine andere Auswahl, eine andere Perspektive oder andere Urteilsnormen, zu anderen Ergebnissen kommt".[9] Offen bleibt bei Schörken allerdings, wie denn der Bezugsrahmen der langfristigen Herrschaftsverhältnisse und Mentalitäten in die neuen Geschichtserzählungen eingearbeitet werden kann. Aber ohne Hintergrundnarratio kommt auch keine neue Geschichtserzählung aus; erst sie ermöglicht die Erkenntnis und das Verstehen von Perspektiven und die Erklärung von Chancen und Wirklichkeit der Entfaltung, der Mitbestimmung und Durchsetzung.

In den Bereich der sprachlichen Darstellungen gehören auch Texte von Historikerinnen und Historikern, die einen historischen Sachverhalt oder eine historische Persönlichkeit unterschiedlich deuten und darüber kontrovers diskutieren, gehören auch Texte aus Schulbüchern, in denen erkennbar unterschiedliche Sichtweisen deutlich werden, gehören auch Texte aus der außerwissenschaftlichen Geschichtskultur – etwa Gedenkreden, Verwendung von Geschichte als politisches Argument. Bei der Zusammenstellung solcher Texte sollte auf synchrone und diachrone Anordnung geachtet werden. Während die synchronen Texte – alle aus dem gleichen Zeitraum stammend – die Einsicht in die gesellschaftliche Bedingtheit von Perspektiven in der einen Gegenwart ermöglichen, können die diachronen Texte – aus unterschiedlichen Zeiträumen stammend – die gesellschaftliche Bedingtheit und Zeitgebundenheit in verschiedenen Gegenwarten aufweisen. Beide Erkenntnisse dienen der Einsicht in die Perspektivität von Deutungen und damit der grundlegend wichtigen Einsicht, dass Geschichte immer zeitbezogene Erinnerung ist – in kognitiv unterschiedlich hohen Graden, von redlicher und akribischer Wahrheitssuche bis hin zu ideologischen Deutungen, politischen Instrumentalisierungen und Geschichtsklitterungen.

Es ist ein Gemeinplatz, dass alle Bilder auf einer Perspektive beruhen und – wenn überhaupt – nur den Ausschnitt der Wirklichkeit wieder-

---

8 Schörken, Aufbrechen, S. 734.
9 Ebd., S. 734.

geben, der sich aus der gewählten Perspektive darbot.[10] Perspektivität des Bildherstellers zeigt sich aber nicht nur im gewählten Ausschnitt, sondern z.B. auch bei Gemälden in der Farbgebung und in der Betonung von Vordergrund oder Hintergrund. Auch Photos (und dokumentarische Filmsequenzen), die ja durch ein „Objektiv" aufgenommen werden, sind notgedrungen perspektivisch und spiegeln nicht die Wirklichkeit: „Aufgenommen" ist nur ein Ausschnitt, und der Ausschnitt wird zusätzlich durch Schärfe oder Unschärfe in Vordergrund oder Hintergrund und durch die „Momentaufnahme" der Belichtungszeit registriert. Überhaupt sind Bilder und Photos – wie übrigens auch die meisten schriftlichen Zeugnisse – keine narrativen Zeugnisse, sondern immer nur Momentaufnahmen, die keine Geschichte erzählen, weil sie das Vorher und Nachher ausblenden müssen. Sie können immer nur Material sein, das in der Zusammenschau mit anderen Materialien dazu dienen kann, eine Geschichte zu „erzählen". Auch bei Bildern einschließlich der modernen Bilder ist es höchst wichtig, dass ihre Hersteller oder Autoren einschließlich der jeweiligen Jahres-, Monats- oder Tagesangaben genannt werden. Das in vielen Schulgeschichtsbüchern oder Bildbänden zur Geschichte enthaltene Foto der am Brandenburger Tor am 30. Januar 1933 marschierenden Fackel-Kolonnen ist z.B. kein Dokumentarfoto, sondern eine Momentaufnahme zu einem später hergestellten Film (und wenn man genau hinschaut, nimmt man die Scheinwerfer der Filmemacher auf dem Bild wahr). Die bekanntesten Bilder aus der NS-Zeit sind solche, die zu Propagandazwecken hergestellt oder verwendet wurden, die Zensur passiert hatten und damit eine nationalsozialistische Perspektive aufwiesen.

Bilder haben nicht nur auf Schülerinnen und Schüler eine ungeheure Suggestionswirkung, als zeigten sie mit Ausnahme der Karikatur oder des Comic oder des per se abstrahierenden Holzschnitts die Wirklichkeit in unverfälschter, perspektiveloser Form. Die Abwehr der – ob mehr oder weniger – abstrakten Kunst rührt ja daher, dass sie dem Bedürfnis der vor-fotografischen wie der fotografischen Zeit nach Darstellung der Wirklichkeit nur auf ihre Weise, nicht aber nach der Vorstellungsweise vieler Menschen Rechnung trägt. „Entartete Kunst" war die Kunst, die von vielen abgelehnt wurde, weil sie die Wirklich-

10 Vgl. zum Thema „Bild" zuletzt Klaus Bergmann; Gerhard Schneider, Das Bild, in: Hans-Jürgen Pandel; Gerhard Schneider (Hg.), Handbuch Medien im Geschichtsunterricht, Schwalbach/Ts. 1999, S. 211 ff.

keit in einer ungewohnten Perspektive wahrnahm (und damit der Wirklichkeit näher kam als die auf vordergründige Abbildhaftigkeit fixierten Bilder von Zeitgenossen). Die jeweilige Perspektive von Bildern und damit Perspektivität überhaupt zu erkennen, ist ein wesentliches Lernziel. Dafür können Bilder für sich auf ihre Perspektivität untersucht werden oder verschiedene Bilder einander gegenübergestellt werden: Das Herrscherporträt Ludwigs XIV. kann in seiner Perspektive für sich entschlüsselt werden. Wenn es – wie in einigen Schulbüchern – mit einem Bild aus dem Alltagsleben französischer Bauern zur Zeit des Absolutismus konfrontiert wird, ergeben sich Fragen und Erkenntnisse.

In den Bereich der bildlichen Darstellungen gehören auch die von den Massenmedien verbreiteten Bildproduktionen wie Spielfilm, Fernsehfilm oder dokumentarische Sendungen, die auf ihre Perspektive hin untersucht werden können.[11] Sie bedürfen einer besonders intensiven Bearbeitung, weil sie als Kombinationen von Text, Bild, Ton und Musik eine besondere Suggestionswirkung haben können, die nur durch das gezielte Aufspüren ihrer Perspektive gebrochen werden kann.

Auch gegenständliche und haptische Quellen – Quellen zum Anfassen – können perspektivisch verstanden werden. Die Aussage Walter Benjamins, es sei kein Dokument der Kultur, das nicht zugleich ein Dokument der Barbarei sei, kann der Ausgangspunkt von Fragen sein, die eines Tages gewohnheitsmäßig gestellt werden können. Es sind die „Fragen eines lesenden Arbeiters", der danach fragt, ob das vielbesungene Byzanz nur Paläste für seine Bewohner hatte oder in welchen Häusern des goldstrahlenden Lima die Bauleute wohnten. Es sind Fragen, die sich darauf richten, sich von den kulturellen Hinterlassenschaften – ob Versailles, Neuschwanstein oder anderen touristischen Attraktionen – nicht blenden zu lassen, sondern „die namenlose Fron der Zeitgenossen", die diese Symbole von Herrschaft und Kultur im Schweiße ihres Angesichts errichtet und dafür teuer bezahlt haben, immer zugleich in den Blick zu nehmen. Noch an den alltäglichsten Gebrauchsgegenständen – Wohnungseinrichtungen, Essbestecken oder Kleidung – lassen sich gesellschaftliche Schichtungen, Herrschaft, soziale und Geschlechter-Ungleichheit ablesen. Jeder Besuch in einem

---

11 Vgl. Gerhard Schneider, Filme, in: Hans-Jürgen Pandel; Gerhard Schneider (Hg.), Handbuch Medien im Geschichtsunterricht, Schwalbach/Ts. 1999, S. 365 ff.

Museum kann von solchen Fragen bestimmt sein und zu wichtigen Entdeckungen führen.

Schwieriger, aber nicht unmöglich ist es, Perspektivität in Statistiken und ihren Veranschaulichungsformen zu zeigen. Bei der Arbeit mit Karten eignen sich vor allem historische Karten, um zu zeigen, dass auch ein scheinbar so neutrales Medium Perspektivität enthält. Karten aus der Zeit der Weimarer Republik oder des nationalsozialistischen Deutschland, die die „Einkreisung des Deutschen Reiches" vor 1914 zeigen, sind perspektivische Konstrukte, deren Perspektivität an der Farbgebung, an Pfeilen und Legenden erkannt werden kann. Karten aus unserer Zeit – etwa aus der Zeit des Kalten Krieges – lassen sich auch von Schülerinnen und Schülern als perspektivisch erkennen („How to lie with maps").

Ein eigenes Medium stellen die historischen und die gegenwärtigen Schulbücher dar, und es macht durchaus Sinn, historische Schulbücher ebenso als Zeugnisse ihrer Zeit zu untersuchen, wie gegenwärtige Schulbücher auf ihre Sichtweisen zu überprüfen. Bei gegenwärtigen Schulbüchern können Schülerinnen und Schüler etwa feststellen, dass die Blickwinkel auf den Nationalsozialismus sehr unterschiedlich sind.

Wird bei der Untersuchung gegenwärtiger Schulbücher auf die Kontroversität geachtet, so ist dies auch bei weiteren Zeugnissen der gegenwärtigen Geschichtskultur möglich. Bei Gedenktagen und Gedenkjahren werden in aller Regel kontroverse Positionen zu finden sein, die auch im Unterricht besprochen werden können; bei politischen Debatten tauchen kontroverse Deutungen historischer Sachverhalte auf; dokumentarische Sendungen im Fernsehen können auf ihre Perspektive hin analysiert werden, und die widersprüchlichen Aussagen der Zeitzeugen können gegeneinander abgewogen werden.

10.4 Erarbeitung und Erschließung

Schülerinnen und Schüler sollen üben, die unterschiedlichen Zeugnisse immer wieder kritisch, ideologiekritisch auf die ihnen zugrundeliegende Perspektivität zu befragen und zu analysieren. Erste Voraussetzung ist, die üblichen W-Fragen anwenden zu lernen: Wer hat wann was warum gedacht, gewollt, beabsichtigt und getan? Dabei kann es gelingen, die in den perspektivischen Zeugnissen enthaltenen Wertvorstellungen in Beziehung zu setzen zu den gesellschaftlichen und herrschaftlichen Verhältnissen und den darin begründeten ungleichen Lebenschancen.

Rollenspiele und ähnliche Darstellungsspiele – etwa Tribunal oder fiktiver ARD-Brennpunkt oder Podiumsdiskussionen – eignen sich in besonderer Weise, um ungezwungene Perspektivenübernahme und einfühlendes Denken zu vollziehen und einzuüben. Die Schülerinnen und Schüler müssen sich in historische Figuren hineinversetzen, die Verhältnisse mit ihren Augen sehen und aus ihren Köpfen heraus denken – selbst dann, wenn sie eher geneigt sind, sich spontan von diesen Personen zu distanzieren.

Ein besonderes Problem stellt die Tatsache dar, dass es aus historischen Gründen immer wieder nur eine verschwindende Minderheit war, die Zeugnisse aus ihrer Sicht hinterlassen hat. Die übergroße Mehrheit der Bevölkerung ist historisch stumm und sprachlos. Wir haben Aussagen *über* sie, aber kaum Aussagen *von* ihnen, und die Aussagen über sie stammen aus einer anderen Sicht, gewissermaßen von oben und von Männern. Es ist wichtig, dass dieser Tatbestand im Geschichtsunterricht gelernt wird – ein ungeheuer wichtiges kognitives Lernziel. Wie aber kommt man aus dem Dilemma heraus, dass von der übergroßen Mehrheit der Bevölkerung keine Zeugnisse vorliegen, wir aber im multiperspektivischen Geschichtsunterricht die Sicht von Frauen, Sklaven, leibeigenen Bauern und überhaupt von historisch sprachlos gebliebenen Gruppen benötigen, wenn der Grundsatz des „audiatur et altera pars" gelten und Perspektivenübernahme gelernt werden soll. Es bietet sich nur ein Ausweg an, sicherlich problematisch, nur äußerst behutsam anwendbar: nach der Perspektive der Sprachlosen fragen und sogar der Perspektive der Sprachlosen Sprache zu verleihen. Das erstere ist das leichtere: immer darauf hinzuweisen, dass die andere Sicht der Dinge fehle. Wie aber der Sicht der Sprachlosen Stimme verleihen? Der Ausweg liegt im „handlungsorientierten Geschichtsunterricht", der ja – wenn er für historisches Lernen ergiebig sein soll – mehr sein muss als ein motivierendes Wuseln und Werkeln um der Motivation willen.

Handlungsorientierter Unterricht hat für das historische Lernen eine besondere Bedeutung. Nur über ihn lässt sich für das historische Lernen zugleich auch ein Zipfel des Erfahrungslernens verwirklichen, das in anderen Fächern problemloser zu realisieren ist. Die historischen Sachverhalte, Prozesse, Entwicklungen sind ja längst geschehen und lassen sich erkennen, nicht aber erfahren. Der handlungsorientierte Unterricht versetzt die Schülerinnen und Schüler in eine „Als-ob-Situation": Er vergegenwärtigt eine historische Konstellation so, als lebten die Schülerinnen und Schüler in dieser Lage und hätten sich ihr zu stellen, in ihr zu denken und zu handeln. Das kann sich auf rein äußerliche Dinge beziehen: Mit einem Gänsekiel schreiben, ein mittelalterliches Essen kochen und zu sich nehmen, einen zerschlagenen Tontopf nach Art der Archäologie wieder zusammenzufügen. Das kann aber auch bedeuten, sich in die Perspektiven anderer, früher lebender Menschen hineinzudenken, wie sie auf eine bestimmte Lage reagiert haben könnten, wenn sie Frau, Sklave, Leibeigener, Proletarier gewesen wären – und schließlich zu dokumentieren, dem Sprache zu verleihen, was sie in dieser Lage denken, fühlen, wollen und „erfahren". Man kann Schülerinnen und Schüler bitten oder auffordern, Tagebücher, Briefe, Leserbriefe an fiktive Zeitungen zu schreiben, Aufrufe zu verfassen, Gespräche unter Zeitgenossinnen und Zeitgenossen zu führen; das alles sehr behutsam und unter den Einschränkungen, die es gab: Frauen, leibeigene Bauern oder Sklaven konnten realiter kein Tagebuch führen oder Briefe schreiben – und wenige Frauen konnten es erst seit wenigen hundert Jahren –, konnten ihre Gefühle oder Urteile nicht an irgendwelche Zeitungen schicken, die es nicht gab. Es ist ein gewagtes Spiel mit der Fiktionalität, ständig begleitet von der Frage, ob denn die „Als-ob-Situation" tatsächlich so gewesen sein könnte, oder ob sie verfehlt wird. Der Vorteil überwiegt die Bedenken: In der Konstruktion von Gegenperspektiven üben Schülerinnen und Schüler die schwierige Kunst, die Welt mit den Augen der anderen zu sehen. Dabei ist zu vermeiden, dass wieder nur *über* die Frauen, Sklaven, leibeigenen Bauern, überhaupt stumme Gruppen geschrieben oder gesprochen wird: Die Schülerinnen und Schüler müssen als Frau, als Sklave, als leibeigener Bauer oder als Kind einer früheren Zeit schreiben – und das geht nur, wenn man sie dazu anhält, in jedem Fall in der Ich-Form zu schreiben, Vorstellungen zu entwickeln, Positionen zu beziehen oder Forderungen vorzutragen.

10.5 Multiperspektivität, Kontroversität und Pluralität in Unterrichtsphasen

Grundsätzlich gilt, daß Multiperspektivität und Kontroversität in allen Unterrichtsphasen möglich sind – ob zu Beginn einer Unterrichtseinheit oder einer Stunde als „Einstieg", ob im Zentrum einer Einheit oder Stunde oder in Wiederholungsphasen. Zwei oder mehrere sich widersprechende oder jedenfalls deutlich voneinander abweichende Zeugnisse oder Deutungen zum gleichen Sachverhalt oder Vorgang können ein motivierender Einstieg in ein Thema sein. An ihnen kann die „historische Frage" entwickelt werden, die in der folgenden Einheit oder Stunde verfolgt wird. Auch ein „brainstorming“ zu einer umstrittenen Frage, bei der unterschiedliche Standpunkte der Schülerinnen und Schüler (Pluralität) zu erwarten sind, eignet sich dazu, eine „historische Frage“ zu stellen (und auf das Prinzip aufmerksam zu machen).

In der Phase der Erarbeitung arbeiten die Schülerinnen und Schüler – vorzugsweise in Gruppen oder in Partnerarbeit – an den Zeugnissen und mit den Hintergrundinformationen, die ihnen von Lehrerin oder Lehrer bereitgestellt worden sind. Sie suchen nach Informationen, nach Absichten, Motiven, versetzen sich in die Rolle der Beteiligten und Betroffenen, suchen die Beteiligten und Betroffenen aus ihrer Lage heraus zu „verstehen“, berücksichtigen die Umstände des Denkens und Handelns, die unterschiedlichen Interessen und Machtpositionen, die unterschiedlichen Durchsetzungschancen, bis sie zu einem historischen Sachurteil vorstoßen, das sie abschließend einer Wertung unterziehen. Bei Gruppen- und Partnerarbeit mit den gleichen Zeugnissen und Hintergrundinformationen zeigen sich dann immer auch unterschiedliche Sachurteile und unterschiedliche Werturteile. Die Unterschiedlichkeit muss ausgetragen, verbleibende Unterschiedlichkeit muss angenommen werden, wenn denn keine „Regelverstöße“ offenkundig sind. Die Rolle von Lehrerin oder Lehrer besteht darin, anzuregen, zu ermutigen, Hinweise zu geben. Sie besteht vor allem darin, Kontroversen zu ermöglichen und zu moderieren, auf möglicherweise Übersehenes hinzuweisen, disziplinierteres Denken einzuklagen.

Die gleiche Rolle übernehmen Lehrerin oder Lehrer, wenn sie keine von ihnen ausgewählten Zeugnisse vorlegen, sondern den Schülerinnen und Schülern anheimstellen, sich selber die Zeugnisse und Informationen zu beschaffen, die für die Beantwortung der historischen Frage erforderlich sind. Ob das mit einem Büchertisch geschieht oder ob die Schülerinnen und Schüler in der – hoffentlich gut bestückten – Bibliothek selber auf Suche gehen, ist nicht so entscheidend. Entscheidend ist, dass sie in einer solchen Situation in der gleichen Lage wie in späteren außerschulischen Zusammenhängen sind, wenn sie sich aus zugänglichen Informationsquellen informieren und eine eigene Meinung bilden wollen.

11. Geschichte selber denken

Geschichte selber denken zu können, sich selber ohne vormundige Dreinrede aufklären zu können über das Gewordensein der gegenwärtigen Lebens-, Macht- und Herrschaftsverhältnisse, sich selber aufklären zu können über Beweggründe und Erfahrungen von Menschen, die vor kurzer oder langer Zeit vor uns gelebt, gelitten und gehandelt haben, um daraus Orientierungen für die eigene Lebenspraxis zu gewinnen – darauf sollte historisches Lernen gerichtet sein. Mag sein: Eine theoretisch vielleicht stimmige, aber doch idealistische didaktische Vorstellung, aber was wären Pädagogik und Didaktik wert, hätten sie den Zweifel am Erreichbaren und die Resignation gleich in ihre Überlegungen eingebaut? Geschichte selber denken, ist – frei nach Kants Ausführungen über die Erziehung – ein herrliches Ideal, mögen auch Hemmnisse und Widerstände ihm entgegenstehen. Geduldiges und ermutigendes Probieren geht über spontanes Kritisieren der vorgeblich praxisfernen Theorie – aber geduldig und ermutigend muss das Probieren schon angelegt sein.

Die Erkenntnis und die Erfahrung der Perspektivität von Wahrnehmungen, Deutungen und Orientierungen sind wesentliche Momente eines in der Schule gelernten eigenen historischen Denkens. Sie schützen vor erkenntnistheoretisch naivem Fürwahrhalten dessen, was schriftlich oder mündlich aus der Vergangenheit an Zeugnissen vorliegt oder in der Historie und der sonstigen Geschichtskultur gedacht wird. Sie machen wachsam, skeptisch und kritisch gegenüber Verlautbarungen jeder Art, weil sie zum ideologiekritischen „Hinterfragen" anstiften. Sie sind Quelle dauerhaften Zweifels, einer großen Tugend in Zeiten der massenmedial verbreiteten Lügen und Unwahrheiten. Und wo bleibt das Positive – als wäre dies noch nicht positiv genug? Sie ermöglichen „Verstehen" der historisch „anderen" und die Einübung in das „Verstehen" der gegenwärtig „anderen". Sie sind ein wesentlicher Teil der „Großen Erzählung" von Aufklärung, Mündigkeit und Toleranz, die Kinder und Jugendliche in der Schule erleben, erfahren können sollen – ein Zipfel der besseren Welt.

Der dieses Buch abschließende Materialienteil sollte unter diesen Gesichtspunkten gelesen, bedacht und als Anregung für den Geschichtsunterricht genutzt werden.

II. Praktischer Teil – Hinweise und Materialien

Der folgende Materialienteil ist nach einer Systematik geordnet, die zwischen historischen Zeugnissen und Zeugnissen aus der gegenwärtigen Geschichtskultur unterscheidet. Zeugnisse aus der weiter zurückliegenden Geschichtskultur werden als historische Zeugnisse eingeordnet, die für die Zeit stehen, in der sie als deutende Aussagen über Vergangenes entstanden sind.

Überschneidungen sind dabei unvermeidbar: Wenn Zeugnisse aus verschiedenen Zeiträumen – also diachron bis hin zur Gegenwart – multiperspektivisch arrangiert sind, sind sie je nach Absicht und Schwerpunktsetzung der gegenwärtigen Geschichtskultur oder den historischen Zeugnissen zugeordnet.

Abschließend werden einige übertragbare Vorschläge, die bewusst auf das Erkennen von Perspektivität abheben, vorgestellt.

Es kann in diesem Materialienteil nur darum gehen, übertragbare Beispiele und Anregungen zu geben.

1. „Misstraut gelegentlich den Historikern" – Zwei grundlegende Texte

1.1 Bertolt Brecht, Fragen eines lesenden Arbeiters

Historischer Hintergrund

Als Brecht die „Fragen eines lesenden Arbeiters" aufschrieb, wollte er die Fragwürdigkeit der herkömmlichen und befangenen Historie seiner Zeit verdeutlichen, die es als Zunft ablehnte, sich anderen Hinsichten auf die Vergangenheit zu öffnen. Die Fragestellungen und Perspektiven des historischen Materialismus waren für die vorwiegend aus dem Bürgertum stammenden Historiker der Universitäten in aller Regel politisch motivierte Zugriffe auf die Vergangenheit, die keine wissenschaftliche Dignität hatten. Gewohnt, nach historischen Persönlichkeiten und nach politischen Ideen und Veränderungen zu fragen, die sie weitgehend dem Wirken der großen Persönlichkeiten zuschrieben, gewohnt auch, aus der Perspektive des Nationalstaats und der adeligen und bürgerlichen Führungsschichten zu fragen, waren sie blind und taub gegenüber den Hinsichten und Forderungen, die Außenseiter der Zunft in zeitgemäße „historische Fragen" an die Vergangenheit umsetzen wollten.

Geschichtsdidaktischer Hintergrund

1934 – im Exil – verfasste Bert Brecht die „Fragen eines lesenden Arbeiters", ein Lehrgedicht, das zum Lernen anreizen sollte. Es stellt den Aussagen von Historikern (und Schulbuchautoren) die ebenso naiven wie kritischen „Fragen eines lesenden Arbeiters" gegenüber. Er entlarvt die Aussagen der Historiker als gedankenlose Abstraktionen mit hohem ideologischem Gehalt. Die Darstellungen von Historikern sind grundsätzlich frag-würdig: „So viele Berichte/So viele Fragen". Er sieht den Prozess der Geschichte nicht als eine Folge großer Taten von großen Persönlichkeiten und nicht unter Gesichtspunkten einer Erfolgsgeschichte, sondern fragt nach den Kosten und Leiden seiner Vorfahren. Er wechselt die Perspektive, macht von der Möglichkeit Gebrauch, „die Geschichte gegen den Strich zu bürsten" und damit wesentliche Entdeckungen zu machen, die für sein Selbstverständnis und für seine Orientierung im historischen Prozess bedeutsam sein können.

Erich Kästner, gelernter Volksschullehrer, hat Kinder einmal aufgefordert: „Misstraut gelegentlich euren Schulbüchern! Sie sind nicht auf dem Berge Sinai entstanden (...)" Die „Fragen eines lesenden Arbeiters" sind hervorragend geeignet, eine grundsätzliche Einstellung zu lernen: Geschichte immer wieder neu zu denken, immer wieder neu zu befragen, immer erneut „gegen den Strich zu bürsten". Es könnte auch heißen: Misstraut gelegentlich den so eingängigen und scheinbar so stimmigen Aussagen von Historikern und Schulbuchautoren. Sie haben die erkennbare Vergangenheit nicht durch die Pupille des Weltgeistes, sondern aus ihrer lebensgeschichtlich und gesellschaftlich bedingten Perspektive und aus ihrer Männer- oder Frauenperspektive gesehen und gedeutet. Sie haben keine Aussagen für die Ewigkeit gemacht, sondern nach bestem wissenschaftlichem Wissen und Gewissen eine ernstzunehmende Deutung vorgelegt, die schon bald revidiert werden wird. Die Naivität des lesenden Arbeiters, der nicht in den Denktraditionen der Zunft befangen ist, gleicht der Naivität des Kindes im Märchen von des Kaisers neuen Kleidern: „Er ist ja nackt!": Diese Naivität kommt zu Erkenntnissen, die von der Mehrheit zunächst nicht geteilt werden und die doch wahr sind.

Meine Tochter Nike, seinerzeit 14 Jahre alt, kam eines Tages ganz aufgeregt aus der Schule: „Papa, wir haben heute ein geiles Gedicht besprochen – ‚Fragen eines lesenden Arbeiters' von Brecht. Kennst Du das?" Das Gedicht ist ein grundlegender geschichtsdidaktischer Text, und die Lehrerin meiner Tochter an der Bielefelder Laborschule, Marlene Schütte, hatte es geschafft, das Gedicht mit den Kindern so auszuschöpfen, dass daraus ein Aha-Erlebnis wurde: Die Kinder oder besser natürlich: die Jugendlichen kannten die Sätze, die dem lesenden Arbeiter frag-würdig sind, aber sie begegneten zum ersten Mal den Fragen, die diese Sätze in Frage stellten. Für sie waren diese Fragen völlig neu, aber auch überzeugend notwendig.

Ein Geschichtsunterricht, in dem die „Fragen eines lesenden Arbeiters" nie besprochen worden sind, hat den Kindern und Jugendlichen wichtige Denkprozesse und Einsichten vorenthalten. Die Besprechung des Lehrgedichts im Geschichtsunterricht gehört – so wenig ich mit einem curricularen Kanon anfangen kann – zu den Notwendigkeiten eines guten, reflektierten Geschichtsunterrichts.

Methodische Hinweise

Man kann den Schülerinnen und Schülern das Gedicht mit einer einleitenden Bemerkung etwa über ein wichtiges und anregendes Gedicht über Geschichte mündlich vortragen und erste Äußerungen sammeln, dann den Text austeilen und das Gedicht interpretieren lassen, etwa unter der Frage, welche Absicht der Dichter hat und was ihm an der Geschichte wichtig und fragenswert ist.

Man kann den Schülerinnen und Schülern auch einige der Aussagesätze des Gedichts schriftlich vorlegen, etwa folgende Zeilen

„Das große Rom ist voll von Triumphbögen. (...)
Der junge Alexander eroberte Indien. (...)
Caesar schlug die Gallier. (...)
Philipp von Spanien weinte, als seine Flotte
Untergegangen war. (...)
Friedrich der Zweite siegte im Siebenjährigen Krieg. (...)"

Auffallend ist die Sinnlosigkeit der Sätze, auffallend ist die Massierung von Persönlichkeiten. Man kann die Schülerinnen und Schüler auffordern, aus ihrer Kenntnis heraus die Aussagesätze zu erweitern, und sie werden vielleicht aus gleicher Perspektive den Text ausführlicher weiterschreiben, vielleicht aber auch schon kritische Anmerkungen entwickeln, in erster Linie vielleicht die Mädchen. Was immer sich daraus als Gespräch ergibt, wird nach einiger Zeit der volle Text – noch ohne Überschrift – ausgeteilt und das Gedicht besprochen, anschließend nach einer Überschrift gesucht. Lernziel ist, Perspektivität als Grundsachverhalt zu entdecken, als unvermeidbar und gerechtfertigt zu begreifen. Dies kann darüber hinaus auch dadurch erreicht werden, dass man die Klasse in Gruppen auffordert, „Fragen einer lesenden Frau" oder „Fragen eines lesenden Jungen oder Mädchen" zu entwickeln und aufzuschreiben.

Anschließend kann man den Schülerinnen und Schülern aufgeben, in ihrem Schulbuch im Verfassertext nach Aussagesätzen zu suchen, an die sich die Fragen eines lesenden Arbeiters oder einer lesenden Frau anlegen lassen. Eine solche Spurensuche schärft die Fragehaltung gegenüber jedem historiographischen Text. In späteren Stunden kann und sollte immer wieder einmal mit Stichworten wie „Fragen eines lesenden Arbeiters", „Fragen einer lesenden Frau" oder „Er allein?" versucht werden, Schulbuchtexte, Lehreraussagen und Äußerungen von Schülerinnen und Schülern kritisch zu befragen.

Fragen eines lesenden Arbeiters

Wer baute das siebentorige Theben?
In den Büchern stehen die Namen von Königen.
Haben die Könige die Felsbrocken herbeigeschleppt?
Und das mehrmals zerstörte Babylon –
Wer baute es so viele Male auf? In welchen Häusern
Des goldstrahlenden Lima wohnten die Bauleute?
Wohin gingen an dem Abend, wo die Chinesische Mauer fertig war
Die Maurer? Das große Rom
Ist voll von Triumphbögen. Wer errichtete sie? Über wen
Triumphierten die Cäsaren? Hatte das vielbesungene Byzanz
Nur Paläste für seine Bewohner? Selbst in dem sagenhaften Atlantis
Brüllten in der Nacht, wo das Meer es verschlang
Die Ersaufenden nach ihren Sklaven.

Der junge Alexander eroberte Indien.
Er allein?
Caesar schlug die Gallier.
Hatte er nicht wenigstens einen Koch bei sich?
Philipp von Spanien weinte, als seine Flotte
Untergegangen war. Weinte sonst niemand
Friedrich der Zweite siegte im Siebenjährigen Krieg. Wer
Siegte außer ihm?

Jede Seite ein Sieg.
Wer kochte den Siegesschmaus?

Alle zehn Jahre ein großer Mann.
Wer bezahlte die Spesen?

So viele Berichte.
So viele Fragen
(Bertolt Brecht, Fragen eines lesenden Arbeiters, in: ders., Werke in 20 Bänden, Bd. 9, Frankfurt/M. 1967, S. 656f.)

1.2 Walter Benjamin über die „Aufgabe, die Geschichte gegen den Strich zu bürsten"

Historischer Hintergrund

Walter Benjamin, deutscher Philosoph und Literaturkritiker, lebte von 1892 bis 1940. 1933 emigrierte er aus Deutschland und zog nach Paris. 1940 nahm er sich auf der Flucht von Frankreich nach Spanien aus Furcht vor einer Auslieferung an die Gestapo das Leben.

Seine „Geschichtsphilosophischen Thesen" sind eigentlich erst durch die posthum erschienene Aufsatzsammlung „Zur Kritik der Gewalt und andere Aufsätze" (1965) verbreitet worden.

Geschichtsdidaktischer Hintergrund

Benjamins Kritik an den Unzulänglichkeiten und Einseitigkeiten des Historismus endet mit der Aufforderung, „die Geschichte gegen den Strich zu bürsten", d.h. „nach Maßgabe des Möglichen" einen Perspektivenwechsel vorzunehmen: Statt nach der Geschichte der „Sieger" zu fragen, soll die „namenlose Fron ihrer Zeitgenossen" in den Blick kommen. Ähnlich wie bei Brechts „Fragen eines lesenden Arbeiters" geht es also um einen Perspektivenwechsel, der zu neuen Erkenntnissen führt. Der Text ist geeignet, das eigene Verständnis von Geschichte und die eigene Perspektive in Frage zu stellen und darauf aufmerksam zu machen, dass Geschichte als Nachdenken über die erkennbare Vergangenheit je nach Fragestellung und der Richtung der Aufmerksamkeit zu sehr unterschiedlichen Aussagen und Urteilen kommt.

Methodische Hinweise

Der Text kommt als Grundlagentext für einen Leistungskurs der gymnasialen Oberstufe in Frage. Er kann eingesetzt werden, nachdem ein traditionell historistischer Text aus einem Schulbuch durchgesprochen worden ist. Diesen Text kann man dann als Folie verwenden: Er ist „gegen den Strich zu bürsten". Möglich ist auch, den Text zunächst zu lesen, um dann in Schulbuchtexten zu überprüfen, ob er auf sie anwendbar ist.

Walter Benjamins Kritik des Historismus

Walter Benjamin fragte, „in wen sich denn der Geschichtsschreiber des Historismus eigentlich einfühlt. Die Antwort lautet unweigerlich, in den Sieger. Die jeweils Herrschenden sind aber die Erben aller, die je gesiegt haben. Die Einfühlung in den Sieger kommt demnach den jeweils Herrschenden allemal zugut. Damit ist dem historischen Materialisten genug gesagt. Wer immer bis zu diesem Tage den Sieg davontrug, der marschiert mit in dem Triumphzug, der die heute Herrschenden über die dahinführt, die heute am Boden liegen. Die Beute wird, wie das immer so üblich war, im Triumphzug mitgeführt. Man bezeichnet sie als die Kulturgüter. Sie werden im historischen Materialisten mit einem distanzierten Betrachter zu rechnen haben. Denn was er an Kulturgütern überblickt, das ist ihm samt und sonders von einer Abkunft, die er nicht ohne Grauen bedenken kann. Es dankt sein Dasein nicht nur der Mühe der großen Genien, die es geschaffen haben, sondern auch der namenlosen Fron ihrer Zeitgenossen. Es ist niemals ein Dokument der Kultur, ohne zugleich ein solches der Barbarei zu sein. Und wie es selbst nicht frei ist von Barbarei, so ist es auch der Prozeß der Überlieferung nicht, in dem es von dem einen an den anderen gefallen ist. Der historische Materialist rückt daher nach Maßgabe des Möglichen von ihr ab. Er betrachtet es als seine Aufgabe, die Geschichte gegen den Strich zu bürsten."

(Walter Benjamin, Geschichtsphilosophische Thesen, in: Ders., Zur Kritik der Gewalt und andere Aufsätze, Frankfurt/M. 1965, S. 83)

2. Historische Zeugnisse

2.1 Schriftliche Quellen

2.1.1 „Die älteste Soziallüge der Welt" – Die Fabel des Menenius Agrippa

Historischer Hintergrund

Hintergrund der berühmten Fabel des Menenius Agrippa waren die Ständekämpfe in Rom zwischen den „Patriziern" und den „Plebejern" um Macht und Einfluss im Staat. Als die Plebejer die Vorherrschaft der Patrizier in Frage stellten, soll der Patrizier Menenius Agrippa den Plebejern die Fabel vom Bauch und den Gliedern erzählt haben, um die notwendige Rolle der bevorrechtigten Patrizier im Staat zu rechtfertigen.

Geschichtsdidaktischer Hintergrund

Ernst Bloch hat die Fabel des Menenius Agrippa einmal als „die älteste Soziallüge der Welt" bezeichnet. Das Bild vom Magen und den Gliedern scheint unmittelbar einzuleuchten und rechtfertigt doch nur die vorherrschende Rolle der Patrizier. Sie ist ideologisch im klassischen Sinn – Rechtfertigung bestehender Verhältnisse. An ihr kann ein Stück einfachster Ideologiekritik geübt werden.

Methodische Hinweise

Nachdem den Schülerinnen und Schülern die Fabel vorgelesen oder zum Lesen ausgegeben worden ist, ohne dass der Autor und seine gesellschaftliche Stellung bekannt sind, können sie aufgefordert werden, die Fabel auf die Gesellschaft zu übertragen und sich zu ihrer Stimmigkeit zu äußern. Erst danach werden Name und gesellschaftliche Stellung des Autors genannt und mit der Frage verbunden, welche Absichten er verfolgt hat. Anschließend können die Schülerinnen und Schüler eine Antwort auf Menenius Agrippa aus der Perspektive von Plebejern verfassen.

Die Fabel des Patriziers Menenius Agrippa

Die Glieder des Leibes empörten sich einst gegen den Magen. Er liegt, so sagten sie, faul in der Mitte des Körpers und läßt sich von uns ernähren.

Wir werden ihm keine Nahrung mehr geben. So versagten alle Glieder den Dienst.
Bald aber gewahrten sie mit Schrecken, daß sie selber kraftlos und schlaff wurden. Nun erkannten sie, daß auch der Magen eine wichtige Aufgabe im Bau des Ganzen hatte.
(Richard Carstensen, Römische Sagen, Reutlingen 1958, S. 56)

2.1.2 Selbstwahrnehmung und Fremdwahrnehmung: Urteile über Rom[1]

Historischer Hintergrund

Hintergrund ist der Aufstieg Roms zur „Weltmacht" im mediterran-europäischen Raum und die damit verbundene Unterwerfung zahlloser Völker.

Geschichtsdidaktischer Hintergrund

Wir wissen durch das Zivilisationsgefälle im römischen Weltreich überaus wenig darüber, wie die von den Römern unterworfenen Menschen ihre Unterwerfung wahrgenommen haben. Die hier abgedruckten Zeugnisse von Gegnern der Römer mögen ursprünglich von diesen Gegnern stammen, berichtet aber werden sie von römischen Schriftstellern, die damit möglicherweise eigene Absichten in Rom verfolgten. Diese Quellenlage sollte man durchaus auch im Unterricht besprechen, um erste Quellenkritik zu üben. Die übrigen Quellen zeigen eine Selbstwahrnehmung der Römer, die für die Begründung imperialistischer Politik auch in späteren Zeiten zu finden ist.

Methodische Hinweise

Man kann zunächst die Quellen der Gegner der Römer besprechen und dann eine Begründung der römischen Politik aus römischer Perspektive verfassen lassen, um danach die selber verfassten Begründungen mit den genuin römischen Begründungen zu vergleichen.

---

1 Entnommen aus dem Schulbuch: Geschichte konkret. Ein Lern und Arbeitsbuch, Bd. 1, Hannover 1996, S. 100 f.

M 1 Der römische Historiker Sallust teilt im 1. Jahrhundert v.Chr. das Urteil eines Gegners der Römer mit:
Die Römer haben ein einziges Motiv dafür, mit allen Nationen und Völkern und Königen Krieg anzufangen: unermessliche Begierde nach Herrschaft und Reichtum. Dadurch, dass sie Krieg an Krieg reihten, sind sie groß geworden.
(Sallust, Historien, 4, 69)

M 2 Der römische Historiker Tacitus berichtet um 100 n.Chr. über das Urteil eines anderen Gegners der Römer:
Die Römer sind Plünderer des Erdballs, sie durchstöbern nun auch die Meere, nachdem sie alle Länder verwüstet haben. Ist der Feind reich, sind sie habgierig, ist er arm, ehrsüchtig. Stehlen, Morden, Rauben nennen sie Herrschaft. Frieden ist für sie, wo sie eine Wüste schaffen. Vermögen schwinden durch die Tributzahlungen. Arbeitsdienste für den Wegebau erzwingen sie.
(Tacitus, Agricola, 30)

M 3 Der Römer Cicero meint dagegen im 1. Jahrhundert v.Chr.:
Man kann die Herrschaft der Römer eher als eine Schirmherrschaft über die Erde als als Herrschaft bezeichnen.
(Cicero, De officiis)

M 4 Der Dichter Vergil lässt um die Zeitenwende den Vater des Aeneas über Rom prophezeien:
Andere Völker mögen Handwerk, Künste oder Wissenschaften voranstellen. Deine Berufung, Römer, ist es dagegen, mit Macht die Völker zu lenken. Regiere die Welt, denn du bist ihr Herr. Nur unter deiner Herrschaft ist Friede. Schone den, der sich fügt, doch brich den Trotz der Rebellen.
(Vergil, Aeneis, VI. Gesang, 844-853)

2.1.3 „Gott will es"? – Die Eroberung Jerusalems 1099

Historischer Hintergrund

1095 rief Papst Urban II. in Clermont nach einer Kirchenversammlung zu einem Kreuzzug gegen „das gottlose Volk der Sarazenen" auf, die das Heilige Land besetzt hätten und die gläubigen Christen dort unterdrückten. Er forderte, bei diesem „Kreuzzug des Herrn" Jerusalem zurückzuerobern: „Gott will es". Das Kreuzfahrerheer kam 1099 in Jerusalem an und eroberte die Stadt.

Geschichtsdidaktischer Hintergrund

Die Kreuzzüge können als Thema des Geschichtsunterrichts didaktisch gut begründet werden. Kreuzzüge für die Freiheit oder für die Menschenrechte sind sprichwörtlich geworden. Bei allen „Kreuzzügen" entsteht das gleiche Dilemma, das schon bei den mittelalterlichen Kreuzzügen zu sehen ist: Anspruch und Wirklichkeit klaffen auseinander, und der Kampf für eine auf den ersten Blick „gute Sache" wird mit Mitteln geführt, die Unglück über die Betroffenen bringen.

Die Eroberung Jerusalems wird hier aus der Opferperspektive und aus der Täterperspektive gesehen. Im Rahmen einer Unterrichtseinheit können hier zwei unterschiedliche Perspektiven auf den gleichen Sachverhalt miteinander verglichen werden.

Methodische Hinweise

Die Quellen können in Gruppen gelesen werden, ohne dass die Gruppen den Inhalt des jeweils anderen Textes kennen. Wenn sie vortragen, was geschehen ist, werden sie feststellen, dass die Quellen zwar in einigen Aussagen übereinstimmen, in anderen voneinander abweichen. Die Frage, wie sich das erklären lasse, führt auf die Frage nach den Verfassern: Ein muslimischer Verfasser und ein christlicher Verfasser und Augenzeuge („Wir") ergeben zwei verschieden Perspektiven, von denen her Unterschiedliches wahrgenommen und hervorgehoben wird. Die Schülerinnen und Schüler können anschließend in Gruppen versuchen, nach den Informationen, die sie über die andere Quelle gehört haben, einen Augenzeugenbericht in der „Ich"- oder „Wir"-Form zu schreiben, also die Täter- und die Opferperspektive einzunehmen.

M 1 Die Eroberung Jerusalems aus arabischer Sicht

Jerusalem gehörte Tag ad-Daula Tutus, aber er hatte es Emir Suqman ibn Artuq, dem Turkmenen, zu Lehen gegeben. Da die Franken die Türken vor Antiochia besiegt und ein Blutbad unter ihnen angerichtet hatten, waren diese sehr geschwächt und zerstreuten sich. Als die Ägypter daraufhin die Schwäche der Türken bemerkt hatten, zogen sie unter dem Befehl al-Afdal ibn Badr al-Gamalis gegen Jerusalem und belagerten es. In ihm befanden sich Emir Suqman und Ilghazi, die Söhne Artuqs, ihr Vetter Seving und ihr Neffe Jaquti. Über vierzig Belagerungsmaschinen richteten die Ägypter gegen Jerusalem und beschädigten die Mauern an verschiedenen Stellen; die Einwohner setzten sich jedoch zur Wehr, und Kampf und Belagerung dauerten mehr als vierzig Tage. Die Ägypter besetzten die

Stadt nach ihrer Übergabe im Sa'ban 489 (August 1096). Al-Afdal behandelte Suqman, Ilghazi und ihre Gefährten großmütig, machte ihnen reiche Geschenke und ließ sie ziehen; sie wandten sich nach Damaskus, überschritten dann den Euphrat, und Suqman ließ sich in Edessa nieder, während Ilghazi weiter in den Iraq zog. Die Ägypter setzten als Statthalter von Jerusalem einen gewissen Iftihar ad-Daula ein, der noch zu der Zeit dort war, von der wir gerade reden.

Die Franken wandten sich also gegen Jerusalem, nachdem sie Akkon erfolglos belagert hatten, und hielten es nach ihrer Ankunft mehr als vierzig Tage lang eingeschlossen. Sie errichteten zwei Türme, einen davon auf der Seite Zions, aber die Muslime verbrannten ihn und töteten alle, die in ihm waren. Kaum hatten sie ihn verbrannt, als ein Bote mit einem Hilferuf kam: die Stadt sei von der anderen Seite her genommen. Die Franken nahmen sie tatsächlich von der Nordseite, morgens am Freitag, dem 22. Sa'ban (492/ 15. Juli 1099). Die Einwohner wurden ans Schwert geliefert, und die Franken blieben eine Woche in der Stadt, während der sie die Einwohner mordeten. Eine Gruppe von diesen suchte Schutz in Davids Bethaus, verschanzte sich dort und leistete einige Tage Widerstand. Nachdem die Franken ihnen das Leben zugesichert hatten, ergaben sie sich; die Franken hielten den Vertrag, und sie zogen des Nachts in Richtung Askalon und setzten sich dort fest. Im Masgid-al-Aqsa dagegen töteten die Franken mehr als siebzigtausend Muslime, unter ihnen viele Imame, Religionsgelehrte, Fromme und Asketen, die ihr Land verlassen hatten, um in frommer Zurückgezogenheit an diesem heiligen Ort zu leben. Aus dem Felsendom raubten die Franken mehr als vierzig Silberleuchter, von denen jeder über dreitausendsechshundert Drachmen wog, einen großen Silberleuchter im Gewicht von vierzig syrischen Pfund, außerdem von den kleineren Leuchtern einhundertundfünfzig silberne und mehr als zwanzig goldene, und andere unermessliche Beute.
(Die Kreuzzüge aus arabischer Sicht, aus den arabischen Quellen ausgew. u. übers. v. F. Gabrieli, 2. Aufl., München 1976, S. 48 ff.)

M 2 Die Eroberung Jerusalems aus christlicher Sicht

Am Mittwoch und Donnerstag griffen wir die Stadt von allen Seiten stark an. Aber bevor wir sie im Sturm nahmen, ließen die Bischöfe und Priester durch ihre Predigten und Ermahnungen den Beschluss fassen, dass man zu Ehren Gottes einen Bittgang um die Wälle von Jerusalem machen wolle und dass er begleitet würde von Gebeten, Almosen und Fasten.

Am Freitag ganz früh unternahmen wir einen allgemeinen Sturm auf die Stadt, ohne ihr schaden zu können. Als dann die Stunde kam, in der Unser Herr Jesus Christus es zuließ, dass Er für uns den Kreuzestod erlitt, schlugen sich hitzig unsere auf dem Turm aufgestellten Ritter, unter anderen Herzog

Gottfried und Graf Eustachius, sein Bruder. In diesem Augenblick erkletterte einer unserer Ritter mit Namen Lietaud die Stadtmauer. Bald nachdem er hinaufgestiegen war, flohen alle Verteidiger von den Mauern durch die Stadt, und die Unsrigen folgten ihnen und trieben sie vor sich her, sie tötend und niedersäbelnd, bis zum Tempel Salomons, wo es ein solches Blutbad gab, dass die Unsrigen bis zu den Knöcheln im Blut wateten.
(Die Kreuzzüge in Augenzeugenberichten, hg. u. eingel. v. R. Pernoud, 5. Aufl., München 1980, S. 100)

2.1.4 „Wider die räuberischen und mörderischen Rotten der Bauern"

Historischer Hintergrund

1525 fand in Deutschland die größte Bauernerhebung der deutschen Geschichte statt. Die Bauern beriefen sich dabei u.a. auf Luthers Wort von der „Freiheit eines Christenmenschen". Luther, nachdem er zunächst die Forderungen der Bauern für gerechtfertigt gehalten und zur Gewaltfreiheit gemahnt hatte, schrieb „Wider die räuberischen und mörderischen Rotten der Bauern", als sich die Empörung in Gewalttaten Luft machte. Er fürchtete offenbar, dass er und seine Lehre für den Aufruhr verantwortlich gemacht werden könnten.

Geschichtsdidaktischer Hintergrund

Es gibt in den evangelischen Kirchen bis weit ins 20. Jahrhundert hinein eine Denktradition, die sich auf Luthers Einstellung zur gottgewollten Obrigkeit bezieht – ein Beispiel für die lange Dauer von Mentalitäten, die ggf. im Rahmen einer Unterrichtseinheit über Reformation angesprochen werden kann.

Methodische Hinweise

Mit dem Text von Luther liegt eine Quelle vor, der keine Quelle aus der Sicht der Bauern entgegengesetzt werden kann. Sie ist in ihrer Einseitigkeit für eine Perspektivik-Übung gut geeignet: Luthers Gründe können der Quelle entnommen und zudem aus dem historischen Kontext erschlossen werden. Schülerinnen und Schüler können versuchen, sich in Bäuerinnen und Bauern hineinzuversetzen, die von Luthers Angriffen auf sie hören, und sie können – unter dem ausdrücklichen Vorbehalt, dass die Bauern in der Regel nicht schreibkundig waren – versuchen, eine Antwort an Luther aus der Sicht der Bauern zu verfassen.

Martin Luther: Wider die räuberischen und mörderischen Rotten der Bauern, Mai 1525
Dreierlei greuliche Sünden wider Gott und Menschen laden diese Bauern auf sich, daran sie mannigfaltig den Tod verdient haben an Leib und Seele: Zum ersten, daß sie ihrer Obrigkeit Treue und Huld geschworen haben, untertänig und gehorsam zu sein, wie solches Gott gebietet, da er spricht: „Gebt dem Kaiser, was des Kaisers ist", und Römer 13.1: „Jedermann sei der Obrigkeit untertan" etc. Weil sie aber diesen Gehorsam unwillig und mit Frevel brechen und sich dazu ihren Herren widersetzen, haben sie damit verwirkt Leib und Seele. (...)
Zum anderen, daß sie Aufruhr anrichten, rauben und mit Frevel Klöster und Schlösser plündern, die nicht ihnen gehören, damit verschulden sie als öffentliche Straßenräuber und Mörder alleine wohl zweifach den Tod an Leib und Seele. Auch ist ein aufrührerischer Mensch, den man dessen bezichtigen kann, schon in Gottes und kaiserlicher Acht, so daß, wer den zuerst kann und mag erwürgen, recht und wohl tut. Denn über einen öffentlichen Aufrührer ist ein jeder Mensch beides, Oberrichter und Scharfrichter. (...)
Zum dritten, daß sie solche schreckliche, greuliche Sünde mit dem Evangelium decken, sich christliche Brüder nennen, Eid und Huld nehmen und die Leute zwingen, zu solchen Greueln mit ihnen zu halten, womit sie die allergrößten Gotteslästerer und Schänder seines heiligen Namens werden und also den Teufel ehren und ihm dienen unter dem Schein des Evangeliums, daran verdienen sie wohl zehnmal den Tod an Leib und Seele.
(Aus: W. Lautemann; M. Schlenke [Hg.], Renaissance – Glaubenskämpfe – Absolutismus, Geschichte in Quellen, 3. Aufl., München 1982, S. 154)

2.1.5 Normative Quellen: Menschenrechte oder Männerrechte?

Historischer Hintergrund

Die „Erklärung der Menschen- und Bürgerrechte" vom 26. August 1789 ist ein welthistorisches Datum, auch wenn die Frauen, die ihren Anteil an der Revolution hatten, vorerst von diesen Menschen- und Bürgerrechten ausgeschlossen blieben. Die Menschen- und Bürgerrechte – zunächst als Männerrechte verstanden, enthielten einen utopischen Überschuss, der in den folgenden zwei Jahrhunderten immer wieder und teilweise mit Erfolg eingeklagt wurde. Schon während der

Revolution verfasste Olympe de Gouges die im September 1791 veröffentlichte „Erklärung der Rechte der Frau und Bürgerin". Olympe de Gouges wurde am 3. November 1793 guillotiniert – ein durchaus symbolträchtiger Akt.

Geschichtsdidaktischer Hintergrund

Erst die Frauen- und die Geschlechtergeschichte haben in den letzten Jahren den Blick darauf gerichtet, dass in der Geschichtsschreibung Frauen – die Hälfte der Menschheit – so gut wie nicht vorkamen und dass ihre Lebens- und Leidenszusammenhänge ausgespart wurden. In der Geschichtsdidaktik ist – übrigens früher als in Geschichtstheorie und empirischer Forschung – nach „Frauen in der Geschichte" gefragt und ein Geschichtsunterricht in Frage gestellt worden, der für alle Schülerinnen und Schüler gedacht war, aber Geschichte nur aus einer männlichen Perspektive vermittelte.

Methodische Hinweise

Olympe de Gouges hat den Text der Erklärung der Menschen- und Bürgerrechte aus der Perspektive einer Frau umgeschrieben. Wenn man nicht einen sofortigen Vergleich der beiden nacheinander eingegebenen Texte vornehmen will, bietet sich an, festzustellen, dass die Rechte reine Männerrechte waren, und die Schülerinnen und Schüler aufzufordern, die Menschen- und Bürgerrechte aus der Perspektive einer Frau umzuschreiben, um die Produkte mit dem dann eingegebenen Text von Olympe de Gouges zu vergleichen.

Denkbar ist auch, eine Szene entwerfen und spielen zu lassen: Eine Frau übermittelt einer Versammlung von Frauen, was die Nationalversammlung beschlossen hat, dass dabei aber die Frauen von den Menschen- und Bürgerrechten ausgeschlossen sind. Die Frauen diskutieren die einzelnen Punkte aus verschiedenen Perspektiven und beschließen, einen Antrag auf Teilhabe an den Rechten vorzutragen.

M 1 Die Erklärung der Menschen- und Bürgerrechte durch die Nationalversammlung am 26. August 1789

In der Überzeugung, dass die Unkenntnis, das Vergessen oder die Verachtung der Menschenrechte die alleinigen Ursachen der öffentlichen Missstände und der Verderbtheit der Regierungen sind, haben die in der Nationalversammlung vereinigten Vertreter des französischen Volkes beschlossen, in einer feierlichen Erklärung die natürlichen, unveräußerlichen und

geheiligten Menschenrechte darzulegen, damit diese Erklärung allen Mitgliedern des gesellschaftlichen Verbandes beständig vor Augen ist und sie ohne Unterlass an ihre Rechte und Pflichten erinnert werden; (...)
Infolgedessen erkennt und verkündet die Nationalversammlung in Gegenwart und unter dem Schutze des Allerhöchsten die folgenden Menschen- und Bürgerrechte:

1. Die Menschen werden frei und gleich an Rechten geboren und bleiben es. Die gesellschaftlichen Unterschiede können nur auf dem allgemeinen Nutzen begründet werden.
2. Der Zweck jeder staatlichen Vereinigung ist die Erhaltung der natürlichen und unverjährbaren Menschenrechte. Diese Rechte sind Freiheit, Eigentum, Sicherheit und Widerstand gegen Unterdrückung.
3. Der Ursprung jeder Herrschaft liegt wesensmäßig beim Volke; keine Körperschaft, kein Einzelner kann Herrschaft ausüben, die nicht ausdrücklich von ihm ausgeht.
4. Die Freiheit besteht darin, alles tun zu können, was einem anderen nicht schadet; also hat die Ausübung der natürlichen Rechte eines jeden Menschen keine anderen Grenzen als jene, die den anderen Mitgliedern der Gesellschaft den Genuss dieser gleichen Rechte sichern. Diese Grenzen können allein durch das Gesetz bestimmt werden.
6. Das Gesetz ist der Ausdruck des allgemeinen Willens. Alle Bürger haben das Recht, an seiner Gestaltung persönlich oder durch ihre Vertreter mitzuwirken. Es soll für alle Bürger das gleiche sein, es mag beschützen oder bestrafen. Da alle Bürger vor dem Gesetz gleich sind, so sind sie auch alle in der gleichen Weise zu allen Ehrenämtern, öffentlichen Stellungen und Beschäftigungen gemäß ihren Fähigkeiten zugelassen, ohne einen anderen Unterschied als den ihrer Kräfte und Geistesgaben.
10. Niemand darf wegen seiner Ansichten, selbst nicht der religiösen, bedrängt werden, vorausgesetzt, dass ihre Äußerung nicht die durch das Gesetz festgelegte öffentliche Ordnung stört.
13. Für die Unterhaltung der öffentlichen Gewalt und für die Verwaltungsausgaben ist eine allgemeine Abgabe unerlässlich; sie muss gleichmäßig auf alle Bürger gemäß ihrem Vermögen verteilt werden.
16. Eine Gesellschaft, in der die Garantie der Rechte nicht gesichert und die Teilung der Gewalten nicht festgelegt ist, hat keine Verfassung.
17. Da das Eigentum ein unverletzliches und geheiligtes Recht ist, kann es niemandem genommen werden, wenn nicht die öffentliche, gesetzlich festgestellte Notwendigkeit es klar erfordert und unter der Bedingung einer gerechten und vorherigen Entschädigung.

(Irmgard Hartig; Paul Hartig, Die Französische Revolution, Stuttgart 1981, S. 47f.)

M 2 Olympe de Gouges, Erklärung der Rechte der Frau und Bürgerin (1791)

1. Die Frau wird frei geboren und bleibt dem Mann gleich an Rechten.
2. Der Zweck jeder staatlichen Vereinigung ist die Erhaltung der natürlichen und unverjährbaren Rechte der Frau und des Mannes. Diese Rechte sind Freiheit, Eigentum, Sicherheit und vor allem Widerstand gegen Unterdrückung.
3. Der Ursprung jeder Herrschaft liegt wesensmäßig beim Volke, das nichts anderes ist als der Zusammenschluß von Frauen und Männern; keine Körperschaft, kein Einzelner kann Herrschaft ausüben, die nicht ausdrücklich von ihm ausgeht.
4. Die Freiheit und die Gerechtigkeit bestehen darin, dem anderen alles das zurückzugeben, was ihm gehört; so hat die Ausübung der natürlichen Rechte der Frau keine anderen Grenzen als jene, die ihr durch die fortwährende Tyrannei des Mannes gesetzt werden. Diese Grenzen müssen durch die Gesetze der Natur und der Vernunft beseitigt werden.
6. Das Gesetz soll Ausdruck des allgemeinen Willens sein. Alle Bürgerinnen und Bürger sollen an seiner Gestaltung persönlich oder durch ihre Vertreter mitwirken; es soll für alle das gleiche sein. Da alle Bürgerinnen und Bürger vor dem Gesetz gleich sind, so sollen sie auch alle in der gleichen Weise zu allen Ehrenämtern, öffentlichen Stellungen und Beschäftigungen gemäß ihren Fähigkeiten zugelassen werden, ohne einen anderen Unterschied als den ihrer Kräfte und Geistesgaben.
10. Niemand darf wegen seiner Ansichten, selbst wenn die grundlegender Natur sind, bedrängt werden. Da die Frau das Recht hat, auf das Schafott zu steigen, soll sie gleichermaßen das Recht haben, auf die Rednertribüne zu steigen, vorausgesetzt dass ihre Äußerungen nicht die durch das Gesetz festgelegte öffentliche Ordnung stören.
13. Für die Unterhaltung der öffentlichen Gewalt und für die Verwaltungsausgaben sind die Abgaben von Mann und Frau gleich. Sie hat Anteil an allen schweren Lasten und Aufgaben, also soll sie auch gleichermaßen Anteil haben an der Verteilung der öffentlichen Stellungen und Beschäftigungen, der Ämter, Würden und Gewerbe.
16. Eine Gesellschaft, in der die Garantie der Rechte nicht gesichert und die Teilung der Gewalten nicht festgelegt ist, hat keine Verfassung.
17. Das Eigentum gehört beiden Geschlechtern, gemeinsam oder jedem für sich. Jeder hat ein unverletzliches und geheiligtes Recht darauf; daher darf es als wahres Erbe der Natur niemandem genommen werden, wenn nicht die öffentliche, gesetzlich festgestellte Notwendigkeit es klar erfordert und unter der Bedingung einer gerechten und vorherigen Entschädigung.

(M. Dillier, V. Mostowlansky [Hg.], O. de Gouges, Schriften, Frankfurt/M. 1980)

2.1.6 Die Eisenbahn – eine Lokomotive des Fortschritts?

Historischer Hintergrund

Während die industrielle Revolution in England, ihrem Ursprungsland, von der Textilindustrie als dem Leitsektor getragen wurde, übernahm in Deutschland die Eisenbahn diese Funktion. Die Eisenbahn – den einen galt sie als eine „Großtat des Geistes" (Hans Christian Andersen), den anderen als eine „teuflische demokratische und revolutionäre Erfindung" (so – ironisch – Alexander von Sternberg), den einen als „Kulturbeförderungsmittel" (Friedrich List) und „Triumphwagen des Gewerbefleißes" (Friedrich Harkort), den anderen als eine verderbliche Erfindung, die Natur und Seele zerstören würde: Die Eisenbahn war eine Erfindung und eine Einrichtung, die die Zeitgenossen zutiefst beeindruckte. Heinrich Heine schrieb – frei nach Goethe –, jetzt beginne eine neue Epoche der Weltgeschichte, und seine Generation dürfe sich rühmen, dass sie dabei gewesen sei. Euphorischen Erwartungen und großen Hoffnungen standen unterschiedlich begründete Vorbehalte und Ablehnungen gegenüber. Die Eisenbahn war geradezu das Symbol einer neuen Zeit. Von Anfang an machten sich an der Eisenbahn Technikbegeisterung und Technikfurcht fest wie bei jeder revolutionären Erfindung.

Geschichtsdidaktischer Hintergrund

Die unterschiedlichen Wahrnehmungen der Eisenbahn können im Unterricht über den historischen Fall hinaus besprochen werden. An ihnen lassen sich Fragestellungen erarbeiten und durchspielen, die auch auf andere historische oder gegenwärtige Fortschritte oder „Fortschritte" anwendbar sind:

- Bringt die neue Erfindung Erleichterungen oder neue Beschwernisse?
- Wem nützt, wem schadet sie in welcher Hinsicht?
- Was wird durch sie gewonnen, was geht durch sie verloren?
- Welche tragbaren oder untragbaren, zumutbaren oder unzumutbaren Risiken für menschenwürdiges Leben stecken möglicherweise in ihr?
- Wie kann sie inhumanen Zwecken dienstbar gemacht werden?
- Welche Vorstellungen und Interessen stehen hinter Befürwortung oder Ablehnung?
- Treffen die Gegner der neuen Erfindung einen wichtigen Punkt oder nehmen sie die bloße Verweigerungshaltung naiver Maschinenstürmerei ein?
- Welche unbeabsichtigten und unbedachten Nebenwirkungen hat sie?

- Wie ist die Erfindung heute zu beurteilen, nachdem viele und sehr ambivalente Erfahrungen vorliegen und die historischen Verhältnisse sich grundlegend geändert haben?

Die vorliegende Materialsammlung ist durchgängig multiperspektivisch angelegt. Sie nötigt die Schülerinnen und Schüler auf legitime Weise, sich mit Wahrnehmungen auseinanderzusetzen, die ihnen nicht „passen“, die sie für abwegig und abstrus halten.

Methodische Hinweise

Die Einteilung der Materialsammlung in einzelne Abschnitte ermöglicht es, je nach der didaktischen oder methodischen Situation die Abschnitte auch in anderer als der hier vorgegebenen Form zu verwenden. Soll inhaltlich vor allem der Leitsektor Eisenbahn angesprochen werden, dann kann Abschnitt 1 der Hypothesenbildung, Abschnitt 3 der inhaltlichen Information dienen. Darüber hinaus kann es sinnvoll sein, dass die Schülerinnen und Schüler einige Abschnitte durch Sammeln von einschlägigem Material bis in unsere Zeit hinein verlängern und damit die heutige Einschätzung von Möglichkeiten und Problemen der Eisenbahn dokumentieren.

I. Die Eisenbahn – eine Lokomotive des Fortschritts? Ein neues, ein goldenes Zeitalter?

M 1 „Fortschritt ruft der Menschengeist …“ (1847)

Fortschritt ruft der Menschengeist, Fortschritt ist sein Posaunenschall, dessen Echo widerhallet von Ost nach West, von Nord nach Süd. Nicht das Wohl Einzelner, nicht der Aufschwung dieser oder jener Kaste, nicht die politische Wichtigkeit dieser oder jener Provinz, nicht das bedeutungsvolle Hervortreten dieses oder jenes Volkes aus dem Rahmen der Geschichte – nein, die Wohlfahrt der gesammten Menschheit ist die Aufgabe, der sich der Menschengeist in der Gegenwart bemächtigt hat; und wahrlich wie ein zweiter Prometheus hat er das Feuer der Quelle entwandt und glücklich der Hand des Menschen vertraut. Der Humanismus und der Kosmopolitismus haben gegenseitig die Ringe der Treue gewechselt. Es ist die Erfindung der Eisenbahn-Dampfwagenfahrt und der Dampfschifffahrt. Sie bildet einen Abschnitt in unserer Culturgeschichte nach allen ihren Verzweigungen.

(Hannovers Eisenbahnen im Licht der Öffentlichkeit, Leipzig 1847, zit. nach: W. Freue; H. Pönicke; K.-H. Manegold, Quellen zur Geschichte der industriellen Revolution, Göttingen 1966, S. 27)

M 2 Heinrich Heine 1843: „... ein neuer Abschnitt in der Weltgeschichte“

Die Eröffnung der beiden neuen Eisenbahnen, wovon die eine nach Orleans, die andere nach Rouen führt, verursacht hier eine Erschütterung, die jeder mitempfindet, wenn er nicht auf einem sozialen Isolierschemel steht. Die ganze Bevölkerung von Paris bildet in diesem Augenblick gleichsam eine Kette, wo einer dem anderen den elektrischen Schlag mitteilt. Während aber die große Menge verdutzt und betäubt die äußere Erscheinung der großen Bewegungsmächte anstarrt, erfaßt den Denker ein heimliches Grauen, wie wir es immer empfinden, wenn etwas Unerhörtes geschieht, dessen Folgen unabsehbar und unberechenbar sind. Wir merken bloß, wie unsere ganze Existenz in neue Gleise fortgerissen, fortgeschleudert wird, dass neue Verhältnisse, Freuden und Drangsale uns erwarten, und das Unbekannte übt seinen schauerlichen Reiz, verlockend und zugleich beängstigend. So muss unseren Vätern zumute gewesen sein, als Amerika entdeckt wurde, als sich die Erfindung des Pulvers durch die ersten Schüsse ankündigte, als die Buchdruckerei die ersten Aushängebogen des göttlichen Wortes in die Welt schickte. Die Eisenbahnen sind wieder ein solches bestimmendes Ereignis, das der Menschheit einen neuen Umschwung gibt, das die Farbe und Gestalt des Lebens verändert; es beginnt ein neuer Abschnitt in der Weltgeschichte, und unsere Generation darf sich rühmen, dass sie dabeigewesen. Welche Veränderungen müssen jetzt eintreten in unserer Anschauungsweise, in unseren Vorstellungen! Sogar die Elementarbegriffe von Zeit und Raum sind schwankend geworden. Durch die Eisenbahnen wird der Raum getötet, und es bleibt uns nur noch die Zeit übrig.

(Brief vom 5. Mai 1843, in: Sämtliche Werke, Bd. X, 1874, S. 121 f.)

M 3 Justinus Kerner „Im Eisenbahnhofe“

Ich klage: Mensch, mit deinen Künsten,
Wie machst du Erd‘ und Himmel kalt!
Wär‘ ich, eh du gespielt mit Dünsten
Geboren doch im wildsten Wald!

Wo keine Axt mehr schallt, geboren,
Könnt‘s sein, in Meeres stillem Grund,
Dass nie geworden meinen Ohren
Je was von deinen Wundern kund.

Fahr zu, o Mensch! Treib‘s auf die Spitze
Vom Dampfschiff bis zum Schiff der Luft!

Flieg mit dem Aar, flieg mit dem Blitze!
Kommst weiter nicht als bis zur Gruft.
(Rolf P. Sieferle, Fortschrittsfeinde?, München 1984, S. 107 f.)

II. Ökonomischer Fortschritt oder Ruin?

M 1 Friedrich List 1833 über die „unermesslichen Wohltaten der Eisenbahnen"

Vielmehr muss jedem klaren Verstand einleuchten, dass der Staat überall dadurch gewinnen muss: in allen Arten von Abgaben, weil Produktion und Consumtion steigen; am Salztransport, im Postwesen, im Chausseebau, in der Militair- und Domainen-Administration etc. und, nach unserm Vorschlag unmittelbar durch Theilnahme an den Dividenden.
Endlich gibt es kaum eine einzige Verbesserung in der langen Reihe von Erfindungen, die nicht einzelnen Gewerben und Personen für einige Zeit nachtheilig gewesen wäre. Zur Zeit der Erfindung der Buchdruckerkunst mögen in Leipzig für den Augenblick wohl über ein Dutzend Abschreiber arbeitslos geworden sein; heute beschäftigt hier die Presse (=der Buchdruck) 5000 Menschen. So gut es Thorheit gewesen wäre, dem Fortschritt des Erfindergeistes Einhalt zu thun, um jene Abschreiber in Thätigkeit zu erhalten, so thöricht wäre es heute, um etlicher Gastgeber und Fuhrleute willen, auf die unermesslichen Wohltaten der Eisenbahnen Verzicht zu leisten (...).
(Über ein sächsisches Eisenbahn-System als Grundlage eines allgemeinen deutschen Eisenbahn-Systems und insbesondere über die Anlegung einer Eisenbahn von Leipzig nach Dresden, Leipzig 1833, S. 29 ff.)

M 2 Wilhelm Heinrich Riehl über die „Demütigung für das Menschenbewusstsein des Arbeiters"

Als im März 1848 ein brodloses Lohnkutschenproletariat die Schienen der Taunuseisenbahn aufriss und gleich daneben hungernde Schiffszieher die Dampfboote des Rheins und Mains beschossen, sah ich einen Maschinenarbeiter, welcher die vollendete Verwüstung höhnisch überschaute, und mit der dämonischen Siegesgewissheit eines Propheten des Proletariats ausrief: durch dieses Land wird keine Maschine mehr fahren. Es lag ein sittlicher Grimm in diesem Ausrufe, denn es war vielleicht des Mannes eigene Existenz, die vor ihm mit der Eisenbahn in Trümmern lag, und doch begrüßte er freudig diesen Ruin, weil die unheimliche Nebenbuhlerschaft der Maschine zugleich die tiefste Demütigung für das Menschenbewusstsein des Arbeiters ist.
(W. H. Riehl, Die bürgerliche Gesellschaft, 4. Aufl., Stuttgart–Augsburg 1856, S. 358)

Abb. 1: Das Vier-Klassen-System (Kladderradatsch 1885)

M 3 Aus einer Eingabe im Königreich Hannover

Den Eisenbahnbau kann nur die größte Unkunde über die wahren Quellen des Nationalerwerbs anpreisen; denn die Eisenbahn wird die Einfuhr erleichtern, und die notwendige Folge wird ein noch tieferes Sinken der Korn- und Holzpreise sein. Auch wird der Verdienst der Frachtwagenführer aufhören, wie derjenige der Gastwirte, Schmiede und Radmacher (…).
(Wege der Völker. Geschichtliche Quellenhefte 8, Frankfurt/M. 1951, S. 46)

III. Eine „teufliche, demokratische und revolutionäre Erfindung“

M 1 In seinen „Erinnerungsblättern aus der Biedermeierzeit“ lässt Alexander von Sternberg einen Orgelspieler sagen:

Sehen Sie nur unsere Vornehmen und Exklusiven, wie erbittert und mit Recht sie gegen die Eisenbahn sind. Dass sie rasch an irgendeinen Ort hinkommen, daran liegt ihnen wenig, aber dass sie nicht mehr auf ihre Weise die Reise machen sollen, das ist ein Greuel. Wie? Ein Häuflein untergeordneter Kreaturen, Krämer, Handwerker, Künstler, reisender Possenreißer, alles das hat sich zusammengefunden und zwingt einen Vornehmen, mit ihnen gemeinschaftliche Sache zu machen? Er muss so recht eigentlich nach der Pfeife dieser Menschen tanzen, denn sie wollen reisen, und er soll mit ihnen reisen, wenn er überhaupt reisen will. Und der Staat, was tut er? Er begünstigt diese teuflische demokratische und revolutionäre Erfindung, ja auch noch mehr, das Oberhaupt desselben fährt selbst mit Gevatter Schneider und Handschuhmacher zugleich ab. Früher hatte man seinen Reisewagen, seine Dienerschaft, alles das hing von dem Befehl des Herrn ab, er ließ stundenlang bei grimmer Kälte oft Postillion und Diener warten, dann bewegte sich der prächtige Wagen so wie der Herr es wollte, langsam oder schnell, und nie konnte es sich ereignen, dass besagter Wagen oder sein Inhalt mit der Krapüle (=Gesindel) in Berührung kam. Das ist anständig, da hatte man doch sichtlich und greifbar etwas vor der Menge voraus, aber jetzt, wenn man auch noch so teuer ein Kupee mietet, das Fatale ist, man muss anhalten, wenn die Menge anhält; das Fatale ist, man muss fahren, wenn die Menge fährt.
(A. v. Sternberg, zit. nach: Werner Pöls [Hg.], Deutsche Sozialgeschichte, Bd. 1: 1815-1870, München 1973, S. 384 f.)

M 2 Die Eisenbahn „nivellirt und centralisirt“

Ja, ja! In den modernen Kram passt sie! Sie nivellirt und centralisirt und das sind die beiden fixen Ideen derjenigen, welche sich Liberale nennen. Als ob die Centralisation nicht die abschreckendste Tyrannei übte! (…) Nivellirt werden dann auch alle Schranken, Stände, Genüsse, Bedürfnisse. Für ein Geringes rutscht Greis und Kind, vornehm und gering, reich und arm, Mensch und Vieh auf Dampfwagen umher.
(I. Hahn-Hahn, Reisebriefe, Bd. 1, Berlin 1841, S. 7)

M 3 Friedrich Harkort

(…) die Junker fühlen, dass die Lokomotive der Leichenwagen ist, auf dem Absolutismus und Feudalismus zum Kirchhof gefahren werden.
(Aus: Zug der Zeit – Zeit der Züge. Deutsche Eisenbahn 1835-1985, Berlin 1985, S. 27)

M 4 König Ernst August von Hannover

Ich will keine Eisenbahn im Lande! Ich will nicht, dass jeder Schuster und Schneider so rasch reisen kann wie ich!

(Rolf-Peter Sieferle, Fortschrittsfeinde? München 1984, S. 112)

IV. Eisenbahnen – Vehikel des ewigen Friedens?

M 1 „Ewiger Frieden"? (1833)

Die Dampfwagen auf Eisenbahnen führen wahrscheinlich einen ewigen Frieden herbei. Denn wie ist ein Krieg denkbar, wenn eine Nation ihre hundert Tausende von Soldaten oder bewaffneten Bürgern mit Kanonen, Munition und Cavallerie heute sämtlich auf ihre Eisenbahnen einschiffen und morgen unerwartet auf einem Punkte in Schlachtordnung aufstellen kann. Wenn dann ein Volk z.B. eine Million Flinten und Kanonen hat, ein anderes aber nur die Hälfte, so weiß dieses schon im voraus mit Gewissheit, dass es auf dem Schlachtfelde der schwächere Teil sein wird, wodurch dann der Frieden, auch vor dem Blutvergießen, leicht zu calculieren sein wird.

(Das Wunder der Dampfwagen auf Eisenbahnen, in: Sachsenzeitung Nr. 293, 10.12.1833)

M 2 Friedrich List 1835

Wie schnell werden wir bei den cultivirten Völkern Nationalvorurtheile, Nationalhass und Nationalselbstsucht besseren Einsichten und Gefühlen Raum geben, wenn die Individuen verschiedener Nationen durch tausend Bande der Wissenschaft und Kunst, des Handels und der Industrie, der Freundschaft und Familienverwandtschaft miteinander verbunden sind. Wie wird es noch möglich sein, dass die cultivirten Nationen einander mit Krieg überziehen, wenn die große Mehrzahl der Gebildeten miteinander befreundet sind, und wenn es klar am Tage liegt, dass im glücklichsten Fall der Krieg den Individuen der siegenden Nation hundert Mal mehr Schaden als Nutzen verursacht.

(Hannovers Eisenbahnen im Licht der Öffentlichkeit, Leipzig 1847, zit. nach: W. Freue; H. Pönicke; K.-H. Manegold, Quellen zur Geschichte der industriellen Revolution, Göttingen 1966, S. 81)

M 3 „… dieses künstliche Verstärkungsmittel mit Geschicklichkeit anzuwenden"

Eine gänzliche Umgestaltung der Kriegskunst steht zwar nicht zu erwarten. Aber indem man sich die Mittel verschafft, einzelne Linien und Punkte des Kriegsschauplatzes schnell zu verstärken, überhaupt die großen Infanterie-Reserven mit ihrer Artillerie früher, als der Feind es ahnen kann,

dahin zu bringen, wo sie den Ausschlag geben sollen, wird die Waagschale des Krieges künftig auf die Seite desjenigen sich neigen, der dieses künstliche Verstärkungsmittel mit Geschicklichkeit anzuwenden versteht."
([Karl Eduard] P[önit]z, Die Eisenbahnen als militärische Operationslinien betrachtet und durch Beispiele erläutert, Adorf 1842, zit. nach: Zug der Zeit – Zeit der Züge, Deutsche Eisenbahn 1835-1985, Berlin 1985, S. 233)

M 4 Holocaust – Treblinka: Aussage von Czeslaw Borowi
„(...) jeder Transport bestand aus 60 bis 80 Waggons, und danach wurden diese Transporte von zwei Lokomotiven ins Lager gefahren, und die Lokomotiven zogen jedesmal zwanzig Waggons."
„Zwanzig Waggons. Und die Waggons kamen leer zurück?" – „Ja."
„Erinnert er sich (...)"
„Das ging so vor sich: die Lokomotive nahm zwanzig Waggons mit und zog sie zum Lager. Das konnte ungefähr eine Stunde dauern, und die leeren Waggons kamen hierher zurück, dann kamen die nächsten zwanzig Waggons an die Reihe, und inzwischen waren die Menschen, die als erste transportiert worden waren, schon tot."
(Claude Lanzmann, Shoa, Düsseldorf 1986, S. 43)

2.1.7 Kinderarbeit – 1837

Historischer Hintergrund

Zwei Hintergrundnarrationen aus Schulbüchern.[2]

Geschichtsdidaktischer Hintergrund

Kinderarbeit ist kein Tatbestand einer überwundenen Vergangenheit. Zu sehen, was die Ursachen von Kinderarbeit waren, welche bitteren Erfahrungen gemacht wurden, wie der langjährige Kampf gegen Kinderarbeit von wem mit welchen Ergebnissen in Deutschland geführt wurde, kann wichtige Erfahrungen vermitteln.

---

2 Die umfangreiche Hintergrundnarratio stammt aus: Rückspiegel. Woher wir kommen – wer wir sind, Bd. 2: Vom Mittelalter bis zur frühen Neuzeit, Paderborn 1995, S. 321-323, die knappe aus: Fragen an die Geschichte. Geschichtliches Arbeitsbuch für Sekundarstufe I, hg. v. Heinz Dieter Schmid, Bd. 3: Europäische Weltgeschichte, Frankfurt/M. 1981, S. 211.

Methodische Hinweise

Es bietet sich an, auf der Grundlage der beiden Quellen ein Streitgespräch zu führen, bei dem die Kontrahenten aus den beiden Sichtweisen heraus argumentieren (und dabei auch zeitweise eine Position einnehmen, die sie nicht teilen) – das kann durchaus als Parlamentsdebatte geschehen, in der unterschiedliche Sichtweisen eingenommen werden.

Zwei Hintergrundnarrationen

M 1 Die „Entdeckung" der Kindheit

Im März des Jahres 1837 wandte sich Johannes Schuchard, ein angesehener Bürger in Wuppertal-Barmen, an die Öffentlichkeit. Er schrieb einen langen Leserbrief an seine Zeitung, den „Rheinisch-Westphälischen Anzeiger". Gleich zu Beginn teilte er mit, welcher Vorfall ihn zu diesem Schritt bewogen hatte.
„Am 11. dieses Monats stürzte sich hier ein Mädchen von 12 Jahren in den ziemlich angeschwollenen Wupperstrom. Es wurde durch Entschlossenheit des Färbergesellen Heinrich Lebanc von hier gerettet. (...) Die Verzweiflung trieb dieses arme Kind, freiwillig den Tod zu suchen."
Schuchard wußte, worin die Verzweiflung des Mädchens bestand. Der Fabrikherr, für den es arbeitete, hatte wegen einer „Unachtsamkeit ein paar Groschen am Lohne (...) abgezogen". Das Mädchen fürchtete nun die zu erwartende Strafe im Elternhaus. Da es nicht mehr ein noch aus wußte, ging es nicht nach Hause, sondern sprang in den Fluß.
Schuchard war entsetzt. Er nahm den Selbstmordversuch zum Anlaß, über die Lebensumstände des Mädchens nachzudenken. In eindringlichen Worten schilderte er die Lage des für ihn „beklagenswerten Geschöpfes" und machte schließlich die unmenschliche Fabrikarbeit für die Verzweiflungstat verantwortlich. Die Fabrikkinder würden „um ihre Jugendheit, um die zum Wachsthum unentbehrliche Luft, um Gottes liebe Sonne, ja um Alles, Alles gebracht".
Hinter dem persönlichen Schicksal eines zwölfjährigen Mädchens erkannte er ein allgemeines Problem. Für ihn war klar, daß die Lage aller Kinder in den Fabriken unerträglich war und verbessert werden mußte. Mit Leserbriefen allein würde ihm dies nicht gelingen. Aber als Abgeordneter im Landtag der preußischen Provinz Rheinland hatte er die Möglichkeit, für ein neues Gesetz zum Schutze der Kinder zu kämpfen. Gesetze konnte in Preußen nur der König Friedrich IV. erlassen; aber, so hoffte Schuchard, der König würde seinem Antrag folgen, wenn es ihm nur gelänge, die an-

deren Abgeordneten des Landtages zu überzeugen und eine klare Mehrheit für den Antrag zu gewinnen.
Am 17. Juni unterbreitet er seinen Vorschlag:

„1. daß kein Kind vor dem vollendeten neunten Jahre zur Arbeit in den Fabriken bestimmt werden solle;
2. daß die Kinder vor ihrem Eintritt in eine Fabrik einen dreijährigen Schulbesuch nachweisen sollen, insofern nicht örtliche Verhältnisse (...) eine Abweichung hiervon nötig machen;
3. daß die Kinder höchstens 10 Stunden zur Arbeit in den Fabriken angehalten und
4. ihnen zwischen diesen 10 Arbeitsstunden zwei Freistunden, von welchen die eine um die Mittagszeit mit Bewegung in freier Luft gewährt werden sollen."

Es kam zu einem hitzigen Rededuell. Letztlich setzte sich Schuchard mit seinem Antrag durch. Knapp zwei Jahre später erließ der König tatsächlich ein Gesetz über die Beschäftigung jugendlicher Arbeiter in Fabriken, das den Vorstellungen Schuchards im wesentlichen entsprach. Auch wenn die Wirksamkeit des Gesetzes zunächst noch recht begrenzt war, da Kontrollmöglichkeiten weitgehend fehlten, galt die Vorschrift von 1839 als bahnbrechend. Zum erstenmal hatte der Staat gezeigt, dass er sozialen Missständen nicht tatenlos zusehen, sondern diese abbauen wollte. Mit diesem Gesetz begann die staatliche Sozialpolitik in Preußen.
Der Vorfall ist auch in einer zweiten Hinsicht von großem Interesse: Er zeigt, daß man die Kindheit als eigene Entwicklungsphase entdeckt hatte. Schuchard und seine Mitstreiter sahen Kindheit als eine Zeitspanne, in der die Menschen einen besonderen Schutz beanspruchen sollten. Im Mittelalter hatte es eine derartige Abgrenzung von Kindheit und Erwachsenenwelt nicht gegeben. Wie selbstverständlich wuchsen schon Kleinkinder in die Arbeitswelt hinein, in der Stadt nicht anders als auf dem Lande.
Der frühzeitige Eingliederungsprozeß hatte nichts mit fehlender Elternliebe zu tun, er erklärte sich einfach aus den alltäglichen Gegebenheiten. Erst mit dem Beginn des industriellen Zeitalters sah man im Kind etwas Besonderes, das vor der grausamen Härte der Erwachsenenwelt geschützt werden mußte.
Der Prozeß des Erwachsenwerdens hat sich übrigens bis heute immer weiter ausgedehnt. Die Kindheit verlängert sich in eine lange Phase der Jugend; kaum ein junger Mensch nimmt vor dem 16. Lebensjahr eine regelmäßige Arbeit auf, viele werden 20 oder älter, bis sie die Schule verlassen.
*(Rückspiegel. Woher wir kommen – Wer wir sind, Bd. 2:
Vom Mittelalter bis zur frühen Neuzeit, Paderborn 1995, S. 321-323)*

M 2 Kinderschutzgesetze

Während man in der preußischen Armee feststellte, daß die Tauglichkeit der Rekrutenjahrgänge als Folge der Kinderarbeit zurückging, befaßte sich der Rheinische Landtag mit der Kinderarbeit. Seine Vorschläge führten 1839 zu einer Verordnung der preußischen Regierung. Kinderarbeit vor dem neunten Lebensjahr wurde verboten. Vor dem Eintritt in eine Fabrik sollten die Kinder einen dreijährigen Schulbesuch nachweisen. Die Arbeitszeit wurde auf zehn Stunden täglich mit zweistündiger Mittagspause beschränkt. Sonntags-, Feiertags- und Nachtarbeit wurden verboten. 1853 wurde alle Arbeit für Kinder unter zwölf Jahren verboten. Die Fabriken wurden durch Gewerbeinspektoren kontrolliert.

(Heinz Dieter Schmid [Hg.], Fragen an die Geschichte. Geschichtliches Arbeitsbuch für Sekundarstufe I, Bd. 3: Europäische Weltgeschichte, Frankfurt/M. 1981, S. 211)

Kinderarbeit

M 1 Die Argumente der Gegner

Der Herr Abgeordnete Schuchard (Barmen) bemerkte: daß gewissenhafte Kreisphysiker[3] versicherten, wenn die Kinder auch nur um 10 Stunden in die Höhle des Jammers eingesperrt würden und stets sich auf den Beinen befinden, um zu arbeiten, so erhielten besonders die Mädchen Geschwülste und Auswüchse, die Beine schwänden und die Kinder welkten elendiglich dahin. Er müsse indessen das Zeugnis ablegen, daß die Spinnerei von Oberempt in Barmen insoweit eine Musteranstalt genannt werden könne, indem derselbe um 11 Uhr morgens seine Maschinen still stehen lasse, um seinen 200 Spinnkindern eine bis 1 und ¼ Stunde Unterricht erteilen und sie dann eine Stunde freie Luft genießen zu lassen. (...) Der Herr Abgeordnete fuhr darauf fort, von allen Seiten erheben sich Stimmen, um das Interesse der Fabrikherren zu verteidigen unter dem subtilen[4] Vorwande, die Industrie sei bedroht; selten aber erhebt sich eine Stimme für den Arbeiter, um ihr Los zu verbessern. Beobachte man doch das ganze Leben eines Menschen, der schon als Kind harte Sklavendienste verrichten mußte, so wie seine Kindheit trübe und freudleer war, so ist sein ganzes Leben entbehrend, hat er mit Mühseligkeiten aller Art zu kämpfen, ja in schweren Zeiten, wie die jetzigen, ist er sogar mit den Seinigen der Pein des Hungers

3 Kreisphysiker (hier: Mediziner).
4 Subtil (hier abwertend): spitzfindig, unangebracht.

preisgegeben, und wie froh ist er endlich am Rande des Grabes, nun seines elenden Lebens quitt und ledig zu sein. (...)
„Könnten Sie, hochverehrte Herren, doch einmal die Jammerszene mit ansehen, wenn die armen, zarten Kinder morgens früh um 5 Uhr in kaltem oder nassem Wetter weinend und widerstrebend von der Mutter in ein solches Gefängnis geschleppt werden, auch Ihnen würde das Herz zerreißen."
(Rede des Abgeordneten Schuchard auf der Sitzung des Rheinischen Provinziallandtages [6.7.1837], hier: Wiedergabe in der indirekten Rede durch den Protokollanten; abgedr. in: Werner Pöls [Hg.], Deutsche Sozialgeschichte 1815-1870, 4. Aufl.., München 1988, S. 244f.)

M 2 Die Argumente der Befürworter

Der Herr Abgeordnete vom Baur (Ronsdorf) sagte: „Meine Herren! Ich bemerke leider, daß der uns gegenwärtig beschäftigende Gegenstand von einem unrichtigen Standpunkt beleuchtet wurde. Die von Ihnen scharf beurteilten Fabrikanlagen, welche Kinder beschäftigen, rufen den von Ihnen mit so viel Härte geschilderten Jammer nicht hervor, sondern mildern den bereits vorhandenen. Eine Überbevölkerung, die der Ackerstand nicht mehr zu beschäftigen weiß, strömt den Anstalten zu, wo Arbeit, wo Brot zu erwerben ist. Entstehen können diese nur da, wo Kräfte sind, die keine nützliche Anwendung finden. Könnten sie diesen Händen etwas Lohnenderes bieten, so wäre der Grund des Übels gehoben. (...) Der Herr Abgeordnete von Goch (Steuereinnehmer Fonck) sagte uns, daß bei ihm, wo der Gewerbestand unbedeutend ist, ein Kind von 10 Jahren am Knopfnadelmachen täglich 1 Stüber Clevisch oder 4½ Pfg. und ein Butterbrot verdient; wären dort Industrieentwicklungen, die Sie als Höhlen des Jammers, jedoch mit zu schwarzen Farben schildern, so würden die Bemühungen dieser Kleinen 3 bis 5 mal besser belohnt werden. Sie beschimpfen, worum uns unsere östlichen Landsleute mit Recht beneiden, denen die Verbraucher ihrer Produkte fehlen, welche bei uns der Gewerbefleiß entwickelt und erhält. Ich pflichte Ihnen, meine Herren, vollkommen bei, daß die armen Kinder, deren Kräfte ausnahmsweise mitunter zu sehr in Anspruch genommen sein mögen, unter den Schutz milder Gesetze gestellt werden, jedoch dürfen diese keine so große Beschränkungen erhalten, wie hier vorgeschlagen wird – z.B. Arbeitsstunden täglich – daß dadurch der Bestand unserer Industrieanlagen wegen der Konkurrenz des Auslandes unmöglich gemacht wird. Der Wohlstand und die Zierde unserer Provinz ginge hierdurch verloren!"
(Gegenrede des Abgeordneten vom Baur auf der gleichen Sitzung; abgedr. in: Werner Pöls [Hg.], Deutsche Sozialgeschichte 1815-1870, 4. Aufl.., München 1988, S. 244f.)

2.1.8 „Fragen einer lesenden Frau" – Frauen 1848/49

Historischer Hintergrund

Die Rolle von Frauen in der Revolution von 1848 ist von der traditionellen Geschichtsschreibung lange Zeit kaum wahrgenommen worden, und noch in der repräsentativen Ausstellung zum 150. Jubiläum im Jahre 1998 in Frankfurt tauchten Frauen nur am Rande auf. Dass Frauen in der Revolution eine bemerkenswerte Rolle gespielt und eigene Forderungen erhoben haben, kommt nur in den Blick, wenn man „Fragen einer lesenden Frau" stellt und die traditionelle Geschichte der Revolution gegen den Strich bürstet.

Geschichtsdidaktischer Hintergrund

Dass das Wirken von Frauen in der Geschichte beim historischen Lernen zu thematisieren ist, ist ein wohlfeiles Lippenbekenntnis. Es geschieht nach wie vor zu wenig. Begründet wird dies häufig damit, dass die Frauen keine wesentliche Rolle in der Vergangenheit gespielt und auf die historische Entwicklung nicht so eingewirkt hätten wie die Männer. Das ist wohl zutreffend, aber geschichtsdidaktisch irrelevant: Geschichtsdidaktisches Denken fragt nicht ausschließlich nach einer Erfolgsgeschichte, fragt nicht ausschließlich danach, was sich in langen Ursachen-Folgen-Ketten historisch durchgesetzt hat, sondern fragt auch und sogar im wesentlichen nach historischen Lebens- und Leidenszusammenhängen, Wertorientierungen und Erfahrungen, die uns heute für morgen bedenkenswert sind.

1979 hat Susanne Thurn ein umfangreiches, multiperspektivisch angelegtes Unterrichtsmodell zu „Frauen 1848/49" vorgelegt[5], aus dem die folgenden Auszüge stammen. Es kann dazu dienen, die Aufmerksamkeit von Schülerinnen und Schülern auf weibliche Lebens- und Leidenszusammenhänge in der Geschichte überhaupt zu lenken.

Methodische Hinweise

Der Auszug aus dem Unterrichtsmodell läßt erkennen, daß das Modell am Planungsschema von Annette Kuhn orientiert ist: Die jeweiligen

5 Susanne Thurn, Frauen 1848/49, in: Geschichtsdidaktik 4 (1979), H. 1, S. 36-86

Abschnitte beginnen mit Angeboten zur „Hypothesenbildung“, und das folgende „Materialangebot“ soll im Unterrichtsgespräch der „historischen Aufklärung“ dienen. Die Angebote zur Hypothesenbildung“ können und sollen im Unterricht unterschiedliche Perspektiven der Schülerinnen und Schüler („Pluralität“) sichtbar machen und kontroverse Positionen ermöglichen, die dann in der Arbeit am Materialangebot überprüft, korrigiert oder bestätigt werden.

Abb. 2: Vorwärts 27 (1978)

Freiheit, Gleichheit, Brüderlichkeit ohne Schwesterlichkeit

Hypothesenbildung

„Der Unterschied ist vorhanden und er muß vorhanden sein, weil die Frau das ist, wozu sie die Männer, als ihre Beherrscher, gemacht haben“ (Bebel, Ausgabe von 1891, S. 108).

„Wer viel von der Gleichberechtigung spricht, endet oft bei der Scheidung“ (Josef Ertl, Die Zeit 28 [1978], S. 2).

Weitere Zugangsmöglichkeiten zur Hypothesenbildung:
- (...)
- Grundgesetz für die Bundesrepublik Deutschland, Art. 3 Abs. 1-3.“

Materialangebot

Die folgenden Quellen dokumentieren die Legitimationsbasis, die sich die bürgerliche Gesellschaft zur Rechtfertigung der „neuen“ Frauenrolle gab. Die grundlegenden Prinzipien: Freiheit, Gleichheit, Brüderlichkeit müssen aus der Sicht der Frauengeschichte in besonderer Weise problematisiert werden. Daher sind die Quellen diesen Prinzipien zugeordnet und mit ihnen im Unterricht zu konfrontieren. Die Karikatur unter dem Stichwort „Brüderlichkeit ohne Schwesterlichkeit“ zeigt darüber hinaus auch, wie schwer „Schwesterlichkeit“ unter diesen Bedingungen zu erreichen ist (zu diesem Problem finden sich in anderen Teilen des Modells ebenfalls Quellen, die zusammengenommen den gegenwärtigen Schwierigkeiten der Frauenbewegung gegenübergestellt werden könnten).

Stichwort: Freiheit

Louise Otto: Aus dem „Lied eines deutschen Mädchens, März 1848, 5. Strophe

O hohe Zeit! rings flicht man Bürgerkronen
Und feiert schon der Freiheit Ostertag,
Und jauchzt im „Männerstolz vor Königsthronen",
Weckt auf das Volk, das nicht mehr schlafen mag!

O schöne Zeit! könnt ich mit euch erheben
Dies deutsche Land, daß frei es sei und bleibt! -
Ich bet' um Segen nur für euer Streben,
„Denn ich bin nichts als ein gefesselt Weib!"
(Richard Klucsarits; Friedrich G. Kürbisch [Hg.], Arbeiterinnen kämpfen um ihr Recht. Autobiographische Texte rechtloser und entrechteter „Frauenpersonen" in Deutschland, Österreich und der Schweiz des 19. und 20. Jahrhunderts, o.O.u.J., S. 51)

Als sich Fanny Lewalds Eltern um eine „passende Partie" für ihre Tochter bemühten und eine Reise nach Berlin arrangierten, schreibt sie:
Ich hätte vor Scham und Zorn aufschreien mögen in dem Augenblick. Ich kam mir wie eine elende Waare vor, die man auf den Markt führte, weil sich zu Hause kein Käufer dafür gefunden hatte.
(Fanny Lewald, Meine Lebensgeschichte, 6 Bde., 2. Abt.: Leidensjahre, 1. Theil, S. 13; zit. nach: Renate Möhrmann, Frauenemanzipation im deutschen Vormärz. Texte und Dokumente, Stuttgart 1978, S. 122)

Stichwort: Gleichheit

Kaum bedarf es nun wohl noch besonderer Beweisführungen, daß bei solcher Verschiedenheit der Geschlechter, bei solcher Natur und Bestimmung ihrer Verbindung, eine völlige Gleichstellung der Frau mit dem Manne in den Familien- und in den öffentlichen Rechten und Pflichten, in der unmittelbaren Ausübung derselben, der menschlichen Bestimmung und Glückseligkeit widersprechen und ein würdiges Familienleben zerstören würde, daß

Abb. 3: Mütterlicher Rat: „Louise, mach dich interessant!" (Ute Gerhard, Verhältnisse und Verhinderungen, Frankfurt/M. 1978, S. 362)

dabei die Frauen ihrer hohen Bestimmung im häuslichen Kreise und für die Bildung der nachfolgenden Geschlechter, daß sie dem Schmucke und der Würde der Frauen, der wahren Weiblichkeit und ihrem schönsten Glücke entsagen und sich den größten Gefahren blosstellen müßten. (...) Jene Theorien, die gleichgültig gegen die Rechte der Frauen dieselben despotisch als Mittel für die Männer und ihren Verein mißbrauchten, mußten auf das edelste Gut für die Männer und den Staat, auf ein häusliches oder Familienleben und sittliche Familienerziehung der Kinder verzichten. Die, welche, bei einseitiger Verfolgung einer abstracten Gleichheitsregel die Gesetze und Schranken der Natur übersehend, für die Frauen mehr Rechte in Anspruch nahmen als diese nach jenen Gesetzen und Schranken nur wollen können, zerstören diese heiligste festeste Grundlage menschlicher und bürgerlicher Tugend und Glückseligkeit auf's Neue.

Zu den Letztgenannten zählt Welcker ausdrücklich die Verfechter der Frauenemanzipation und die Sozialisten und Kommunisten.

(C. Welcker, Geschlechtsverhältnisse, in: K. Rotteck; C. Welcker [Hg.], Staatslexicon oder Encyclopädie der Staatswissenschaften, Bd. 6, Altona 1838, S. 644f.; zit. nach: Karin Hausen, Die Polarisierung der „Geschlechtercharaktere" – Eine Spiegelung der Dissoziation von Erwerbs- und Familienleben, in: Werner Conze [Hg.], Sozialgeschichte der Familie in der Neuzeit Europas, Stuttgart 1976, S. 375)

Wir wissen, daß die Gleichheit von Männern und Frauen vor dem Gesetz bis jetzt noch nicht existirt, was man auch davon fabeln möge. (...) Ein einziges Beispiel für so Allbekanntes genügt. Wenn es in den Grundrechten hieß: „Jeder Staatsangehörige ist Wähler", so waren mittels einer schweigenden Übereinkunft hier unter dem Begriff „Staatsangehörige" die Frauen nicht mitverstanden, während in dem Satz „Jeder Staatsangehörige ist steuerpflichtig", die Frauen mit einbegriffen sind und bleiben.
(Louise Otto, § 12 des Entwurfs eines Preßgesetzes für das Königreich Sachsen, in: Frauen-Zeitung, hg. v. L. Otto, 51 [1850]; zit. nach: Ute Gerhard, Verhältnisse und Verhinderungen. Frauenarbeit, Familie und Rechte der Frauen im 19. Jahrhundert. Mit Dokumenten, Frankfurt/M. 1978, S. 448f.)

Es ist in Wahrheit zu sonderbar, daß wenn wir etwas „Gesetzwidriges" thun, wir nach den Gesetzen bestraft werden, also ganz dieselben Rechte genießen wie die Männer, während wir dieselben doch sonst in keiner Hinsicht theilen!
(Georgine [Pseudonym], Die Arbeiterinnen, in: Frauen-Zeitung, hg. v. L. Otto, 10/11 [1849]; zit. nach: Ute Gerhard, Verhältnisse und Verhinderungen. Frauenarbeit, Familie und Rechte der Frauen im 19. Jahrhundert. Mit Dokumenten, Frankfurt/M. 1978, S. 252)

Stichwort: Brüderlichkeit ohne Schwesterlichkeit

Freylich, da der Mann von der Natur bestimmt ist, der Rathgeber seines Weibes, das Haupt der Familie zu seyn; (...) da der Staat sich nur an ihn hält; da die Frau eigentlich gar keine Person in der bürgerlichen Gesellschaft ausmacht; (...) kann es wohl seltener gut seyn, wenn die Frau ohne ihres Mannes Wissen Schritte unternimmt, und dieselben vor ihm verheimlicht. Er hingegen, der an den Staat geknüpft ist, oft Geheimnisse zu bewahren hat, (...) Er, der das Ganze seines Hauswesens übersehn soll, auch vielfältig den Plan, nach welchem er handelt, nicht den schwächern Einsichten unterwerfen darf, sondern fest und unerschüttert seinem Verstande und Herzen folgen und das Urtheil des Volks verachten muß.
(Adolph Freiherr von Knigge, Über den Umgang mit Menschen, Bd. 1, Hannover 1788; zit. nach: Ute Gerhard, Verhältnisse und Verhinderungen. Frauenarbeit, Familie und Rechte der Frauen im 19. Jahrhundert. Mit Dokumenten, Frankfurt/M. 1978, S. 363)

Die Gesetze für die Ehe sind von Männern entworfen, und die bibelfesten Gesetzgeber vergaßen dabei nicht das anziehende Gebot des alten Moses: „und der Mann soll dein Herr sein!"

Abb. 4: „Entschuldigen Sie, ich – *ich* habe den Vorrang, mein Mann ist Hauptmann *erster* Klasse." (Ute Gerhard, Verhältnisse und Verhinderungen, Frankfurt/M. 1978, S. 379)

Ein junger Bergarbeiter tyrannisirte seine ebenfalls noch junge Frau auf so empörende Weise, daß diese endlich aus Verzweiflung mit ihrem Kinde zu ihren Eltern zurückkehrte. Als der Mann auf Klage ihrer Mutter vor die Ortspolizei gerufen wurde, die ihn zur Ordnung verwies, antwortete er wörtlich: „Meine Frau ist mein Eigenthum, und ich kann mit ihr machen was ich will, wenn ich sie nur nicht todtschlage." – Die Frau mußte zurückkehren.

(„Friederike" [Pseudonym]: Die Ehe, in: Frauen-Zeitung, hg. v. Louise Otto, 1850; Nr. 24; zit. nach: Ute Gerhard, Verhältnisse und Verhinderungen. Frauenarbeit, Familie und Rechte der Frauen im 19. Jahrhundert. Mit Dokumenten, Frankfurt/M. 1978, S. 239f.)

Männliche Tugend – weibliche Tugenden: die bürgerliche Mädchenerziehung

Hypothesenbildung

Reinhold:
Wenn ich ein Junge bin dann kann ich schneller laufen. Ich kann auch Zug fahren. Ich kann auch ein Haus bauen. Dann kann ich auch noch ein Auto bauen. Ich kann auch Straßen bauen. Ich kann einen Gartenzaun bauen. Das können die Mädchen nicht bätsch, bätsch.

Heinz Peter:
Weil man mehr Berufe kriegt. Weil Buben nicht stricken müssen. Weil die Buben keine Bussen haben.
(Aus Kinderaufsätzen [Grundschule Heidenheim], Thema: Warum ich lieber ein Junge bin; zit. nach: Emma 5 [1978], S. 57)

Liste der Tugenden einer Frau – zusammengestellt aus den Quellen von Teil I.1.

Materialangebot

Stundenzettel

für

Fanny Marcus.

entworfen Ende September, gültig bis zur veränderten Jahreszeit und bis andere Lehrstunden eintreten.

Allgemeine Bestimmung:
Des Morgens wird spätestens um 7 Uhr aufgestanden, damit um 7½ Uhr das Ankleiden völlig beendigt sei.

Montag

von 8–9 Clavierstunde. Uebung neuer Stücke.
„ 9–12 Handarbeit, gewöhnliches Nähen und Stricken.
„ 12–1 Nachlesen der alten Lehrbücher, als: Französisch, Geographie, Geschichte, Deutsch, Grammatik u. s. w.
„ 1–2½ Erholung und Mittagessen.
„ 2½–5 Uhr Handarbeit gleich oben.
„ 5–6 Uhr Clavierstunde bei Herrn Thomas.
von 6–7 Uhr Schreibeübung.

Dienstag

„ 8–9 Uhr Uebung neuer Clavierstücke.
„ 9–10 häusliche Handarbeit.
„ 10–12 Unterricht im Generalbaß.
„ 12–1 gleich Montag.
„ 1–2½ dito.
„ 2–5 dito.
„ 5–6 Uebung alter Clavierstücke.
„ 6–7 Schreibeübung wie Montag.

Mittwoch

gleich Montag; von 5–6 Uhr Uebung der alten Musikstücke am Clavier.

Donnerstag, Freitag und Sonnabend gleich den drei ersten Wochentagen.

Abb. 5: Stundenzettel für Fanny Marcus. (Renate Möhrmann, Frauenemanzipation im deutschen Vormärz, Stuttgart 1978, S. 118)

Dieser Tagesplan wurde 1824 geschrieben. Zuvor hatte Fanny Lewald, eine spätere Schriftstellerin, 7 Jahre eine höhere Mädchenschule besucht – ähnlich wie auf diesem Tagesplan beschrieben lebte sie bis zu ihrem 34. Lebensjahr.

Man weinte über Onkel Tom in seiner Hütte, und sagte seiner Tochter, die vielleicht ein medicinisches Genie oder ein großes kaufmännisches Talent war: Du strickst Strümpfe, du lernst den Haushalt führen; Du bekommst Unterricht, der so weit langt, daß Du einsehen kannst, was für Dich wünschenswerth und zu erreichen wäre, wenn man es Dir möglich machte, Deine Fähigkeiten zu entwickeln, aber entwickeln darfst Du sie nicht – denn Du bist ein Weib. Du brauchst Dich aber darüber nicht zu beklagen, es ist Dein Beruf. So lange ich lebe, gebe ich Dir auch Obdach, Kleidung und Nahrung: findet sich Jemand, der Dich haben will, so gebe ich Dich dem, der Dir auch Obdach, Kleidung und Nahrung geben wird; und wenn nicht – und wenn ich sterbe und es hat sich Niemand gefunden, der sich mit Deiner Ernährung belasten will – nun? – Nun? so fragen auch die Frauen; und als Antwort erfolgte dann stets ein geseufztes: Nun! so hast Du ja allerlei gelernt und wirst Dir schon helfen! – Aber wie? aber womit! aber was habe ich denn gelernt?

(Fanny Lewald, Für und wider die Frauen, Berlin 1875, S. 14f.;
zit. nach: Renate Möhrmann, Frauenemanzipation im deutschen Vormärz. Texte und Dokumente, Stuttgart 1978, S. 123)

Joachim Heinrich Campe, Väterlicher Rath für meine Thochter:
Das Erste und Nöthigste, was ich dir, wofern du selbst es nicht schon längst bemerkt haben solltest, hier zu melden habe, ist: daß das Geschlecht, zu dem du gehörst, nach unserer dermaligen Weltverfassung, in einem abhängigen und auf geistige sowohl als körperliche Schwächung abzielenden Zustande lebt, und so lange jene Weltverfassung die nämliche bleibt, nothwendig leben muß. Das ist freilich keine angenehme, aber eine nöthige Nachricht, die ich, wenn ich zu deinem großen Schaden dich nicht täuschen wollte, dir nicht verheelen durfte. (...) Dazu ward bei allen gebildeten Nationen die ganze Erziehungs- und Lebensart der beiden Geschlechter dergestalt eingerichtet, daß das Weib schwach, klein, zart, empfindlich, furchtsam, kleingeistig – der Mann hingegen stark, fest, kühn, ausdauernd, groß, hehr und kraftvoll an Leib und Seele würde. Die stille sitzende Lebensart, wozu ihr nun einmal verdammt seyd von früher Jugend an: eure, jede freie und rasche Bewegung hindernde, unnatürliche Kleidung, eure Sitten, eure meisten Beschäftigungen, eure ganz gewöhnliche Art zu leben und zu seyn, zwecken alle auf jenes (...).
(Ein Gegenstück zum Theophron. Der erwachsenen weiblichen Jugend gewidmet, Braunschweig 1789; zit. nach: Ute Gerhard, Verhältnisse und Verhinderungen. Frauenarbeit, Familie und Rechte der Frauen im 19. Jahrhundert. Mit Dokumenten, Frankfurt/M. 1978, S. 374)

Weitere Quellen in Twellmann, u.a. Auszüge aus Louise Otto: Die Teilnahme der weiblichen Welt am Staatsleben mit einem Abschnitt unter dem Motto: „Die Erziehung und Bildung der Frauen steht mit unseren staatlichen und socialen Verhältnissen im Widerspruch" (S. 6f.). Die Anfänge der bürgerlichen Frauenbewegung sahen in der Bildung das Allheilmittel für die Verbesserung der Lage der – anfangs nur ledigen – Frauen. 1848 gründete Louise Otto den Berliner Frauen-Bildungsverein.

Männliche Rationalität – weibliche Emotionalität Hypothesenbildung – Materialangebot

Bei der Interpretation der nachfolgenden Quelle ist zu beachten, dass dieser Artikel nicht Ausdruck der gesellschaftspolitischen Richtung der – teilweise sehr progressiven – Frauen-Zeitung entsprach, jedoch die schwierigen Rollenkonflikte auch innerhalb der Frauenbewegung selbst gut darstellt.
Anders organisiert und ausgestattet als der Mann, hat es auch einen andern Wirkungskreis als dieser, der aber keineswegs weniger groß und wichtig

Abb. 6: Zeichnung aus der Zeitschrift Emma 5 (1978), S. 28

ist. Die Gelehrte, die immer dem Mann nachstrebt und alles demselben gleich machen will, ist eine Unnatur, die nirgend ihren Platz findet; zu den Männern kann man sie nicht zählen, und zu den Weibern will sie sich nicht gesellen. (…) Und wagt man sich in die Häuslichkeit einer solchen Minerva – öde und unheimlich ist jeder Raum, der nicht durch Frische und Heiterkeit eines weiblichen Gemütes belebt wird – Schreibtisch und Bücherschrank ist ihr Olymp, ihr Wohnsitz, an dem sie sich selbst vergöttert. Unordnung und oft Unsauberkeit haben im Hause die Oberhand, die eigene Erscheinung vernachlässigt und unweiblich. Ein solches Weib ist für jeden Wirkungskreis untauglich, es ist eine Geißel für alle diejenigen, die ihm nahestehen. Wehe dem Manne, der an ein solches Wesen gefesselt ist, er suchte den Frühling, der sein Leben erhellen sollte, und fand den starren Winter. Wehe den Kindern, die einer solchen Mutter ihr Leben verdanken, das schöne Morgenrot des Lebens ist ihnen fremd. Nicht heilige Mutterliebe bewachte ihre Spiele, unter den Augen bezahlter Leute lernen sie lächeln und Gebete nachsprechen.

(E.M., Des Weibes Beruf, in: Frauen-Zeitung, hg. v. Louise Otto, 14/15 [1852]; zit. nach: Margit Twellmann, Die deutsche Frauenbewegung. Quellen 1843-1889, Meisenheim 1972, S. 91f.)

Abb. 7: „Kandidatin, sagen Sie mir, was fällt Ihnen an der Patientin auf?" – „Daß das Mensch einen seidenen Unterrock anhat." Frauenstudium. Thomas Theodor Heine. Simplizissimus 1901

Wenige Tage vergingen, an denen mir meine Mutter nicht vorhielt, daß Nichts widerwärtiger und unbrauchbarer sei, als ein gelehrtes unpraktisches Frauenzimmer, und daß ich alle Aussicht hatte, ein solches zu werden.
(Fanny Lewald, Meine Lebensgeschichte, 1. Theil, Berlin 1863; zit. nach: Renate Möhrmann, Frauenemanzipation im deutschen Vormärz. Texte und Dokumente, Stuttgart 1978, S. 119)

Abb. 8: Titel eines Buches von Hannelore Mabry

Abb. 9: Klaus Staeck: Gleichberechtigung. Originalgraphik Serie A, Nr. 48, 1978

Männliche Aktivität – Weibliche Passivität Hypothesenbildung – Materialangebot

Die Revolution von 1848/49 zeigte – in Frankreich noch mehr als in Deutschland –, dass Frauen die politische Fähigkeit zur Organisation und zur Durchsetzung politischer Forderungen durchaus besaßen. Gerade die politischen Fähigkeiten jedoch waren Gegenstand zahlreicher Karikaturen und polemischer Abhandlungen. Die folgende Karikatur und die Quelle als Beispiele politisierender Frauen aus der Sicht der Männer sollten mit den bisher herausgearbeiteten Rollenerwartungen an Frauen und mit dem berühmt gewordenen Ausruf von Louise Otto konfrontiert werden (weitere Karikaturen hierzu auch im folgenden Abschnitt).

Ihr könnt darauf schwören, daß das Kontingent der Weiber, welche sich unberufenerweise in die Öffentlichkeit drängen, entweder aus häßlichen und hysterischen alten Jungfern – denen es aus physiologischen Gründen verziehen sein mag – oder aus saloppen Hausfrauen und pflichtvergessenen Müttern besteht, deren Haushaltsbücher – wenn sie überhaupt welche führen – in Unordnung, deren Stuben, Küchen, Speisekammern und Weißzeugschränke im Tohuwabohu-Zustand, deren Modistinnenrech-

Abb. 10: „Als Kandidat zur Nationalversammlung bin ich zurückgewiesen; da bleibt mir nur noch ein Weg offen … laß mich allein, Zenobia … stör mich nicht in meinen Gedanken … ich bin eben im Begriff, ein Manifest an Europa abzufassen." Die politisierenden Frauen. Honoré Daumier. 1848 (Fuchs, S. 27)

nung groß, aber unbezahlt und deren Kinder physisch und moralisch ungewaschen sind.
(Johannes Scherr, 1848. Ein weltgeschichtliches Drama, 2. Aufl., Leipzig 1875, Bd. 2, S. 175f.; zit. nach: Renate Möhrmann, Frauenemanzipation im deutschen Vormärz. Texte und Dokumente, Stuttgart 1978, S. 6)

Die Teilnahme der Frauen an den Interessen des Staates ist nicht ein Recht, sondern eine Pflicht. *(Louise Otto, 1848)*

Männliches Tun – weibliches Sein

Hypothesenbildung

Während es bei der Befreiung von Arbeitern, Bauern, Leibeigenen und anderen unterprivilegierten Schichten in erster Linie um die Zertrümmerung von Herrschaftsidealen geht, steht der Frauenemanzipation zusätzlich das Geschlechtsideal im Wege.
(Renate Möhrmann, Frauenemanzipation im deutschen Vormärz. Texte und Dokumente, Stuttgart 1978, , S. 6)

Vor Ehmanzibazion. Keine Ehe möhr. Kreszenz Flintenstein geborene Lunte.
(Ute Gerhard, Verhältnisse und Verhinderungen. Frauenarbeit, Familie und Rechte der Frauen im 19. Jahrhundert. Mit Dokumenten, Frankfurt/M. 1978)

Materialangebot

Wenn die Menschen gewohnt wären, ihre Handlungen in Worte zu übersetzen, so würden wir etwa folgendes Gespräch zwischen einer Mutter und ihrer Tochter vernehmen. Die Mutter beginnt: Mein Kind, Du bist nun erwachsen, wohl unterrichtet und eingesegnet, was wirst Du jetzt thun, um deinen Leben-Unterhalt zu gewinnen, und der Menschheit in Deiner Thätigkeit dankbar den Zoll abzutragen,

Abb. 11: „Vor Ehmanzibazion. Keine Ehe möhr. Kreszenz Flintenstein geborene Lunte". (Ute Gerhard, Verhältnisse und Verhinderungen, a.a.O.)

Abb. 12: D. 1234.
„Weg mit dir, du teuflischer Schreihals! ... Laß mich doch in Ruhe meine Ode an das Glück der Mutterschaft schreiben! ... – Schon gut ..., gleich ist er still ... ich werde ihn im Zimmer nebenan verhauen ... (zu sich) Von allen Werken meiner Frau erregt dies wirklich die größte Aufmerksamkeit! ..."
(Nr. 14 aus der Serie „Die Blaustrümpfe". 1844. Rentmeister, S. 63)

den jedes Wesen ihr schuldet? Hierauf erwidert die Tochter mit edlem Selbstgefühl: Ich werde gar nichts thun, sondern warten bis Jemand kommt, der mir Nahrung und Kleidung reiche, und die Mutter antwortet: Bravo, meine Tochter! Ich wollte Dich nur prüfen, ob Du unberührt vom Pesthauch radikaler Einfälle Deine schöne Weiblichkeit bewahrt hast.
(Bruchstücke aus Vorlesungen über die Stellung der Frauen, gehalten von Minna Zimmermann, in: Frauen-Zeitung, 35 [1850], hg. v. L. Otto; zit. nach: Ute Gerhard, Verhältnisse und Verhinderungen. Frauenarbeit, Familie und Rechte der Frauen im 19. Jahrhundert. Mit Dokumenten, Frankfurt/M. 1978, S. 477; Cillie Rentmeister, Frauenbewegung in der Karikatur des 19. Jahrhunderts, Stuttgart 1975, S. 63. Dort finden sich zu diesem Themenzusammenhang [ebenso zu dem Abschnitt I.4.] noch viele wichtige Karikaturen).

Abb. 13: Albert Guillaume. Frauenemanzipation

Sophie von La Roche 1771 in dem ersten deutschen Frauenroman – diese Stelle des Romans wurde besonders angegriffen.
Woher kömmt es, daß man auch bei der besten Gattung Menschen eine Art von eigensinniger Befolgung eines Vorurteils antrifft? Warum darf ein edeldenkendes, tugendhaftes Mädchen nicht zuerst sagen, diesen würdigen Mann liebe ich? Warum vergibt man ihr nicht, wenn sie ihm zu gefallen sucht und sich auf alle Weise um seine Hochachtung bemühet?
(Sophie von La Roche: Geschichte des Fräuleins von Sternheim, hg. v. Fritz Brüggemann, Darmstadt 1964, S. 228f.; zit. nach: Renate Möhrmann, Frauenemanzipation im deutschen Vormärz. Texte und Dokumente, Stuttgart 1978, S. 21f.; Eduard Fuchs, Sozialgeschichte der Frau, Frankfurt/M. 1973, S. 477)

2.1.9 Der Krieg – „ein Naturgesetz“?

Historischer Hintergrund

Im 19. und frühen 20. Jahrhundert gibt es viele Äußerungen aus dem Bereich der gesellschaftlichen Eliten, in denen der Krieg als eine Naturnotwendigkeit im menschlichen Leben gesehen wird. Nur der Krieg garantiere, dass die Menschen ihre edelsten Tugenden entwickeln könnten, während Friedenszeiten die Gefahr der Verweichlichung und des schieren Wohllebens drohe.

Erst die Erfahrungen des Ersten Weltkrieges haben pazifistische und Anti-Kriegs-Bestrebungen in breiter „Front“ aufkommen lassen, in denen auf unterschiedliche Weise gegen herkömmliche bellizistische Positionen argumentiert wurde.

Didaktischer Hintergrund

Es gibt in der Geschichte des Geschichtsunterrichts eine deutliche Spiegelung der Auffassung vom Krieg als einem „Naturgesetz“: Kriegsgeschichte war wichtiges Thema im Kaiserreich und im „Dritten Reich“. Nach beiden Weltkriegen gab es wichtige geschichtsdidaktische Bestrebungen, einer militaristisch ausgerichteten Funktionalisierung des Geschichtsunterrichts abzusagen. In der gegenwärtigen Geschichtsdidaktik gibt es keine bellizistischen Positionen mehr, und Kriege werden in gegenwärtigen Schulbüchern weitgehend als Leidenszusammenhang für die Betroffenen an der „Front“ und in der „Heimat“ vermittelt. Dennoch eignen sich die folgenden Zeugnisse für eine didaktisch ergiebige Unterrichtsstunde/Doppelstunde (etwa im Vertretungsunterricht): Die Schülerinnen und Schüler müssen sich bei den bellizistischen Äußerungen in eine ihnen fremde Vorstellungswelt hineindenken und können in der Betrachtung des Bildes eine ideologiekritische Position einnehmen.

Methodische Hinweise

Man kann Schülerinnen und Schüler bitten, in einem Brainstorming Begründungen für das Führen von Kriegen zu benennen, die Äußerungen sammeln und gemeinsam besprechen. Dann können die bellizistischen Texte eingegeben werden, an denen im Klassenverband oder in Gruppen erarbeitet wird, welche Begründungen im 19. und frühen 20. Jahrhundert gegeben wurden. Entweder kann Lehrerin/Lehrer im

Gespräch die Rolle eines Bellizisten einnehmen, oder aber – besser – die Schülerinnen und Schüler führen ein Streitgespräch mit entsprechenden Rollenverteilungen. Erst danach wird das zwischen den Weltkriegen entstandene Bild des Holzschneiders Gerd Arntz eingegeben, betrachtet, beschrieben, interpretiert. Auch jetzt ist ein Streitgespräch zwischen einem Bellizisten und Gerd Arntz möglich, bei dem die Schülerinnen und Schüler die unterschiedlichen Rollen einnehmen müssen.

M 1 Hellmuth von Moltke 1880

Der ewige Friede ist ein Traum, und nicht einmal ein schöner, und der Krieg ein Glied in Gottes Weltordnung. In ihm entfalten sich die edelsten Tugenden des Menschen, Muth und Entsagung, Pflichttreue und Opferwilligkeit mit Einsetzung des Lebens. Ohne den Krieg würde die Welt in Materialismus versumpfen.

(Eugen Frauenholz, Kriegsphilosophie der Deutschen, in: August Faust [Hg.], Das Bild des Krieges im deutschen Denken, Bd. 1, Stuttgart–Berlin 1941, S. 126)

M 2 Der preußische General Albert von Bogulawski 1892

Der Krieg entsprang aus einem in der ganzen Welt gültigen Naturgesetz. Dieses Naturgesetz heißt der Kampf.

Der Krieg (...) ist ein unumgänglich nothwendiges Element unseres Daseins, er ist der „Beweger des Menschengeschlechts", in vielen Fällen ein absolut nöthiger Heilungsprozeß.

(Albert von Bogulawski, Der Krieg in seiner wahren Bedeutung für Staat und Volk, Berlin 1892, S. 10)

M 3 „Für die Entwicklung des Volksganzen von höchster Bedeutung (...)"?

Was der Weltkrieg der Zukunft des deutschen Volkes bedeutet, das schon jetzt, da wir noch im heißen Waffengang stehen, voll zu übersehen, ist nicht wohl möglich. Eines aber läßt sich schon gegenwärtig unerschütterlich feststellen: Bei allem unsäglichen Leid und Elend, das er dem Einzelnen auferlegt, hat der Krieg Erscheinungen gezeitigt, Werte an den Tag gebracht, die für die Entwicklung des Volksganzen von höchster Bedeutung sind, Werte, die neben düsterem Unglück wie lichter Gewinn stehen, die uns das Schwere leichter tragen lassen und die, wenn wir auf die Zukunft unserer Entwicklung sehen, uns Glück verheißende Zeichen einer innerlich gesunden, kraftvollen Fortentwicklung unseres Staatslebens sind.

Die Verwöhnung eines fast vierundvierzigjährigen Friedens, die Epoche eines unvergleichlichen wirtschaftlichen Aufschwungs und Wohlstandes

Abb. 14: Gerd Arntz, Für's Vaterland (1938)
[Text in der Fahne: „Pour la Patrie · Fürs Vaterland · For the Country · Pro Patria"]

in allen Volksschichten, sind auf die Lebensauffassung und Lebenshaltung unseres Volkes nicht ohne nachhaltigen Einfluß geblieben; sie haben uns mehr und mehr in die materialistische Richtung abgedrängt, haben zur Verflachung des Geistes- und Gemütslebens, zu starker Betonung des Genusses und des eigenen Ich, zur Überwertung des Individuums und der Sonderinteressen, zu rücksichtslosem Sichausleben, zur Gleichgültigkeit und Kälte gegen den Mitmenschen und zu politischen und sozialen Spannungen tiefer Art geführt.
Von dem, was uns band, hat uns der Krieg mit einem Schlage befreit. Auf den Ruf des Vaterlandes sehen wir hoch und niedrig in freudiger Selbstverleugnung zu den Fahnen eilen; Eigensucht und Eigennutz sind abgestreift, der Einzelne wächst, erhoben durch das gemeinsame Ziel, weit über sich hinaus, fühlt jetzt, wie sehr er der Allgemeinheit gehört, nur als Glied des Ganzen einen Wert hat, begibt sich in straffe Zucht und Entbehrung; die gegenseitige Achtung der Einzelnen wie ganzer Klassen der Bevölkerung und ihr Verständnis voneinander steigt; alte Vorurteile werden gestürzt, und menschlich schöne Eigenschaften, das Mitempfinden mit fremdem Glück und Leid, die Brüderlichkeit, werden wieder gepflegt, wir erleben den Zusammenschluß aller Volksschichten, das Verstummen aller inneren Gegensätze. (…)
Berlin.
Ober-Bürgermeister Wermutz,
Wirklicher Geheimer Rat.
(Georg Gellert [Hg.], Das Eiserne Buch, Hamburg o.J. [1915], S. 191)

2.1.10 Historische Geschichtskultur: 50 Jahre nach 1848

Historischer Hintergrund

Am 18. März 1898 fand im Deutschen Reichstag eine Debatte anläßlich des 50. „Jahrestages" des Revolution von 1848 statt, in der höchst unterschiedliche Deutungen der Revolution vorgetragen wurden.

Geschichtsdidaktischer Hintergrund

Es handelt sich um ein historisches Beispiel für eine „Kalender-Geschichte", bei der anläßlich eines „runden" Jahrestages über die Bedeutung eines historischen Ereignisses für die Gegenwart und Zukunft nachgedacht und aus politischen Perspektiven geurteilt wird. Die Texte sind Zeugnisse, die für unterschiedliche politische Überzeugungen von Parteien und Gruppen im Kaiserreich stehen.

Methodische Hinweise

Ulrich Mayer, der zum Thema eine Unterrichtseinheit entwickelt hat[6], macht folgende Vorschläge zur Methodik: „In methodischer Hinsicht lassen sich zum Vergleich, zur Erkenntnis von Besonderheiten, Ähnlichkeiten und konträren Positionen bei allen Quellen etwa folgende Arbeitsanregungen berücksichtigen:

- Ereignisse, Trägergruppen, auf die Bezug genommen wird, tabellarisch auflisten
- Sektoren bzw. Problembereiche (politisch, sozial, wirtschaftlich, rechtlich, ideologisch) herausfinden und deren Gewichtung feststellen
- Äußerungen über Erfolge, Defizite, Scheitern identifizieren und daraus Haupttenor des Urteils über die Revolution ermitteln
- Jeweilige Bezüge zur eigenen Gegenwart und Bedeutung von Traditionslinien zur Zukunftsgestaltung prägnant zusammenfassen
- Politische Einstellungen herausfinden und sie in Beziehung zum jeweiligen Revolutionsbild setzen."

---

6 Ulrich Mayer, Die Rezeption der Revolution 1848/49. Deutungen und Beurteilungen in Deutschland zwischen dem 50. und dem 100. Revolutionsjubiläum, in: Geschichte lernen, 61 (1998), S. 58 ff. („Hinweise zum Unterricht" auf S. 59).

M 1 August Bebel (SPD) am 18.3.1898 im Deutschen Reichstag

August Bebel (1840-1913), Drechslermeister, 1869 Mitbegründer und Führer der Sozialdemokratie, 1871-1913 Mitglied des Reichstags:

Der Herr Kriegsminister hat erklärt, die Erinnerung an den 18. März[7] gehöre zu den traurigsten Blättern der deutschen Geschichte.

(Sehr richtig! rechts.)

Ganz mit Recht hat ihn bereits der Abgeordnete Muckel daran erinnert: ohne den 18. März kein Deutsches Reich, ohne das Deutsche Reich kein Deutscher Reichstag, und ich füge hinzu, ohne den Deutschen Reichstag kein Kriegsminister an dieser Stelle.

(Lebhafter Beifall links; große Unruhe rechts.)

(...) Meine Herren, wenn etwas wahr ist, dann das, daß ein heute erschienenes Blatt, kein sozialdemokratisches, als bestes Denkmal der Märzrevolution das Gebäude des Deutschen Reichstags darstellt.[8]

(Lachen und große Unruhe rechts, lebhafte Zustimmung links)

Das steht hier als die Verwirklichung der Gedanken und Ideen, für die 1848, vor genau 50 Jahren, in diesen Stunden das sogenannte „Gesindel" auf den Barrikaden Berlins gekämpft hat.

(Stürmische Zustimmung bei den Sozialdemokraten.)

Die Männer haben im Jahre 1848 gethan, was Sie 1870 gethan zu haben vorgeben und sich dessen heute rühmen. Wäre 1848 geworden, was die damaligen Kämpfer des Volks aus ihm machen wollten, dann war 1870 unnöthig, dann wäre das Deutsche Reich in ganz anderer Macht und Herrlichkeit als heute schon damals gegründet worden.

(Stürmischer Beifall links, heftige Unterbrechungen rechts.) (...)

Es ist eine große Zahl von Männern darunter, die wir im Laufe der Jahre als Mitglieder dieses Reichstags kennen gelernt haben, die zum Theil eine führende Rolle in diesem Reichstage spielten, denen ein großer Theil der besten Gesetze dieses Reichstages zu danken ist, und einzelne derselben sitzen noch heute in unseren Reihen, unter anderem dort auf den Bänken der Nationalliberalen.

(Lebhafte Zustimmung und Heiterkeit links. Lärm und Zurufe rechts und bei den Nationalliberalen.)

(...) Interessiert bei der ganzen Sache hat mich nur, daß die Sozialdemokratie, die keinen besonderen Grund hat, den Verherrlicher einer bürgerlichen Revolution zu spielen (Sehr wahr! Sehr richtig! bei den Sozialdemokraten.), der einzige Vertheidiger dieser bürgerlichen Revolution ist, (...)

---

7 Am 18. März 1848 fanden in Berlin Straßenkämpfe statt; die Opfer auf Seiten der Aufständischen gingen als „Märzgefallene" in die Geschichte ein.

8 Die satirische Zeitschrift „Ulk".

Daß dagegen die Parteien, die jahrzehntelang auf dem Boden der Errungenschaften dieser Revolution standen, die Männer des Nationalvereins[9], die als ihr Hauptziel in den sechziger Jahren betrachteten, die Reichsverfassung von 1849 in das deutsche Reich zu übertragen, vollständig schweigen zu all den Beschimpfungen, die heute gegen das deutsche Bürgerthum von 1848 und die Revolutionäre jener Zeit geschleudert wurden und sie nicht in Schutz zu nehmen wagen.
(Sehr wahr! Sehr richtig. links. Heiterkeit.)
(Stenographische Berichte über die Verhandlungen des Reichstages, IX. Legislaturperiode, V. Session, 1897/98, Bd. 2, Berlin 1898, S. 1600f., S. 1605)

M 2 Bernhard von Puttkamer-Plauth (Konservative) am 18.3.1898 im Deutschen Reichstag

Bernhard von Puttkamer-Plauth (geb. 1838), Rittergutsbesitzer und Leutnant a.D., 1884-1890 und 1893-1902 Mitglied des Reichstags:
Wenn man den Herrn Abgeordneten Bebel gehört hat, so steht man unmittelbar unter dem Eindruck, daß, wenn die Gelegenheit günstig ist, er jeden Augenblick bereit sei, eine neue Revolution anzufachen, und daß er von einem solchen Vorgehen die größten Vortheile für sich und seine Partei versprechen würde. (...)
Er ist nun in seiner Verherrlichung der Revolution so weit gegangen, zu behaupten, daß, wenn die Revolution von 1848 nicht gewesen wäre, wir auch kein Deutsches Reich hätten. Für den, der die Geschichte jener unglücklichen Zeit kennt, darf es keinem Zweifel unterliegen, daß die Revolution sich als vollständig unfähig herausstellte, die deutsche Reichseinheit zu schaffen.
(Sehr richtig! rechts. Widerspruch bei den Sozialdemokraten.)
(...) Meine Herren, nun hat Herr Bebel hier auch die Märzgefallenen verherrlicht. Ich bin weit entfernt, einen Stein auf diese Leute werfen zu wollen, die damals sich so weit vergessen haben, infolge der von mir bezeichneten Aufreizungen und Verführung, daß sie die Waffen ergriffen haben und gegen die Obrigkeit von Gottes Gnaden Revolution gemacht haben.
(Ach! ach! bei den Sozialdemokraten. Sehr gut! rechts.)
Aber wenn er hier die Märzgefallenen verherrlicht, so wird er es uns nicht verdenken können, wenn wir auch der braven Soldaten heute hier gedenken (lebhaftes Bravo rechts), welche damals dem Rufe ihres Königs gefolgt sind und gegen die Revolution, und zwar siegreich, gefochten haben. (Zuruf bei den Sozialdemokraten.)

---

9 1859-1867 politische Vereinigung zur Förderung der „kleindeutschen" Einigung Deutschlands unter preußischer Führung.

(...) Und unsere Meinung von der Revolution von 1848 ist die, daß sie eine arge Verirrung war, und daß sie dem deutschen und dem preußischen Volke nichts genutzt, sondern nur geschadet hat (sehr richtig! rechts), und daß alle großen Ereignisse, die seitdem errungen worden sind, auf dem Zusammenwirken von Fürsten und Volk und Armee beruhen und die Revolution von 1848 damit absolut nichts zu tun hat. (Lebhaftes Bravo rechts.)
(Stenographische Berichte über die Verhandlungen des Reichstages, IX. Legislaturperiode, V. Session, 1897/98, Bd. 2, Berlin 1898, S. 1603f.)

M 3 Rudolf von Bennigsen (Nationalliberale Partei) am 18.3.1898 im Deutschen Reichstag

Rudolf von Bennigsen (1824-1902), Jurist, Mitbegründer des Deutschen Nationalvereins und der Nationalliberalen Partei, deren Fraktionsvorsitzender im Reichstag, 1871-83 und 1887-98 Mitglied des Reichstags, 1888-98 Oberpräsident der Provinz Hannover:
(Herr Bebel) hat in seiner Rede behauptet, die nationale Thätigkeit meiner Freunde, also auch meine eigene, basire wesentlich auf den Erfolgen der Berliner Revolution vom 18. März 1848, und diese Revolution und ihre Erfolge wollten wir nun heute verleugnen, obgleich wir jahrelang lediglich durch sie in einflußreicher Weise in dem neuen Deutschen Reich hätten thätig sein können. Meine Herren. So sind die Dinge doch lange nicht. (...)
Aber wenn Sie nun glauben, weil Ihnen das natürlich am meisten paßt hier gerade den Tag vom 18. März zu verherrlichen
(...), ja, so sage ich, für die weitere Entwicklung in Deutschland, für die Umgestaltung Deutschlands aus seiner Zerrissenheit zu einer einheitlichen Macht, für die ganze Stellung, welche Deutschland als Nationalstaat in Europa nachher gewonnen hat durch die Anspannung aller Kräfte, Fürsten, Militär und Volk, dafür hat dieser Tag in Berlin den allergeringsten Einfluß ausgeübt (Sehr wahr! rechts und bei den Nationalliberalen.), verhängnisvoll und störend ist er gewesen in dieser Entwicklung. (...) Und wenn Sie von mir und meinen Freunden verlangen, daß wir stolz uns erinnern sollten an diese Berliner Straßenkämpfe und alles, was damit im Zusammenhang stand, dann sage ich: nein, die Erinnerung für uns, auf die wir weiter fortgebaut hatten, war das Parlament in Frankfurt, welches, zusammengesetzt aus den besten Kräften der ganzen Nation, den ersten, ernsthaften Versuch gemacht hat, die Umgestaltung von Deutschland herzuführen. Wenn das damals unmöglich war – und das ist die Schuld des Volks ebenso wie der Regierungen, denn das Volk war ebenso wenig einig über die künftige Beschaffenheit und politische Gestaltung von Deutschland, wie die Regierungen unter sich, – ich sage also, die Bewegung, die damals durch Europa gegangen ist,

die auch das Volk in Deutschland mächtig ergriffen hat, zu verkennen, das wäre historisch eine Thorheit. Von jener Zeit datirt eine große Umänderung in den ganzen Zuständen von Europa, und dies ist eine der Episoden gewesen in der ganzen Umgestaltung, welche den Abschluß gefunden hat im Jahre 1870/71. Aber nicht diese Straßenkämpfe in Berlin sind die Grundlage, sondern die große nationale Bewegung, die damals die Gemüther des ganzen deutschen Volks einschließlich der Höchststehenden, auch der Regierungen und Fürsten ergriffen hatte.
(Stenographische Berichte über die Verhandlungen des Reichstages, IX. Legislaturperiode, V. Session, 1897/98, Bd. 2, Berlin 1898, S. 1606f.)

M 4 Ludwig Quidde (Deutsche Volkspartei), 1899
Ludwig Quidde (1858-1941), Historiker, Mitglied der Deutschen Volkspartei, einer südwestdeutschen Partei in Tradition der Demokraten von 1848, 1914-29 Vorsitzender der Deutschen Friedensgesellschaft, 1927 Friedensnobelpreis, 1933 Emigration in die Schweiz:
Man mag noch so sehr sonst über diese Dinge streiten, so kann doch darüber kein Zweifel sein, daß es heute dringend not thut, den Anteil des Volkes an der Gestaltung unserer öffentlichen Zustände und insbesondere die Bedeutung des Jahres 1848 für unsere nationale Entwicklung kräftig zu betonen. (...) Die Revolution von 1848 war eine Einheits- und Freiheitsbewegung. Wir haben, als wir kurz vor den letzten Reichstagswahlen in Frankfurt die Erinnerungsfeier veranstalteten [1898], der Bewegung nach beiden Seiten hin gleichmäßig gerecht zu werden versucht, – und neben diesen beiden Idealen der Einheit und Freiheit damals das der Gleichheit, der sozialen Gerechtigkeit gefeiert.
Es muß genügen, darauf hinzuweisen, wie die Grundlinien für das Programm der Sozialreform, wenn auch unbestimmt und schwankend, damals schon gezogen sind, so daß die Stellung zur sozialen Frage und zur Arbeiterschaft eines der unterscheidenden Kennzeichen der Demokratie von 1848 gegenüber dem Liberalismus bildete. Es leuchtet auch ohne weiteres ein, daß für eine Einigung des Deutschen Volkes im Rahmen eines modernen Staatswesens das Jahr 1848 die Wege gewiesen hat. (...)
Das Jahr 1848 hat darüber entschieden, daß ohne Anteilnahme des Volkes das Reich nicht geeinigt, das geeinigte Reich nicht regiert werden kann. Verfassung, deutsches Parlament und allgemeines Wahlrecht sind die Errungenschaften des Jahres, wenn sie auch vorübergehend wieder beseitigt wurden. Die Anteilnahme des Volkes an der Rechtspflege im neuen Volksgericht, dem Schwurgericht, Oeffentlichkeit und Mündlichkeit des Verfahrens sind im Jahr 1848 gewonnen, und das Werk wirtschaftlicher Befreiung ist unter den Stürmen der Revolution für Stadt und Land erst

durchgeführt worden. Für die Demokratisierung des Heeres freilich, die auch zum Programm des Jahres gehörte, sind nachhaltige Wirkungen noch nicht erreicht worden.
Für Verfassung und Verwaltung, Recht und Wirtschaft bedeutet die Volkserhebung von 1848 also den größten Schritt vorwärts, den das deutsche Volk bisher aus eigener Kraft überhaupt gethan hat.
(...) Und wir verherrlichen diese Revolution, die Revolution von 1848; denn wenn es je eine gab, die das sittliche, politische und geschichtliche Recht auf ihrer Seite hatte, so war diese Erhebung, legitimiert durch feigen Wortbruch der Machthaber und jahrzehntelange niederträchtige Verfolgungen – so war es diese Erhebung, die in den großen Idealen – Einheit und Freiheit – das ganze Volk einig sah und von der Alle heute rückblickend gestehen müssen, daß sie eine historische Notwendigkeit war, um für die neue Entwickelung deutschen Wesens, die am Ende des vorangegangenen Jahrhunderts eingesetzt hatte, die Hindernisse, die sich mit Gewalt behaupten wollen, aus dem Wege zu räumen.
(Ludwig Quidde, Vorwort 1899, in: Otto Hartmann, Die Volkserhebung der Jahre 1848 und 1849 in Deutschland, Berlin 1900, S. XIIff.)

2.1.11 „Sie reden von Gott und meinen Kattun" – Imperialismus-Ideologie

Historischer Hintergrund

„Sie reden von Gott und meinen Kattun", wurde den Befürwortern des Imperialismus entgegengehalten: Wo es in Wirklichkeit um ökonomische und machtpolitische Beweggründe und Zusammenhänge ging, haben die Befürworter des Imperialismus selber Gründe angeführt, die respektabler klangen. Ob sie die von ihnen angeführten hehren Ziele wider besseres Wissen nur vorgeschoben haben oder aber einer Selbsttäuschung ihrer eigentlichen Beweggründe unterlegen gewesen sind, ist schwer ermittelbar. Dass es sich bei den Begründungen um klassisch ideologische Aussagen handelt, steht dagegen außer Frage.

Geschichtsdidaktischer Hintergrund

Schülerinnen und Schüler sollten im Geschichtsunterricht lernen, ideologiekritisch zu fragen, d.h. Äußerungen daraufhin zu befragen, ob die in ihnen genannten Beweggründe für ein bestimmtes Verhalten die eigentlichen Beweggründe verdecken und/oder auf einer Selbsttäuschung beruhen, d.h. von einem „falschen Bewusstsein“ zeugen. Eine solche „Hermeneutik des Verdachts“ (Habermas) ist eine wichtige Voraussetzung einer wachen und wachsamen Zeitgenossenschaft.

Methodische Hinweise

Die Quellen können gelesen, zur Kenntnis genommen und inhaltlich erschlossen werden. Die genannten Beweggründe können festgehalten werden. Wenn die Schülerinnen und Schüler nicht schon selber zweifeln, können sie zum Zweifeln gebracht werden, und dann ließen sich folgende Arbeitsanregungen denken:

- Von wem stammt die Äußerung? Welche politische und gesellschaftliche Stellung hat der Verfasser?
- Macht euch in verschiedenen Schulbüchern kundig, welche Absichten dem Imperialismus (noch) zugrundelagen.
- Kann man dem Text selber entnehmen, ob es auch andere Beweggründe geben könnte (auch wenn sie entschieden verworfen werden)?
- Welche Beweggründe oder machtpolitische und ökonomische Mechanismen halten heutige Historiker für entscheidend?
- Glaubten die Verfasser selber, was sie sagten, oder wollten sie wider besseres Wissen die eigentlichen Motive verdecken?

M 1 Der Außenminister Frankreichs, Gabriel Hanotaux (1853-1944)

Bei der Ausdehnung Frankreichs handelt es sich nicht um Eroberungs- oder Machtpolitik, sondern darum, jenseits der Meere in Landstrichen, die gestern barbarisch waren, die Prinzipien einer Zivilisation zu verbreiten, deren sich zu rühmen eine der ältesten Nationen des Globus wohl das Recht besitzt. Die französische Ausdehnung hatte zu allen Zeiten zivilisatorischen und religionsmissionarischen Charakter.
(Fragen an die Geschichte. Geschichtliches Arbeitsbuch für die Sekundarstufe I, Bd. 3: Europäische Weltgeschichte, Frankfurt/M. 1976, S. 264)

M 2 Cecil Rhodes, 1877

Ich behaupte, dass wir die erste Rasse der Welt sind, daß es um so besser ist für die menschliche Rasse, je mehr von der Welt wir bewohnen. (...) Darüber hinaus bedeutet es einfach das Ende aller Kriege, wenn der größere Teil der Welt in unserer Herrschaft aufgeht. (...) Da (Gott) offenkundig die englisch sprechende Rasse zu seinem auserwählten Werkzeug formt, durch welches er einen Zustand der Gesellschaft hervorbringen will, der auf Gerechtigkeit, Freiheit und Frieden gegründet ist, muss er offensicht-

lich wünschen, dass ich tue, was ich kann, um jener Rasse so viel Spielraum und Macht wie möglich zu geben. Daher, wenn es einen Gott gibt, denke ich, er möchte gern von mir, dass ich so viel von der Karte von Afrika britisch rot male als möglich und anderswo tue, was ich kann, um die Einheit zu fördern und den Einfluss der englisch sprechenden Rasse auszudehnen.
(Fragen an die Geschichte. Geschichtliches Arbeitsbuch für die Sekundarstufe I, Bd. 3: Europäische Weltgeschichte, Frankfurt/M. 1976, S. 264)

M 3 „The White Man‘s Burden“ – Der englische Schriftsteller Rudyard Kipling (1855-1936)

Nehmt auf Euch des weißen Mannes Bürde –
Schickt die Besten, die Ihr erzieht, hinaus!
Laßt sie schwer bewaffnet wachen
Über eine Menge, wankelhaft und wild. –
Eure frisch eingefangenen Völkerschaften,
Die halb Kinder sind und halb Teufel.

Nehmt auf Euch des weißen Mannes Bürde –
Gebt den hungrigen Mäulern zu essen
Und gebietet der Seuche Einhalt.
Wenn Ihr dann dicht vor dem Ziele steht,
Was Ihr anderen zuliebe erstrebt, fast erreicht habt,
Seht zu, wie die Faulheit und heidnischer Irrwahn
Eure ganze Hoffnung zerstören.

Nehmt auf Euch des weißen Mannes Bürde –
Erntet, was von jeher sein Lohn war:
Den Tadel derer, die er behütet (...)
(Fragen an die Geschichte. Geschichtliches Arbeitsbuch für die Sekundarstufe I, Bd. 3: Europäische Weltgeschichte, Frankfurt/M. 1976, S. 263)

2.1.12 Krieg – „Heldenkampf“? „Massenmord”? Amtlicher Kriegsbericht und individuelles Erleben

Historischer Hintergrund

Regierungen sind bei ihrer Selbstdarstellung nicht sorgsam im Umgang mit der Wahrheit. In Kriegszeiten ist nach allen historischen Erfahrungen davon auszugehen, dass sie die Bevölkerung bedenkenlos belügen und betrügen, um den „Durchhaltewillen“ zu stärken.

Geschichtsdidaktischer Hintergrund

An zwei Beispielen – einem aus dem Ersten Weltkrieg, einem aus dem Zweiten Weltkrieg – können Schülerinnen und Schüler lernen, wie sich Krieg in amtlichen Verlautbarungen und im Erleben an der Front ausnimmt. Sie können dabei lernen, amtlichen Verlautbarungen – nicht nur in Kriegszeiten – zu misstrauen, indem sie nach den Interessen fragen, die der perspektivisch-propagandistischen Darstellung zugrundeliegen.

Methodische Hinweise

Bei beiden Beispielen kann man den amtlichen Bericht als Text austeilen und die Schülerinnen und Schüler bitten, einen Feldpostbrief an die nächsten Verwandten zu schreiben. Anschließend kann man ihnen die realen Briefe aus Soissons bzw. Stalingrad vorlegen und mit ihren eigenen Briefen vergleichen lassen.

Man kann auch den umgekehrten Weg wählen: Die Schülerinnen und Schüler erhalten die realen Briefe „aus dem Feld“ und werden danach aufgefordert, einen amtlichen Bericht aus dem Großen Hauptquartier bzw. aus dem „Ministerium für Volksaufklärung und Propaganda“ zu schreiben, bevor ihnen die realen amtlichen Berichte präsentiert werden.

Unter den Materialien zu „Stalingrad“ finden sich ein Text, den der General Erich von Manstein 1958 im Rückblick verfasst hat, und ein Cartoon aus der Sowjetunion, die als weitere Perspektiven einbezogen werden können, etwa unter den Mottos „So sieht das später ein General“ und „So sieht das ein sowjetischer Cartoonist“.

1. Erster Weltkrieg, Januar 1915, Soissons

M 1.1 Großes Hauptquartier, 11. Januar (1915)

(…) Nördlich Soissons griffen die Franzosen, die sich nur in einem kleinen Stück unserer vordersten Gräben festgesetzt hatten, erneut an. Sie erzielten bisher keine Erfolge. Die Kämpfe dauern noch an. (…)
Großes Hauptquartier, 14. Januar (1915) (…) In Fortsetzung des Angriffs vom 12. Januar nordöstlich Soissons griffen unsere Truppen erneut auf den Höhen von Bregny an und säuberten auch diese Hochfläche vom Feind. In strömendem Regen und tiefaufgeweichtem Lehmboden wurde bis in die Dunkelheit hinein Graben auf Graben im Sturm genommen und der Feind bis an den Rand der Hochfläche zurückgetrieben. 14 fran-

zösische Offiziere und 1300 Mann wurden gefangen genommen, 4 Geschütze, 4 Maschinengewehre und 1 Scheinwerfer erobert. Eine glänzende Waffentat unserer Truppen unter den Augen ihres allerhöchsten Kriegsherrn. Die Gesamtbeute aus den Kämpfen vom 12. und 13. Januar nordöstlich Soissons hat sich nach genauer Feststellung erhöht auf 3150 Gefangene, 8 schwere Geschütze, 1 Revolverkanone, 6 Maschinengewehre und sonstiges Material. (...)

Der Sieg bei Soissons

Großes Hauptquartier, 15. Januar. Amtlich. – Westlicher Kriegsschauplatz: Eingetroffen um 4,35 Uhr nachmittags. Vor Westende zeigten sich gestern einige Torpedoboote und kleinere Fahrzeuge, die sich der Küste bis auf etwa 14 km näherten. Französische Angriffe beiderseits Notre Dame de Lorette, nordwestlich Arras, wurden von unseren Truppen abgewiesen. Ein vor acht Tagen bei Ecrurie, nördlich Arras, dem Feinde entrissener, von Teilen einer Kompanie besetzter Schützengraben ging uns gestern verloren. Die Kämpfe an dieser Stelle sind heute wieder im Gange. – Nördlich und nordöstlich Soissons ist das nördliche Aisne-Ufer von Franzosen endgültig gesäubert worden. Die deutschen Truppen eroberten in ununterbrochenem Angriff die Orte Cuffies, Croy, Buchle-Long, Missy und die Gehöfte Bauxrot und Verrerie. Unsere Beute aus den dreitägigen Kämpfen nördlich Soissons beläuft sich jetzt auf rund 5200 Gefangene, 14 Geschütze und 5 Maschinengewehre und mehrere Revolverkanonen. Die Franzosen erlitten schwere Verluste. 4000 bis 5000 tote Franzosen wurden auf dem Kampffelde gefunden. Der Rückzug südlich der Aisne lag unter dem Feuer unserer schweren Batterien. Wie sehr sich die Verhältnisse gegen frühere Kriege verschoben haben, zeigt ein Vergleich der hier besprochenen Kämpfe mit Ereignissen von 1870. Wenn auch die Bedeutung der Gefechte nördlich Soissons mit derjenigen der Schlacht vom 18. August 1870 nicht zu vergleichen ist, es entspricht doch die Breite des Kampffeldes annähernd der von Gravelott-St. Privat. Die französischen Verluste aber vom 14. Januar übersteigen aller Wahrscheinlichkeit nach die der Franzosen am 18. August 1870 um ein Beträchtliches. (...)
Großes Hauptquartier, 16. Januar. (...) Nordöstlich Soissons herrschte Ruhe. Die Zahl der in den Kämpfen vom 12. bis 14. Januar dortselbst eroberten französischen Geschütze hat sich auf 35 erhöht. (...)
(Kriegs-Depeschen der Kölnischen Zeitung in Köln, 11. bis 20. Folge, Köln 1915, S. 232, 235ff., 238)

M 1.2 Walter Ambroselli, stud. phil., Leipzig, geb. 15. August 1894 zu Schwiebus (Brandenburg), gef. 12. Mai 1916 bei Douaumont.

Im Felde, 19. Januar 1915.

Heute erst kann ich meinem Versprechen nachkommen und Euch einiges von der Schlacht bei Soissons am 12. bis 14. Januar erzählen. Nur einzelnes kann und will ich Euch jetzt berichten. Wenn der Krieg vorbei ist und ich wieder glücklich bei Euch bin, dann will ich Euch gern alles erzählen, was ich erlebt habe. Jetzt aber vermag ich noch nicht, mir selbst die Erinnerung an all das Ekelhafte und Grausige eines solchen Massenmordes heraufzubeschwören. Wir zwingen uns dazu, es wenigstens vorläufig zu vergessen.

(...)

Am 11. Januar war ich gerade auf Wache und stand in der Nacht Posten, als eine Ordonnanz den Befehl überbrachte: „Sofort die Kompanie wecken. Um 2 Uhr Abmarsch, Sturmgepäck!" – So ging es denn in einer halben Stunde in die Nacht hinaus. Bis gegen 6 Uhr marschierten wir auf aufgeweichten Landstraßen. Es regnete ununterbrochen. Endlich kamen wir in einen Laufgraben, der zu den Schützengräben der 48er führte. Zweieinhalb Stunden gebrauchten wir, um den von Schmutz aufgewühlten Graben zu durchwaten. Schritt für Schritt arbeiteten wir uns durch den fürchterlichen französischen Lehmboden vorwärts. Die, welche Kommißstiefel anhatten, griffen immer in die Laschen desjenigen Stiefels, der einen Schritt nach vorn machen sollte, und hoben ihn aus dem Lehm. Trotzdem blieb jeden Augenblick einer stecken und dann stockte der Weitermarsch für eine Weile. Vorder- und Hintermann ergriffen dann gewöhnlich den Fuß des Steckengebliebenen und zogen ihn heraus. Nicht selten kamen wir bis ans Knie in den Morast. Einige verloren die Stiefel. In Strümpfen, selbst barfuß standen einige da und drückten sich gegen die Grabenwand, um erst alle vorbeizulassen. Hundemüde waren wir, als wir endlich den Schützengraben der 48er erreicht hatten. Ich hatte mir bei der Eile des Ausrückens nichts zu trinken mitnehmen können. Die paar Schnitten, welche ich im Brotbeutel hatte, waren bald verzehrt. Die 48er konnten nicht mehr durch den Laufgraben zurück und hatten deswegen auch kein Essen. Ebenso begann uns der Durst zu plagen. So hungerten und dursteten wir gemeinsam. Die Unterstände waren schlecht. Der Regen kam durch die Decke gesickert. Um sich dagegen zu schützen, hatten die Kameraden Zelttücher an die Decke gespannt; da es schon lange und unaufhörlich geregnet hatte, waren diese mit Wasser gefüllt. Wir stießen einige Löcher hindurch, stellten Kochgeschirre unter und tranken. Es war unser einziges Getränk. Am frühen Morgen des nächsten Tages rückten wir in die Gräben der 52er weiter vor. Todmüde und hungrig waren wir angekommen. Die Artillerie schoß furchtbar. Unsere Minenwerfer arbeiteten ununterbrochen. Es sind das Wurfmaschinen, die mächtige

Geschosse in die feindlichen Schützengräben schleudern, welche alles zerstören, in weitem Umkreise Tod und Verderben bringen. Man hört bei ihnen kaum den Abschuß, aber den furchtbaren Donner beim Einschlag. Die feindliche Artillerie beschoß unsere Schützengräben äußerst heftig und mancher von den unseren mußte hier schon vor dem Sturm sein Leben lassen. Noch einige Stunden bangen Wartens im heftigsten Granatenfeuer, dann ging es durch den Laufgraben in den Sturmgraben. Alles war in fieberhafter Spannung! Da – um 12 Uhr ein Signal – ein markerschütterndes Hurra – und nun ging es, so schnell jeder konnte, mit gefälltem Bajonett durch französische Drahtverhaue in den ersten feindlichen Schützengraben. Dort trafen wir nur noch einzelne verschüchterte Franzosen in den wenigen Unterständen, die nicht von unseren Minen und Granaten eingeschossen waren. Sie gaben sofort ihre Waffen her. Währenddessen aber mähten die französischen Maschinengewehre fürchterlich in unseren Reihen, Sie waren fast alle in die hinteren Schützengräben gebracht worden und schossen nun von dort auf uns. Doch ein Aufhalten gab es nicht. Nachdem unser Unteroffizier mit seiner Gruppe noch fünf Franzosen von einem Maschinengewehr gefangengenommen hatte, begann der Sturm auf den zweiten Schützengraben, die festeste Stellung der Feinde. Der Kampf war schwer. Überall Drahtverhau und Unterholz, dazu ein steiler Abhang zu erklimmen. Unsere Pioniere, am meisten gefürchtet durch ihre Handgranaten, arbeiteten mit Äxten und Drahtscheren vor und mit uns. Da habe ich ein Heldenstück bewundern können: Ein Pionier sah vor sich im Schützengraben feuernde Franzosen. Schnell zog er den Stöpsel aus der Zündschnur und schon hob er die Granate hoch, zum Wurf bereit. Mit einmal schoben sich deutsche Kameraden vor das Ziel. Werfen konnte er nun die Granate nicht, sonst hätte er sie getroffen. Da behielt er sie in der Hand und in wenigen Augenblicken war er von ihr zerrissen. Vom zweiten Graben ging es nun über ein Feld weiter vor. Überall sah man Tote und Verwundete liegen. Der Lehm klebte uns dick am Körper, besonders an Händen und Füßen, so daß wir kaum noch vorwärts konnten. Einige sah ich barfuß weiterstürmen. Ihre Stiefel waren im Morast steckengeblieben. Unsere Reihen lichteten sich immer mehr, die Kompanie verlor hier die Zugführer des ersten und zweiten Zuges. Vieles Grausige, was hier beim Sturmangriff passiert ist, vermag ich Euch nicht zu erzählen. Der Ekel steigt mir hoch, wenn ich daran denke. Man könnte weinen bei all dem Unglück, wenn z.B. Kameraden, die eben noch neben uns waren, zusammenbrechen, uns mit einem letzten Blick ansehen. – Als wir dann durch einen engen, hohen Graben weiter vordrangen, bot sich unseren Augen plötzlich ein furchtbarer Anblick. Da lagen an einer Stelle, von einer Mine zerrissen, etwa acht Alpenjäger, Elitesoldaten Frankreichs, ein hoher, blutiger Haufen völlig zerschmetterter Menschenleiber, Tote und Verwundete, oben ein Leichnam ohne Kopf und Oberkörper, darunter Lebende mit abgerissenen und zerschmetterten Gliedmaßen. Mit bluttriefenden, todestraurigen Augen sahen sie uns an. Das Wimmern und Jammern dieser armen, dem Tode geweihten feindlichen Soldaten ging uns ans Herz. Heraus aus dem Graben, um dem Haufen aus dem Wege zu gehen, konnten wir nicht. Uns krampfte sich das Herz zusammen, als wir mit unseren Nägelstiefeln hinüberstiegen, aber wir mußten! – Immer mehr waren wir mit schmutzigstem Lehm bedeckt. Gesicht und Hände, selbst das Gewehr war voll Moder. Neben mir platzte einem Unteroffizier beim Schießen der Gewehrlauf, weil Lehm hineingekommen war. Nun wollte ich schießen, da versagte auch mein Gewehr. Mitten im Kugelregen mußte ich mit dem Taschentuch erst das Gewehr reinigen; denn wir wurden jetzt vom dritten Graben der Feinde heftig beschossen. Die Franzosen verteidigten sich hier standhaft und erst im wildesten Bajonettkampf konnten wir ihn nehmen. Im Graben kam ich auch an einem jungen Kriegsfreiwilligen vorüber, der, das Gewehr noch krampfhaft umklammernd, tot dalag. Vor ihm lag ein französischer Korporal. Beide hatten sich mit dem Bajonett gegenseitig durchrannt; in jedem steckte noch die Waffe des Gegners.

*(Philipp Witkop [Hg.], Kriegsbriefe gefallener Studenten,
5. Aufl., München 1928, S. 148ff.)*

2. Zweiter Weltkrieg, Januar 1943, Stalingrad

M 2.1 27.1.43: Goebbels' Anweisungen an die Presse

Zum Heldenkampf der deutschen Truppen in Stalingrad bemerkte der Minister, daß wir es nicht nötig haben, uns von den englischen Zeitungen die Tapferkeit unserer Truppen bescheinigen zu lassen. Die englischen Pressestimmen über den Heldenkampf in Stalingrad werden deshalb übergangen.

Die Nachrichten aus Stalingrad lassen darauf schließen, daß der Heldenkampf unserer Soldaten seinem Ende sich nähert. Dieser einmalige Vorgang in der deutschen Kampfgeschichte müsse psychologisch zu einer Kräftigung unseres Volkes ausgenutzt werden. Insbesondere müsse der OKW-Bericht eine Formulierung enthalten, die über die Jahrhunderte hinweg noch die Herzen bewege. Man müsse den OKW-Bericht so abfassen, daß er mit den Ansprachen Cäsars an seine Soldaten, mit dem Appell Friedrichs des Großen an seine Generäle und den Aufrufen Napoleons an seine Garde gleichgehe.

30.1.43

Der Minister gibt Weisung für die deutsche Presse und den deutschen Rundfunk, bei der Behandlung von Stalingrad mehr als bisher den Herois-

mus und weniger das Grauenhafte und Verzweifelte des Kampfes herauszustellen. Es müsse die Widerstandskraft, der Widerstandswille und die Kameradschaft herausgestellt werden.
(Aus den Anweisungen des Propagandaministers an die Presse; zit. nach: Hans Frevert; Marieluise Christadler [Hg.], Masken des Krieges. Ein Lesebuch, 2. Aufl., Baden-Baden 1979, S. 82f.)

M 2.2 „Standpunkt Soldatischer Ehre"
Ich will ganz absehen von dem rein soldatischen Standpunkt, daß eine Armee nicht kapitulieren darf, solange sie noch irgendwie in der Lage ist zu kämpfen. Die Aufgabe dieses Standpunkts würde das Ende des Soldatentums überhaupt bedeuten. Solange das glückliche Zeitalter noch nicht gekommen ist, in dem die Staaten ohne bewaffnete Macht auskommen können, solange es also Soldaten gibt, wird dieser Standpunkt soldatischer Ehre auch aufrechterhalten werden müssen. Auch die anscheinende Aussichtslosigkeit eines durch eine Kapitulation vermeidbaren Kampfes ist an sich noch keineswegs eine Rechtfertigung für eine Übergabe. Wenn jeder Befehlshaber, der seine Lage für aussichtslos hält, kapitulieren wollte, so würde man niemals einen Krieg gewinnen. Auch in anscheinend völlig aussichtslosen Lagen hat sich oft genug noch ein Ausweg gefunden. Vom Standpunkt des General Paulus aus gesehen war jedenfalls die Ablehnung der Kapitulation soldatische Pflicht. Es sei denn, daß die Armee keine Aufgabe mehr gehabt hätte, daß also weiteres Kämpfen völlig nutzlos gewesen wäre. Damit aber kommt man erst zu dem springenden Punkt in dieser Frage, der den Befehl Hitlers zur Ablehnung der Kapitulation rechtfertigt und der auch eine auf ihre Genehmigung hinzielende Einwirkung der H. Gr. [= Heeresgruppe] zu diesem Zeitpunkt ausgeschlossen hat. Die 6. Armee hatte – so aussichtslos auf längere Sicht auch ihr weiterer Widerstand sein mochte – im Rahmen der Gesamtlage noch, solange es irgend ging, eine entscheidende Rolle zu spielen. Sie mußte versuchen, solange wie möglich die ihr gegenüberstehenden Feindkräfte zu binden.
(Erich von Manstein, Verlorene Siege, Bonn 1958, S. 383f.)

M 2.3 „Ich habe Gott gesucht (...)"
In Stalingrad die Frage nach Gott stellen, heißt sie verneinen. Ich muß Dir das sagen, lieber Vater, und es ist mir doppelt leid darum. Du hast mich erzogen, weil mir die Mutter fehlte, und mir Gott immer vor die Augen und die Seele gestellt.
Und doppelt bedaure ich meine Worte, weil es meine letzten sein werden, und ich hiernach keine Worte mehr sprechen kann, die ausgleichen könnten und versöhnen.

Du bist Seelsorger, Vater, und man sagt in seinem letzten Brief nur das, was wahr ist oder von dem man glaubt, daß es wahr sein könnte. Ich habe Gott gesucht in jedem Trichter, in jedem zerstörten Haus, an jeder Ecke, bei jedem Kameraden, wenn ich in meinem Loch lag, und am Himmel. Gott zeigte sich nicht, wenn mein Herz nach ihm schrie. Die Häuser waren zerstört, die Kameraden so tapfer oder so feige wie ich, auf der Erde war Hunger und Mord (...).
(...) Neben mir liegt ein Unteroffizier aus Bromberg mit schwerem Bauchschuß. Der Oberarzt sagte, er würde bald nach Hause kommen, aber zu dem Sanitäter sagte er: „Länger als bis heute abend macht er es nicht mehr, laß ihn so lange liegen." Der Oberarzt ist doch ein guter Mann. Auf der anderen Seite, neben mir an der Wand, liegt ein Landser aus Breslau, der einen Arm ab und keine Nase mehr hat, und er sagte mir, daß er jetzt keine Taschentücher mehr gebrauchte. Als ich ihn gefragt habe, was er machte, wenn er weinen müßte, gab er mir die Antwort, alle hier, auch du und ich, kommen gar nicht mehr zum Weinen. Um uns werden andere bald weinen.
(Letzte Briefe aus Stalingrad, Gütersloh 1957, S. 45f.)

M 2.4 „Was soll das bloß noch werden?"

Am Dienstag schoß ich mit meinem Wagen zwei T 34 zusammen. Die Neugier hatte sie hinter unsere Linien getrieben. Es war prächtig und eindrucksvoll. Nachher fuhr ich an den qualmenden Trümmern vorbei. Aus der Luke hing ein Körper, der Kopf nach unten, seine Füße waren festgeklemmt und brannten bis zum Knie. Der Körper lebte, der Mund stöhnte. Es müssen entsetzliche Schmerzen gewesen sein. Und es gab keine Möglichkeit, ihn zu befreien. Selbst wenn es diese Möglichkeit gegeben hätte, wäre er doch nach Stunden qualvoll gestorben. Ich habe ihn erschossen, und dabei liefen mir die Tränen über die Backen. Nun weine ich schon seit drei Nächten über den toten russischen Panzerfahrer, dessen Mörder ich bin. Die Kreuze vor Gumrak erschüttern mich und vieles, über das die Kameraden mit geschlossenem Mund hinwegsehen. Ich fürchte, nie mehr ruhig schlafen zu können, wenn ich heimkommen sollte zu Euch, Ihr Lieben. Mein Leben ist ein entsetzlicher Widerspruch. Ein psychologisches Unikum. Ich habe jetzt eine schwere Pak übernommen und mir acht Mann, darunter vier Russen, organisiert. Wir neun schleppen die Kanone von einer Stelle zur anderen. Jedesmal, wenn sich der Wechsel vollzieht, bleibt ein brennender Panzer auf der Strecke. Es sind schon acht Stück geworden, und das Dutzend soll voll werden. Ich habe allerdings nur noch drei Schuß, und Panzerschießen ist nicht wie Billardspielen. In der Nacht aber weine ich haltlos wie ein Kind. Was soll das bloß noch werden?
(Letzte Briefe aus Stalingrad, Gütersloh 1957, S. 59f.)

M 2.5 Cartoon aus der Sowjetunion 1942

Abb. 15: Cartoon aus der Sowjetunion 1942. (Anthony Rhodes, Propaganda, The Art of Persuasion: World War II, New York 1976, S. 222)

2.1.13 Das Dritte Reich – „ein Reich der Ordnung und Sauberkeit"?

Historischer Hintergrund

Die Nationalsozialisten sahen das Dritte Reich – wie sie in einem Plakat ausdrückten – als „ein Reich der Ordnung und Sauberkeit". Sie bedienten damit all jene Zeitgenossen, die mit wesentlichen Eigenschaften von Demokratie überfordert waren – Öffentlichkeit, Meinungsstreit in allen Bereichen, Minderheitenschutz, Pluralität von Lebensweisen.

Geschichtsdidaktischer Hintergrund

Antidemokratische Einstellungen gibt es auch heute noch, und zu ihnen gehört die Verklärung des Dritten Reiches als eines „Reiches der Ordnung und Sauberkeit": „Das hätte es unter Hitler nicht gegeben". Der Anspruch des Dritten Reiches und die heutige Stammtisch-Verklärung und neonazistische Orientierungen werden durch Plakattext und geschönte Bilder der Volksgemeinschaft (hübsche Fibelbilder in betörenden Farben) dargestellt und mit Erfahrungen von verfolgten, leidenden oder abgestoßenen Menschen konfrontiert. Notwendig ist, auch bei den Bildern danach zu fragen, aus welcher Perspektive sie hergestellt worden sind; andernfalls können sie eine schönfärbende Wirkung entfalten.

Methodische Hinweise

Der geschichtsdidaktischen Frage kann am besten in Gruppenarbeit nachgegangen werden. Dabei sind sowohl gruppengleiche wie gruppenverschiedene Aufgaben denkbar. Die Stunde kann aber auch – noch ohne Kenntnis der Materialien – durch eine Rollendiskussion eröffnet werden: Eine Schülerin oder ein Schüler erhält das Plakat der NSDAP und die nationalsozialistischen Fibelbilder zur Kenntnis und behauptet aus nationalsozialistischer Sicht, das Dritte Reich sei „ein Reich der Ordnung und Sauberkeit" gewesen. Andere versuchen – immer noch ohne Kenntnis der Materialien – dagegenzuhalten. Anschließend erfolgt die Gruppenarbeit an den Materialien.

Die Rollendiskussion kann aber auch am Ende der (Doppel-)Stunde, also nach Durcharbeitung des Materials, stehen.

Denkbar ist auch, positive Schüleräußerungen über Hitler (vgl. die Auszüge aus Boßmann, S. 263ff.) zum Ausgangspunkt einer Besprechung der Zeugnisse zu nehmen.

„Ein Reich der Ordnung und Sauberkeit?"

1 Wahlplakat der NSDAP vom November 1933

Im Oktober 1933 war Deutschland unter Protest aus dem Völkerbund ausgetreten. Für den 12. November 1933 setzte die Regierung Reichstagswahlen mit einer Einheitsliste an, um die gute Stimmung auszunutzen. – Was bedeuten hier „Ordnung und Sauberkeit"?

Abb. 16: Wahlplakat der NSDAP vom November 1933

2 „Das Dritte Reich", Holzschnitt von Gerd Arntz, 1934.

Arntz zeigt ein anderes Bild von Deutschland als das nebenstehende Plakat. Er stellt die deutschen Verhältnisse wie in einer ‚Lehnspyramide' dar: Die Herrschenden sind oben, die arbeitende Bevölkerung ist unten angeordnet.

Im Bild ist nicht eine einzige Frau zu sehen – Zufall oder tiefere Bedeutung?

Gerd Arntz, einer der vielen Emigranten, die aus Deutschland vertrieben wurden, sagte 1988 zum Bild: „Absichtlich steht die ganze Komposition etwas schief, hat etwas ‚Umfallendes'. Ich glaubte damals noch, dass das Dritte Reich nicht so lange dauern und Hitler beseitigt werden würde."

Abb. 17: „Das Dritte Reich", Holzschnitt von Gerd Arntz, 1934

3 Wahlvorbereitungen

Aus den geheimen Deutschland-Berichten der Exil-SPD (Sopade):

Im Gau Oberbayern-Schwaben wurden 4 000 Wahlkundgebungen abgehalten. Es gibt wohl keinen Menschen im ganzen Gau, der nicht irgendwie einer direkten Beeinflussung unterzogen worden wäre. Alles nur Vorstellbare wurde versucht, um die letzten Regungen selbständigen Denkens zu ersticken. Flugzeuge, mit schreienden Aufschriften versehen, rasten über das Land, Ballone, behangen mit mächtigen Schriftfahnen, ließ man von München aus in alle Gaue starten, kein Dorf war zu finden ohne Riesentransparente, an den Kirchtürmen riesige Hitlerbilder und Aufschriften, Girlanden an den Fenstern, Schleifen und Rosetten an den Autos, Tannengrün an Lokomotiven, Wahlpropagande an Obstkarren und Straßenbahnen, in Schaufenstern, auf Fabrikschloten, am Rinnstein, auf Kanaldeckeln. Ganz zu schweigen von den Fahnen, die aus jedem Loch in einer Mauer hingen. (…) Es ist schrecklich, in Deutschland zu leben, wenn man kein Nazi ist.

(Deutschland-Berichte der Sozialdemokratischen Partei Deutschlands [Sopade], Salzhausen–Frankfurt/M. 3 [1936], S. 429)

4 Fristlose Entlassung
Das Landesarbeitsamt Karlsruhe fällte im Juli 1934 folgende grundsätzliche Entscheidung:
Durch Entfernung vor Beginn des Singens des Deutschland- und des Horst-Wessel-Liedes aus den Geschäftsräumen und durch die Nichtteilnahme an gemeinschaftlichen Aufmärschen, Feiern und sonstigen Veranstaltungen der Belegschaft stellt sich ein Arbeitnehmer bewusst außerhalb der Volksgemeinschaft und zeigt hierdurch seine staatsfeindliche Einstellung. Dadurch wird die fristlose Entlassung gerechtfertigt.
(Sopade 1935, S. 352)

5 „Privatsachen"?
Robert Ley, Leiter der „Deutschen Arbeitsfront" schrieb 1938:
In Deutschland gibt es keine Privatsache mehr! Wenn du schläfst, ist es deine Privatsache, sobald du aber wach bist und mit einem anderen Menschen in Berührung kommst, musst du eingedenk sein, dass du ein Soldat Adolf Hitlers bist und nach einem Reglement zu leben hast und zu exerzieren. (...) Privatleute haben wir nicht mehr. Die Zeit, wo jeder tun und lassen konnte, was er wollte, ist vorbei.
(R. Ley, Soldaten der Arbeit, München 1938, S. 31)

6 Das „neue Deutschland" im Fibel-Bild „Von Drinnen und Draußen. Ein Lesebuch für die Kleinen", 1936 (vgl. Abb. 18).

7 „In Schutzhaft genommen"
Aus internen Berichten von Justiz und Polizei in Bayern:
7.1.1937: „Wegen kommunistischer Betätigung und Vorbereitung zum Hochverrat (gemeinsames Abhören des Moskauer Senders und sonstige illegale Zusammenkünfte) wurden durch die Staatspolizeistellen Regensburg (...) in der Zeit vom 16.-21.12.1936 insgesamt 20 Personen festge-

Abb. 18: Das „neue Deutschland", 1934

nommen und der Staatsanwaltschaft überstellt; zwei von ihnen haben sich im Anschluss an die Vernehmungen im Gerichtsgefängnis erhängt."
10.2.1937: „Der ledige Bergarbeiter Alois Lechner wurde in das Konzentrationslager Dachau eingeliefert, weil er wiederholt mit anderen Arbeitskameraden den Moskauer Sender abgehört hat."
Februar 1937: „Auf einer Baustelle der Reichsautobahnstrecke Nürnber-München haben die Maschinisten und Heizer (...) die Arbeit niedergelegt, um höhere Löhne zu erzwingen. Sie wurden in Schutzhaft genommen und durch andere Arbeiter ersetzt."
(Bayern in der NS-Zeit, München–Wien 1977, S. 261ff.)

8 Scheidungsgrund

Der nationalsozialistische „Stürmer" berichtet:
Ein wichtiges Gerichtsurteil
Ein Amtswalter der Partei hatte gegen seine Gattin ein Ehescheidungsverfahren eingeleitet, weil es zwischen ihm und seiner Ehefrau dadurch zu Auseinandersetzungen gekommen sei, dass seine Ehefrau trotz ausdrücklichen Verbotes immer noch in jüdischen Geschäften einkaufe; das Landgericht schied die Ehe aus alleinigem Verschulden der Ehefrau. In der Urteilsbegründung heißt es u.a: „Wenn die Ehefrau eines Nationalsozialisten und erst recht eines nationalsozialistischen Amtswalters trotz Verbot ihres Mannes in Kaufhäusern und jüdischen Geschäften einkauft, so ist es dem Mann nicht zu verargen, dass seine eheliche Gesinnung erkaltet."
(Der Stürmer, Nr. 38, September 1938)

9 Winterhilfe

Aus den geheimen Deutschlandberichten:
Wer sich bei den Nazibonzen gut anschmusen kann, wer etwas über die „Staatsfeinde" mitzuteilen weiß, wird besser betreut als derjenige, der es wirklich notwendig hätte, aber kein Lump ist. Ein Berginvalide mit Frau, der im Monat 57,– RM Rente bekommt, bekam zu Weihnachten von der Winterhilfe 2 Pfund Büchsenfleisch, 1½ kg Mehl und 1 kg Zucker. Diese Spende erhielt so ziemlich jeder, der weniger als 60,- RM Rente bekommt. Betreut werden aber nur die Hilfsbedürftigen, die nachweislich keine „Staatsfeinde" sind.
(Sopade 1938, S. 113)

10 „Pott-Kiekerei"

Über die Aufgaben der „Aufgangswalter":
Ein solcher „Aufgangswalter", wie man ihn nennen könnte, sammelt die Winterhilfsspenden ein, läuft mit allen möglichen Formularen herum, er-

kundigt sich nach allen Familienangelegenheiten und sucht alles und jedes in Erfahrung zu bringen. Er soll sich mit den Hausfrauen über die Preise und die Lebensmittelknappheit unterhalten, er dringt in die Wohnung ein, er soll feststellen, welche Zeitung die einzelne Familie hält, wie ihre Lebenshaltung ist usw. Sogar alte PGs (= Parteigenossen) haben sich schon bis zur Gauleitung mit Protesten über diese Pott-Kiekerei gewendet.
(Sopade 1937, S. 677f.)

11 „Zurückführung der Frau in den Haushalt"

Der nationalsozialistische „Völkische Beobachter" berichtet:
Im Kampf gegen die Arbeitslosigkeit ist die Zurückführung der Frau von der Arbeitsstätte in den Haushalt, wo das irgendwie angängig ist, eine der wichtigsten Aufgaben unserer Wirtschaft. (...) (Darum) entschloss sich die Geschäftsleitung der Reemtsma-Zigaretten-Fabriken, das Aufbauwerk unseres Führers dadurch zu unterstützen, dass sie für jeden im Betrieb tätigen weiblichen Angestellten, der durch Eheschließung ausscheidet, eine männliche Arbeitskraft an deren Stelle setzte und außerdem jeder in den Ehestand tretenden weiblichen Arbeitskraft eine Ausstattungshilfe in Form eines Barschecks von 600 Reichsmark zu Verfügung stellte.
(Völkischer Beobachter v. 23. Oktober 1933)

12 Fahnenappell

Alle Schülerinnen und Schüler mussten vor Beginn des Unterrichts zum Fahnenappell antreten und die Flaggenhissung mit dem „deutschen Gruß" begleiten. Das Bild stammt aus einer Fibel für Grundschulkinder.
Neben der Hitlerjugend (HJ) sollte die Schule die Kinder und Jugendlichen „im Geist des Nationalsozialismus formen". Überdurchschnittlich viele Lehrerinnen und Lehrer waren Mitglieder der NSDAP und im „Nationalsozialistischen Lehrer-Bund" (NSLB).

Abb. 19: Fahnenappell vor Beginn des Unterrichts

2.2 Bildliche Quellen

2.2.1 Caesar, Ludwig XIV., Hitler und andere – Herrscherbilder

Historischer Hintergrund

Herrscherbilder sind Propagandabilder: Die Darstellung zeigt den Herrscher so, wie er von der Bevölkerung und von der Nachwelt gerne gesehen werden möchte. Sie sind Porträts, die den Herrscher in einer staatsmännischen Pose zeigen, die Bewunderung, Furcht oder Vertrauen auslösen und Macht ausdrücken soll. Sie zeigen den Herrscher nicht, wie er ist.

Didaktischer Hintergrund

Offizielle Bilder oder Herrscherbilder finden sich nach wie vor in Schulbüchern so eingestreut, als seien sie ein zutreffendes Bild der dargestellten Person. Ihr Charakter als Propagandamittel wird selten ausdrücklich benannt. So entstehen Vorstellungen oder können Vorstellungen entstehen, die den Absichten der Herrscherbilder entsprechen. Bei den folgenden Beispielen werden Herrscherbilder konterkariert durch andere Bilder, die den Herrscher aus einer anderen Perspektive zeigen und damit dem Herrscherbild seine Suggestionswirkung nehmen.

Abb. 20: Porträtbüste von Gaius Julius Caesar (100 bis 44 v.Chr.)

Erläuternde Hinweise zu den Bildern

1. Büste Caesars.
2. Caesar, gezeichnet von Uderzo für den Comic „Streit um Asterix", Stuttgart 1990, S. 6.
3. Herrscherbild Ludwigs XIV., lebensgroßes Gemälde von Hyacinthe Rigaud, 1701. Der König steht im Krönungsornat vor dem Herrscherthron; er trägt einen blauen Samtmantel, der mit weißem Hermelinfell gefüttert und mit goldenen Lilien, dem Symbol Frankreichs, bestickt ist.

4. Der Engländer W.M. Thackeray (1811-1863) zeichnete lange nach dem Tod Ludwigs XIV. eine Karikatur zu dem Gemälde von H. Rigaud aus dem Jahr 1701. Die Karikatur zeigt, wie der Maler aus einem kleinen, unscheinbaren und gebrechlichen 63jährigen Mann einen Herrscher aufbaut. Im linken Teil die Requisiten – Krönungsornat, überaus hochhackige Schuhe und große Perücke; im rechten Teil Ludwig mit den Requisiten in imposanter Herrscherpose, wie Rigaud ihn gemalt hat.
5. Herrscherbild Adolf Hitler, 1938, das in staatlichen Gebäuden verbreitet war und den „Führer und Reichskanzler" in staatsmännischer Pose zeigt.
6. Foto Hitlers aus: Bertolt Brecht, Kriegsfibel, Berlin 1955, S. 69.
7. Verfremdung von Hitlers Herrscherbild in einem Comic von Friedemann Bedürftig und Dieter Kalenbach, Hitler, 2. Aufl., Hamburg 1993 bzw. Friedemann Bedürftig, Lexikon III. Reich, Hamburg 1994, S. 199: Hitler im Hintergrund von Szenen, die aus bekannten Fotos der ersten antisemitischen Maßnahmen aus dem Jahr 1933 („Judenboykott") zeichnerisch zusammengestellt sind.

Abb. 21: Caesar-Abbildung in Coscinny/Uderzo, „Streit um Asterix", Stuttgart 1990, S. 6

Abb. 22: Ludwig XIV. in einem Gemälde von H. Rigaud aus dem Jahr 1701

Abb. 23: Karikatur Ludwigs XIV. von dem Engländer W.M. Thackeray (1811-1863) zu dem Gemälde von H. Rigaud aus dem Jahr 1701 (vgl. Bild oben).

Abb. 24: Herrscherbild Adolf Hitler, 1938, das in staatlichen Gebäuden verbreitet war und den „Führer und Reichskanzler" in staatsmännischer Pose zeigt.

Abb. 25: Foto Hitlers (Bertolt Brecht, Kriegsfibel, Berlin 1955, S. 69)

Abb. 26: Verfremdung des Herrscherbilds Hitlers in einem Comic von Friedemann Bedürftig und Dieter Kalenbach (dies., Hitler, 2. Aufl., Hamburg 1993 bzw. Friedemann Bedürftig, Lexikon III. Reich, Hamburg 1994, S. 199)

2.2.2 Schulwandbild: „Der Herbst" (um 1880)[10]

Geschichtsdidaktischer Hintergrund

Schulwandbilder hatten lange Zeit eine wichtige didaktische und methodische Bedeutung als Mittel der Veranschaulichung. Das vorliegende Bild eignet sich als Beispiel für das Erkennen von Perspektivität. In einem von 1988 stammenden Kommentar zu diesem Bild heißt es: „Das Jahreszeiten-Bild vom Herbst für den ersten Anschauungsunterricht in der Schule zeigt eine klare Aufteilung vom Nebeneinander relativ weniger Tätigkeiten. Im Herbst ist es windig und nicht mehr so warm, aber trotzdem sehr schön auf dem Lande. Diesen Eindruck vermittelt das Bild insgesamt. Auf die Apfelernte kann man sich freuen, das Drachensteigenlassen ist etwas ganz Besonderes, und auch die herbstliche Treibjagd ist als seltenes Ereignis aus dem Alltag herausgehoben, wenngleich längst nicht jedermann an ihr als Jäger teilnehmen kann. Die tatsächliche Arbeit des Herbstes zeigt das Bild fast verschämt nur ganz am Rande: Frauen jeden Alters bei der mühsamen Kartoffelernte." Gezeigt wird also vor allem, wie schön das Leben auf dem Lande ist, nur ganz am Rande die Plackerei der Frauen. Die Idyllik dieses Zeugnisses aus dem Kaiserreich kann durch Standortwechsel aufgebrochen werden.

Methodische Hinweise

Methodisch kommt es darauf an, zunächst einen Gesamteindruck des Bildes artikulieren zu lassen, um dann eine genaue Betrachtung der Einzelheiten, die Unterscheidung von Vordergrund und Hintergrund vorzunehmen. Fragen: Wie anders wäre das Bild ausgefallen, wenn der Maler seinen Standpunkt im Raum verändert hätte? Wie sähe es aus, wenn er seinen Standort so verändert hätte, dass die Frauen im Vordergrund stünden? Welchen Gesamteindruck würde es dann vermitteln? Schülerinnen und Schüler können je nach Vermögen auch aufgefordert werden, einen Standort hinten rechts im Bild einzunehmen, mithin die arbeitenden Frauen in den Vordergrund zu rücken und ein entsprechendes Bild zu entwerfen – eine Perspektivik-Übung, die nicht ganz leicht ist, aber zur Erkenntnis von Perspektivität wesentlich beitragen kann.

---

10 Entnommen aus: Kurt Dröge, Landleben auf Schulwandbildern, Münster-Hiltrup 1988, S. 73.

Überdies kann die Vermutung angestellt werden, ob ein Mann oder eine Frau das Bild gemalt hat.

Abb. 27: Schulwandbild „Der Herbst", um 1880 (Kurt Dröge, Landleben auf Schulwandbildern, Münster-Hiltrup 1988, S. 73)

2.2.3 Holzschnitt „Krieg" (1931)

Historischer Hintergrund

Die Erfahrungen des Ersten Weltkrieges führten zu einem Erstarken pazifistischer Strömungen, die sich in Wort, Bild und Lied niederschlugen. Der zwischen den beiden Weltkriegen 1931 entstandene Holzschnitt von Gerd Arntz kann für eine sozialistisch-pazifistische Sicht auf Krieg überhaupt stehen. Gerd Arntz wurde 1900 als Sohn eines Fabrikanten in Remscheid geboren, verließ also gleichsam seine „Klasse" wie Friedrich Engels.

Geschichtsdidaktischer Hintergrund

Es handelt sich um einen „narrativen" Holzschnitt, der eine Geschichte erzählt: Die bereits am Arbeitsplatz in der Fabrik ausgerichteten Ar-

Abb. 28: Gerd Arntz, Krieg, 1931 (Rationalisierung 1984. Ausstellungskatalog der Staatlichen Kunsthalle Berlin und der Neuen Gesellschaft für Bildende Kunst, Berlin 1983, S. 133)

beiter marschieren als ausgerichtete Soldaten in den Krieg und enden in Tod und Verwundung. Angefeuert werden sie von Typen, die für die herrschende Klasse stehen (Militär, Klerus, Kriegsgewinnler, Unternehmer im Zeichen des Dollars, chauvinistische Frau, daneben ein unbetroffenes bürgerliches Paar), während eine weinende Frau mit zwei kleinen Kindern einen Kontrapunkt bildet. Das Bild läßt eindeutige Rückschlüsse auf die Perspektive des Holzschneiders zu. Seine Herkunft als Fabrikantensohn kann zeigen, dass Perspektivität nicht einfach durch Geburt und soziale Herkunft bestimmt ist, sondern sich lebensgeschichtlich entwickelt und durch anders bestimmte lebensgeschichtliche Entscheidungen entstehen kann.

Methodische Hinweise

Das Bild kann ohne Überschrift gezeigt, genau betrachtet und gedeutet werden. Es kann nach einer Überschrift gesucht werden, bevor nach der Sicht und Absicht des Holzschneiders gefragt wird. Dessen Herkunft als Fabrikantensohn sollte benannt werden: Sie wird irritieren, aber die Frage nach der lebensgeschichtlichen Begründung von Perspektiven ermöglichen.

Einzelne Personen (Pfarrer,Unternehmer, halbseidene Frau, Arbeiter, Soldaten, weinende Frau) können mit Comic-Sprech- und Denkblasen versehen werden, die die Schülerinnen und Schüler inhaltlich ausfüllen.

2.2.4 Karikatur: Hitler aus einer US-amerikanischen Perspektive

Historischer Hintergrund

Um 1934/35 wurde das Buch „Hitler in der Karikatur der Welt 1924-1934 mit Kommentaren aus dem DRITTEN REICH“ veröffentlicht. Es enthielt Karikaturen, zu denen jeweils als Texte die Absichten des kritischen Karikaturisten („Tinte“) und die nationalsozialistische Gegenposition („Tatsachen“) benannt waren.

Geschichtsdidaktischer Hintergrund

„Tinte“ und „Tatsachen“ zeigen zwei unterschiedliche Perspektiven, und es wird nach der Erschließung der beiden Perspektiven deutlich werden können, dass die „Tinte“ Tatsachen vorwegnahm und dass die „Tatsachen“ Tinte waren.

Methodische Hinweise

Das Bild sollte erst ohne den nationalsozialistischen Kommentar gezeigt werden. Eine genaue Betrachtung und Beschreibung des Bildes (der Tod als Sensenmann mit der Maske Hitlers, ein Hakenkreuz aus bluttriefenden Sensen, marschierende Kolonnen von Skeletten) folgt, danach ein Deutungsversuch: Ein amerikanischer Karikaturist zeichnet Hitler als todbringenden Sensenmann. Dann muss den Schülerinnen und Schülern gesagt werden, dass die Nationalsozialisten diese amerikanische Karikatur selber veröffentlichten. Vermutungen über die Absichten der Nazis können angestellt werden, bevor die Texte „Tinte“ und „Tatsache“ zugefügt werden. Anschließend können die Schülerinnen und Schüler einen eigenen Text „Tatsache“ formulieren.

Abb. 29: Hitler in der Karikatur der Welt 1924- 1934 mit Kommentaren aus dem DRITTEN REICH, Darmstadt o.J. (ca. 1934/35), S. 108 f.

Tinte: Das Bild will besagen, daß Hitler zum Kriege hetze.
Tatsache: Am 15. Juli 1933 unterzeichnet Hitler durch den deutschen Botschafter in Rom den „Viermächtepakt“, durch welchen der Frieden Europas auf zehn Jahre durch England, Frankreich, Italien und Deutschland gesichert wird.

2.2.5 Karikaturen: Der Bau der Mauer am 13. August 1961

Historischer Hintergrund

Als von Jahr zu Jahr immer mehr Menschen die DDR verließen, um fortan in der Bundesrepublik zu leben, und durch den Exodus die DDR in ernsthafte ökonomische Schwierigkeiten geriet, entschloss sich die Regierung, die Grenzen zu schließen und das Recht auf Freizügigkeit faktisch abzuschaffen. Als die DDR-Führung am 13. August 1961 eine Mauer quer durch Berlin errichten ließ, nannte sie diese Mauer den „antifaschistischen Schutzwall" (Sprache!), während auf westlicher Seite betont wurde, die DDR-Führung halte die Menschen in der DDR „hinter Mauer und Stacheldraht" gefangen.

Didaktischer Hintergrund

Ein historisches Ereignis wird aus zwei Perspektiven gezeigt. Der westdeutsche Karikaturist (Die Welt vom 14.8.1961) zeichnet einen abscheulichen Ulbricht in Stiefeln und (russischer?) Uniform, mit Maschinenpistole in den Händen auf dem vergitterten Brandenburger Tor sitzend; der Karikaturist des „Neuen Deutschland" (23.8.1961) zeigt einen freundlichen, selbstsicher dastehenden Grenzsoldaten (oder Arbeiter?) am Brandenburger Tor, der eine „Halt"-Kelle trägt und auf dem Rücken ein Gewehr trägt.

Abb. 30: Karikatur aus: Die Welt, 14.8.1961 **M 1**

Abb. 31: Karikatur aus: Neues Deutschland, 23.8.1961 **M 2**

Methodische Hinweise

Die beiden Bilder – beide zunächst ohne Angabe von Zeitpunkt und Zeitung – können als Einstieg oder aber im späteren Verlauf des Unterrichts verwendet werden. Sie können nacheinander oder aber gleichzeitig eingegeben werden. Der genauen Beschreibung folgen Deutungsversuche zu den Fragen, warum die beiden Zeichner so unterschiedliche Bilder liefern und wie sie das Ereignis sehen. Die Zuordnung, woher die Bilder stammen, dürfte nicht schwerfallen. Die Schülerinnen und Schüler können eine kontroverse Diskussion zwischen den beiden Karikaturisten führen, die sich wechselseitig unter Hinweis auf die jeweiligen Stilmittel Agitation vorwerfen.

2.2.6 Plakat und Foto: „There is no Way like the American Way"?

Historischer Hintergrund

Nach dem Ersten Weltkrieg erfuhr die US-amerikanische Wirtschaft einen unvergleichlichen „boom". Es entstand das System von Massenproduktion und Massenkonsumtion von Gütern des alltäglichen oder alltäglich werdenden Bedarfs. Durch die billige Massenproduktion konnten sich jetzt viele Amerikanerinnen und Amerikaner Dinge kaufen, die es wenige Jahre zuvor noch gar nicht gegeben hatte, vor allem Autos, elektrische Haushaltgeräte, Radios oder Telefone. Die Art, wie viele Amerikanerinnen und Amerikaner mit den massenhaft hergestellten „nützlichen Dingen" (Henry Ford) lebten, nannte man bald „the american way of life". Viele amerikanische Bürger hielten das „Amerikanische System" für das beste wirtschaftliche und politische System der Welt, weil es den höchsten Lebensstandard in der Welt geschaffen habe. Kritiker verwiesen dagegen auf ungelöste Probleme der amerikanischen Klassengesellschaft – die Armut großer Teile der Bevölkerung, die fast rechtlose Stellung der Arbeiterschaft, die elende Lage und rassistische Unterdrückung der farbigen Amerikaner, die Vorurteile und Gewalttätigkeiten gegenüber Minderheiten oder das Gangsterunwesen.

Geschichtsdidaktischer Hintergrund

Der „american way of life", der Lebensstil eines großen Teils der amerikanischen Gesellschaft, zeigte bald und bis heute eine weltweit wirkende und prägende Kraft. Alle Gesellschaften unterliegen heute mehr oder weniger den Einflüssen des „american way of life", und die Jugendkultur in vielen Ländern ist ohne diesen Einfluss gar nicht denkbar. Geblieben ist auch die Selbsteinschätzung vieler Amerikanerinnen und Amerikaner, dank des „Amerikanischen Systems" die politisch, wirtschaftlich und kulturell führende Weltmacht zu sein, während sich um sie herum „Provinz" befände. Insofern besitzt das Thema einen gut begründbaren Gegenwarts- und Zukunftsbezug.

Die beiden Bilder sprechen fast für sich. Das Plakat aus den dreißiger Jahren hat eine eindeutige Aussage durch Bild und Text. Es zeigt eine weiße Familie (Mittelstand?) – Vater, Mutter, Sohn, Tochter, Hund, Vater am Steuer eines Autos, eines der Symbole des Wohlstands, alle fröhlich lachend, glücklich, ein Herz und eine Seele. Die Absicht des Herstellers und seine Einschätzung des „american way of life" sind leicht erschließbar. Das Foto von Menschen, die vor der Plakatwand stehen, zeigt Opfer einer Flutkatatrophe in Louisville 1937, vorwiegend farbige Männer, Frauen und Kinder, die um frisches Wasser anstehen. Die Absicht des Fotografen scheint oder ist eindeutig. Rückschlüsse auf seine Einstellung zum „american way of life" sind möglich, wenn auch nur bedingt belegbar. Das Foto und das Plakat stehen in bemerkenswertem Widerspruch zueinander.

Methodische Hinweise

Beide Bilder lassen sich – nacheinander eingesetzt – für einen Einstieg in eine Unterrichtseinheit nutzen, weil sich aus ihnen eine Leitfrage und eine Hypothese entwickeln lassen. In jedem Fall sollten sie nacheinander eingesetzt werden, zuerst das Plakat, dann das Foto. Das Plakat wird sehr genau beschrieben, der Eindruck, den es macht, wird ausgesprochen. Die Frage, was der Hersteller warum und wie dargestellt hat, macht auf die Perspektive aufmerksam. Das nachgereichte Foto wird Verblüffung und Irritation hervorrufen, und auch hier wird nach spontanen Äußerungen die Frage zu stellen sein, warum der Fotograf dieses Bild aufgenommen hat und ob Rückschlüsse auf seine Einstellung möglich sind.

Da vermutlich die hier gezeigte Version des Plakats einen Ausschnitt aus dem Foto zeigt – was für diese Vermutung spricht, kann man den Schülerinnen und Schülern gegebenfalls als Beobachtungsaufgabe stellen –, kann und sollte auch die Frage gestellt werden, ob es zulässig ist, solche Ausschnitte herzustellen und damit die Perspektive des Fotografen in ihr Gegenteil zu verkehren.

Abb. 32: Plakat „There is no way like the american way“

Abb. 33: Foto „There is no way like the american way“

2.2.7 „Volksgemeinschaft" auf Plakaten – und ein Gegenbild

Historischer Hintergrund

Die Propaganda der Nationalsozialisten hob stark die „Volksgemeinschaft", die herkömmliche Rollenverteilung von Mann und Frau sowie die Familie als „Keimzelle" des Staates hervor. Auf Plakaten wurde die Mutter- und Familienideologie auf wirkungsvolle Weise verbreitet.

Didaktischer Hintergrund

Plakate sind per se Propagandamittel und damit nur durch ideologiekritische Fragen um ihre Suggestionswirkung zu bringen: Wer stellt mit welchen Mitteln welchen Sachverhalt aus welchen Gründen dar? Wie steht es um den Wahrheitsgehalt der Aussagen? Was ist die Absicht, die dem Plakat zugrundeliegt und durch welche Mittel versucht der Künstler, die Absicht zu erreichen? Jedes einzelne der Originalplakate kann so kritisch untersucht werden. Am vorliegenden Beispiel wird ein anderer Weg gewählt: Die Plakate aus der NS-Zeit (Abb.

Abb. 34: Plakat des Hilfswerks „Mutter und Kind", um 1940 **M 1**

Abb. 35: Ludwig Hohlwein, Bund deutscher Mädel in der Hitlerjugend, Kunstbibliothek Berlin **M 2**

Abb. 36: NSDAP-Plakat „Die NSDAP sichert die Volksgemeinschaft" (Geschichte und Geschehen, A4) **M 3**

Abb. 37 **M 4**

34-36, S. 168) werden von einem heutigen Comic-Künstler zeichnerisch wiedergegeben, verfremdet und zu einer Collage montiert, in die ein Hitler-Porträt mit Sprechblase, ein „Mutterkreuz“ und eine jüdische Familie – Mutter, Vater (mit Denkblase), Sohn – eingesetzt sind (Abb. 37).[11] Der Kontrast zwischen den Plakatelementen mit lachen-

11 Friedemann Bedürftig, Lexikon III. Reich, Hamburg 1994, S. 264.

den, glücklichen deutschen Frauen und einer glücklichen deutschen Familie einerseits und der unglücklichen, verzweifelten Familie, die sich deutsch weiß und Deutschland als Heimat empfunden hat, ist schärfer kaum denkbar – „Volksgemeinschaft" und Ausgeschlossene, denen die Heimat zum Feindesland geworden ist. Die Absicht des Zeichners ist unverkennbar und kann leicht entschlüsselt werden. Im Rahmen der Thematisierung der nationalsozialistischen Mutter- und Familienideologie können die Plakate und die Comic-Collage gut eingesetzt werden.

Methodische Hinweise

An den drei Originalplakaten, die zunächst eingegeben werden, kann die Mutter-, Frauen- und Familienideologie der Nazis erschlossen werden. Betrachtung und genaue Beschreibung der Plakate führen zu der Erkenntnis, dass hier mit bestimmten Stilmitteln eine Ideologie vermittelt wird. Die Schülerinnen und Schüler können sich vorstellen und artikulieren, welche Vorstellungen die Nazis hatten. Das danach ohne weitere Hinweise eingegebene Gegenbild hat hohen Wiedererkennungswert, irritiert aber zugleich durch die in die Collage eingebaute deutsch-jüdische Familie. Fragen nach den Absichten und Stilmitteln des Zeichners verweisen auf die antinationalsozialistische Perspektive.

2.3 „How to Lie with Maps"[12]: Historische Karten

2.3.1 Die „Einkreisung Deutschlands"

Historischer Hintergrund

Die legitimatorische deutsche Position, das deutsche Reich sei vor dem Ersten Weltkrieg einer Politik der „Einkreisung" ausgesetzt gewesen, kommt im „Merkblatt zu Harms ‚Neuer Deutscher Geschichts- und Kulturatlas', Ausgabe B" für die abgedruckte Karte so zum Ausdruck: „Einkreisung Deutschlands, um das aufstrebende deutsche Volk im Kriegsfall endgültig zu zerschlagen. Vorwiegendes Interesse Frankreich und Russ-

---

12 Mark Monmonier, How to Lie with Maps, Chicago 1991.

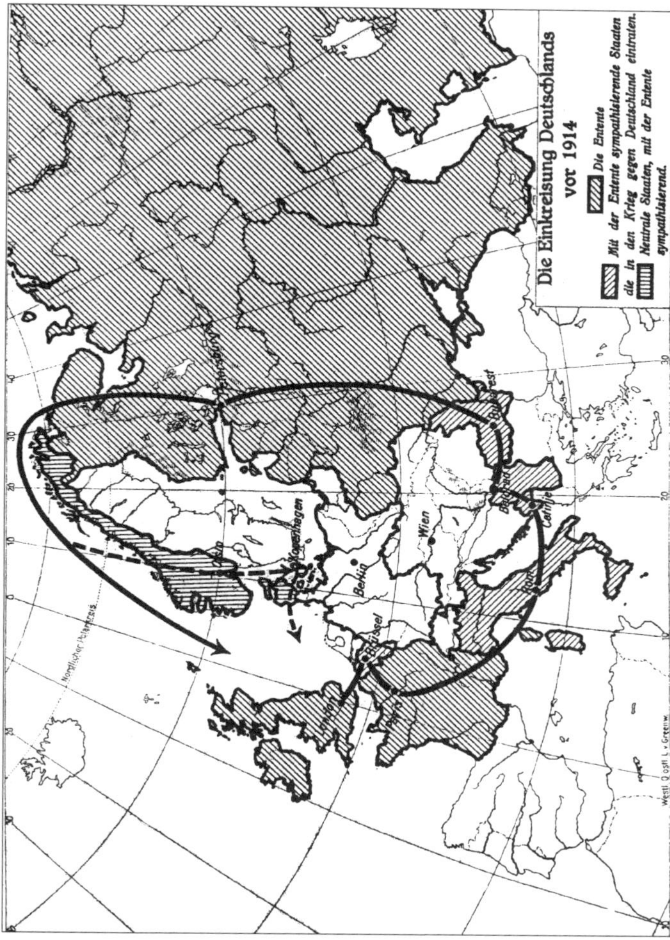

Abb. 38: Karte „Die Einkreisung Deutschlands vor 1914" (Harms Übungskarten)

lands. England tritt erst bei, als es zum Bestand seiner weltumspannenden Aufgaben Frankreichs und Russlands Freundschaft braucht".[13]

13 Neuer Deutscher Geschichts- und Kulturatlas, Ausgabe B, Leipzig 1934, beiliegendes „Merkblatt".

Geschichtsdidaktischer Hintergrund

„Geschichtskarten zeigen einen historischen Sachverhalt nicht ‚objektiv', sondern deuten ihn: Die Art der Darstellung ist zugleich eine Interpretation, die von einer bestimmten öffentlich vorherrschenden Sichtweise oder vom persönlichen Standpunkt des Bearbeiters geprägt sein kann. Für Schülerinnen und Schüler ist es eine elementare Einsicht, dass Karten wie jede andere historische Darstellung auch auf implizite Wertungen und Wirkungsabsichten überprüft werden müssen".[14]

Methodische Hinweise

Die Karte kann bei der Besprechung der mentalen Voraussetzungen für die Attraktivität des Nationalsozialismus für große Teile der Bevölkerung eingesetzt werden. Wenn im Unterricht zuvor Voraussetzungen und Ausbruch des Ersten Weltkrieges und der „Kampf gegen die Kriegsschuldlüge" besprochen worden sind, lässt sie sich als eine Karte entschlüsseln, die auf einer nationalistischen und legitimatorischen Perspektive beruht. Sie kann dabei in verschiedenen Phasen des Unterrichts eingesetzt werden.

2.3.2 „Siedlungsbrücke im Osten" – eine ethnogeographische Karte

Historischer Hintergrund

Nach dem Abschluß des Versailler Vertrages blühte in Deutschland die sogenannte „Ethnogeographie" auf, deren führende Vertreter politisch den Nationalsozialisten oder einer „völkischen" Politik zuneigten. Der Geograph Albrecht Penck entwickelte gemeinsam mit dem Chefkartographen des Deutschen Schutzbundes eine Karte des deutschen Volks- und Kulturbodens. Der Wissenschaftshistoriker Michael Fahlbusch schreibt über diese Karte: „Eine sogenannte deutsche Siedlungsbrücke im Osten war schraffiert eingezeichnet, als wäre die polnische oder weißrussische Bevölkerung nicht existent. Die Grenzen des deutschen Kulturbodens suggerierten, Deutschland sei wesentlich größer als seine politischen Grenzen. Aus diesem Grund stieg die ethnogeographi-

14 Michael Sauer, Zwischen Deutung und Manipulation. Kritischer Umgang mit Geschichtskarten, in: Geschichte lernen 59 (1997), S. 53.

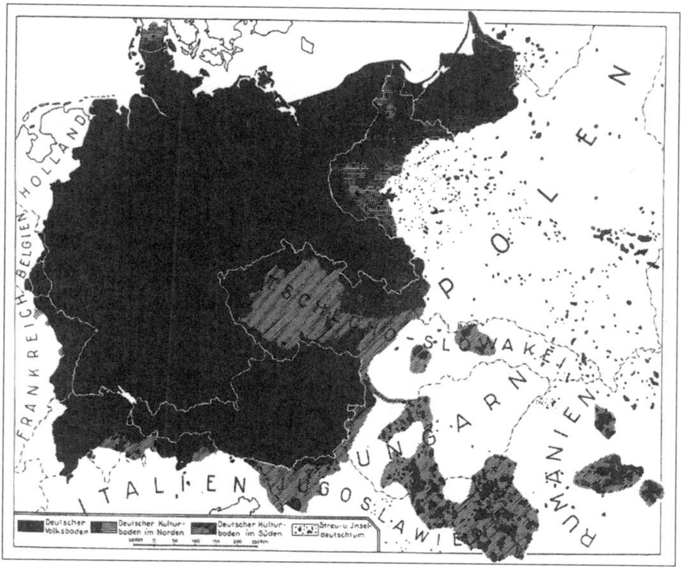

Abb. 39: Karte „Siedlungsbrücke im Osten“: Albrecht Penks berüchtigte Karte des deutschen Volks- und Siedlungsbodens von 1925 (Frankfurter Rundschau v. 2.10.1999)

sche Kartenproduktion zu einem der wichtigsten Vorhaben der deutschen Geographie auf. Die amtliche deutsche Kulturpropaganda berief sich auf ethnogeographische Karten von Mitteleuropa vor allem deshalb, weil die Revision der Grenzen ‚wissenschaftlich‘ untermauert schien: Wo der Deutsche seine Sprache spricht, da ist sein Raum, lautete die Doktrin.“[15]

Geschichtsdidaktischer Hintergrund

Die ethnogeographische Karte von 1925 lässt deutlich erkennen, wie hier mit einer „wissenschaftlichen Karte“ Politik gemacht wird: Die politischen Grenzen decken sich nicht mit den Grenzen des „deutschen Volks- und Kulturbodens“. Das bedeutet ein politisches Dilemma, das

15 Michael Fahlbusch, Die verlorene Ehre der deutschen Geographie, in: Frankfurter Rundschau Nr. 229 v. 2. Oktober 1999.

– so wird suggeriert – gelöst werden muss. Eine „wissenschaftliche Karte“ wird zu einem Agitationsmedium. Die Karte kann im Zusammenhang der Besprechung des Versailler Vertrages und der Reaktion der politischen Rechten in Deutschland besprochen werden. Die Schülerinnen und Schüler können aus der Karte ersehen, wo die Grenzen nicht übereinstimmten (Dänemark, Belgien, Frankreich, die Schweiz, Italien, Jugoslawien, Österreich, Ungarn, Rumänien, die Tschechoslowakei und Polen sind betroffen), welche Absichten der Kartenhersteller hatte und welcher politischen Richtung der Wissenschaftler zuneigte. Das könnte zu einem grundsätzlichen Vorbehalt gegenüber der Annahme führen, dass geographische Karten „objektiv“ sind.

Methodische Hinweise

Die Schülerinnen und Schüler können, nachdem die Karte mit Hilfe der Legende „gelesen“ worden ist (was heißt „Deutscher Volksboden“, „Deutscher Kulturboden“?), die Länder oder die Teile von Ländern benennen, die zu einem „Großdeutschland“ gehören würden und Vermutungen dazu äußern, welche Politik die Karte nahelegt und welche Konflikte sich daraus ergeben würden.

Sie können auf die politischen Anschauungen des Kartographen schließen.

2.3.3 „Das geteilte Deutschland“[16]

Historischer Hintergrund

Bis zu ihrer Anerkennung durch die Regierung der sozialliberalen Koalition galt die „Deutsche Demokratische Republik“ vielen in der Bundesrepublik als „SBZ“, als „Sowjetische Besatzungszone“, die Gebiete jenseits von Oder und Neiße galten als „unter polnischer Verwaltung“ stehend, und somit erschien Deutschland als „dreigeteilt“.

Geschichtsdidaktischer Hintergrund

Im Rahmen einer Unterrichtseinheit über die Geschichte der Bundesrepublik kann die Karte (vgl. S. 175) als eine Karte aus regierungsamt-

---

16 Geschichte unserer Welt in Karten und Dokumenten, München 1965, S. 100.

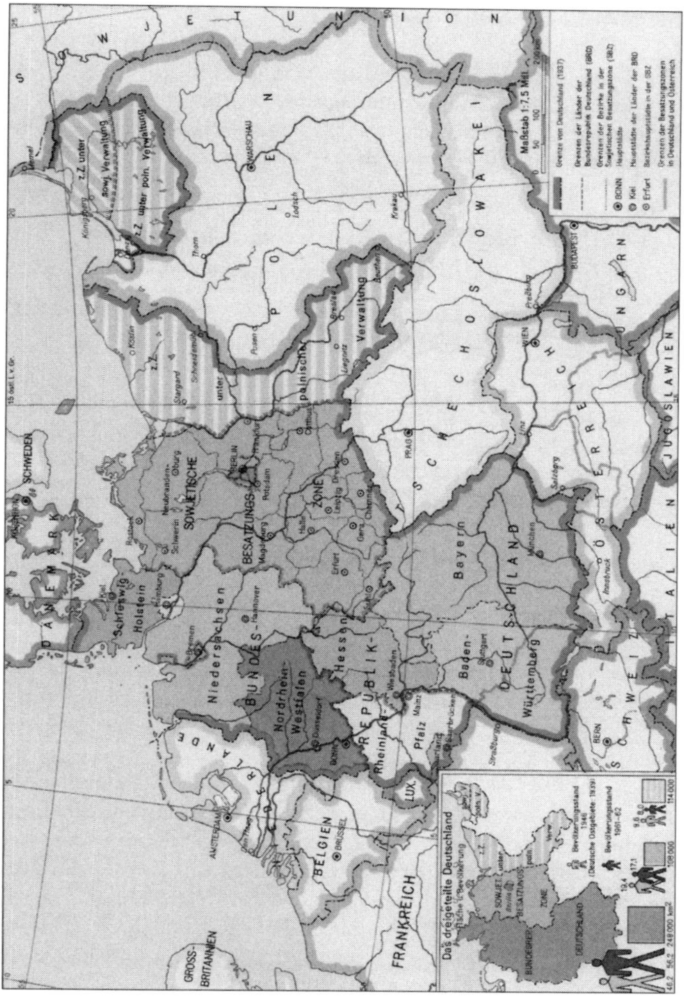

Abb. 40: Karte „Das geteilte Deutschland – Deutschland nach dem 2. Weltkrieg" (Geschichte unserer Welt in Karten und Dokumenten, München 1965, S. 100)

licher Perspektive entschlüsselt werden, die aus der Zeit vor der „Neuen Ostpolitik" stammt, als bereits viele Publizisten und ein großer Teil der Bevölkerung die Lage anders sahen als die Regierung.

Methodische Hinweise

Die Karte kann leicht entschlüsselt und mit offiziellen Texten zur „Dreiteilung Deutschlands“ unterlegt werden. Sie kann aber auch mit Texten konfrontiert werden, in denen eine Anerkennung der Nachkriegsentwicklung gefordert wird.

2.4 „Streikende in kapitalistischen Ländern“ – Können Statistiken und Diagramme lügen?

Historischer Hintergrund

Das vorliegende Beispiel einer Statistik, die in ein Diagramm übersetzt worden ist, stammt aus dem Geschichtslehrbuch der DDR für die Klasse 10. Der „erste sozialistische Staat auf deutschem Boden“ legte großen Wert darauf nachzuweisen, dass die Länder mit kapitalistischer Wirtschaftsordnung keine Zukunft hatten.

Geschichtsdidaktischer Hintergrund

Dass Statistiken lügen (können), ist eine alltägliche Redensart: Sie suggerieren durch eine scheinbar neutrale Zusammenstellung von Zahlen, die für sich zweifelsfrei richtig sein können, eine Deutung, die unrichtig sein kann. Der Grund dafür liegt darin, dass die „nackten Zahlen“ in isolierender Abstraktion alles ausblenden, was zum weiteren Kontext gehört.

Das vorliegende Beispiel operiert mit (vermutlich) zutreffenden Zahlen über eine jahrelang gesteigerte Streikbereitschaft und Streikrealität in den kapitalistischen Ländern und nötigt gleichsam zu dem Gedanken, daß darin eine gesetzmäßige Tendenz zu sehen ist, die auch für die Zukunft gilt und den Zusammenbruch der kapitalistischen Staaten herbeiführen wird. Dass durch die Streiks und ihre Ergebnisse (Lohnsteigerung, Freizeitgewinnung, vermehrte Konsumbereitschaft und höhere Kaufkraft) eher eine Stabilisierung und Entwicklung der kapitalistischen Staaten erfolgte, kann (und in diesem Fall: soll) in der Statistik nicht zum Ausdruck kommen.

Das Beispiel ist in seiner Deutlichkeit gut geeignet, Skepsis gegenüber Statistiken zu entwickeln und ihre Grenzen zu erkennen.

Methodische Hinweise

Es steht zu erwarten, dass die Schülerinnen und Schüler bei der Deutung des Diagramms der Suggestion der Zahlen nicht in gleichem Maße erliegen wie möglicherweise Schülerinnen und Schüler seinerzeit in der DDR. Man kann ihnen gleichwohl die Aufgabe zuweisen, die Zahlen in die Zukunft hinein zu verlängern, um dann nach den Gründen zu fragen, warum die Streiks nicht zum Untergang der kapitalistischen Staaten geführt haben. Grundsätzlich muß nach den Absichten des Herstellers und der Fragwürdigkeit von Statistiken gefragt werden.

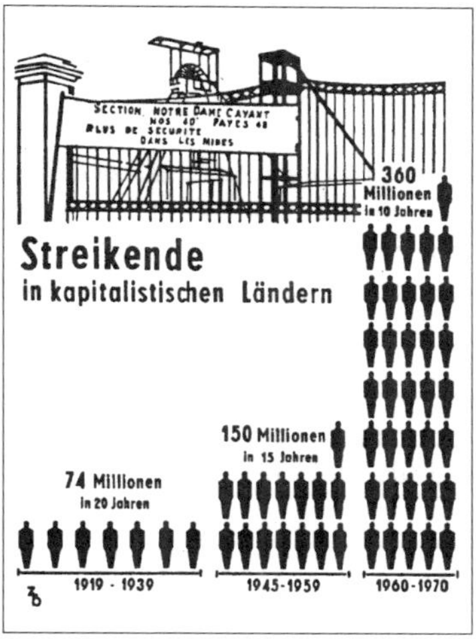

Abb. 41: Geschichte, Lehrbuch für Klasse 10, Berlin 1987, S. 187

2.5 „Fest und treu“ und „Bibel und Flinte“ – Historische Lieder

Historischer Hintergrund

Die deutsche Kolonialpolitik im Kaiserreich war umstritten, wie das Lied „Bibel und Flinte“, das noch vor 1898 entstanden ist, zeigt. Nach dem Herero-Aufstand gegen die harte deutsche Kolonialmacht, der durch einen Vernichtungsfeldzug beendet wurde, entstand das Lied „Fest und treu“, das das deutsche Vorgehen in Südwestafrika lobte.[17]

Geschichtsdidaktischer Hintergrund

„Lieder sind vor allem sozial-, alltags- und mentalitätsgeschichtliche Quellen. Sie dokumentieren ein sehr breites Spektrum von Themen

17 Vgl. Peter Bräunlein, „Neu-Deutschland muß wohl größer sein“. Der deutsche Kolonialismus in Liedern, in: Geschichte lernen 50 (1996), S. 48 ff.

und menschlichen Verhaltensweisen. Viele historische Liedtypen sind Ausdrucksformen der ‚kleinen Leute' oder politischer Opposition, Quelle für eine Geschichte der Beherrschten und Andersdenkenden. Schließlich bietet die Verbindung Text und Musik für den Unterricht einen besonderen Reiz: Lieder, die gesungen oder von Tonbandaufzeichnungen gehört werden, sind verlebendigt, ihr emotionaler Gehalt und ihre Wirkungen können von Schülerinnen und Schülern wesentlich leichter nachvollzogen und untersucht werden."[18]

Methodische Hinweise

Im Rahmen einer Unterrichtseinheit können beide Lieder im Zusammenhang mit dem Herero-Aufstand als alternative Medien eingesetzt werden. Da keine geeigneten Quellen aus der Sicht der Herero im Unterricht vorliegen werden, sollte dabei die Sicht der Herero durch die Schülerinnen und Schüler versuchsweise erarbeitet werden.

Der Liedtext M 1 kann auch für sich ideologiekritisch entschlüsselt werden, indem die Begriffe „Schutz und Trutz" und „Wehr" besprochen werden. In diesem Zusammenhang kann erwähnt werden, dass es die sprachliche Formel „Deutsche Schutzgebiete" für die deutschen Kolonien gab.

M 1 Fest und treu

Nach Afrika ins Dornenland[19]
sind wackre Reiter ausgesandt
zu Schutz und Trutz, zu deutscher Ehr',
voll frischen Muts, zu tapfrer Wehr.
Die Pflicht voran zu jeder Zeit,
Fest stehn sie dort, ja fest und treu bereit.

Nach Afrika, in Sonnenglut,
die Stirn beschützt vom Tropenhut,
die Waffe schußgerecht zur Hand,
sind unsre Braven ausgesandt.
Refrain

---

18 Michael Sauer, Lieder im Geschichtsunterricht, in: Geschichte lernen 50 (1996), S. 4; S. 4 ff. wichtige Hinweise zum Einsatz von Liedern – auch zu kontroversen Zusammenstellungen.

19 Südwestafrika (heute: Namibia).

In Afrika mit ihrem Blut
beweisen sie den Todesmut,
der deutschen Kriegern eigen bleibt
und sie zu Heldentaten treibt.
Refrain

In Afrika ihr Reiter dort,
bewahrt die Treue fort und fort,
und wogt der Kampf auch noch so heiß,
nur unverzagt, zu Deutschlands Preis!
Gott sei mit euch zu jeder Zeit,
fest haltet aus, ja fest und treu bereit.
(Text: A. v. Liliencron 1905; Melodie: wie „Die Wacht am Rhein“; Emil Sembritzki, Kolonial-Gedicht- und Liederbuch, Berlin 1911, S. 28)

M 2 Die Wacht am Rhein (1840/1854)

Abb. 42: Lied „Die Wacht am Rhein“; Text: Max Schneckenburger; Melodie: Karl Wilhelm

M 3 Bibel und Flinte (vor 1898)

Abb. 43: Lied „Bibel und Flinte"; Text: Anonym; Melodie: Es ritten drei Reiter zum Tore hinaus bzw. Es klappert die Mühle am rauschenden Bach

M 4 Bibel und Flinte

„Was treiben wir Deutschen in Afrika?
Hört, hört!
Die Sklaverei wird von uns allda zerstört.
Und wenn so ein Kaffer[20] von uns nichts will,
den machen wir flugs auf ewig still.
Refrain: Piff paff, piff paff, hurrah!
O glückliches Afrika!

Wir pred'gen den Heiden das Christentum.
Wie brav!
Und wer's nicht will glauben, den bringen wir um.
Piff paff!
O selig die ‚Wilden', die also man lehrt
die ‚christliche Liebe' mit Feuer und Schwert.
Refrain

Wir haben gar ‚schneidige' Missionär.
Juchhei!
Den Branntwein, den Krupp[21] und das

---

20 Ein heute als abwertend empfundener Ausdruck für Afrikaner.

21 Der ‚Kanonenkönig' Alfred Krupp war ein prominenter Befürworter der Kolonialbewegung.

Mausergewehr,
die drei.
So tragen ‚Kultur' wir nach Afrika.
Geladen! Gebt Feuer! Hallelujah!
Refrain"
(Demokratisches Liederbuch zum Gebrauch der Volksvereine, hg. v. einer Kommission des Demokratischen Vereins in München, 2. Aufl., Stuttgart 1898, S. 45)

2.6 Historische Gedichte

2.6.1 Heinrich Lersch, Soldatenabschied und Kurt Tucholsky, Der Graben

Historischer Hintergrund

Das Gedicht von Heinrich Lersch mit der berühmt gewordenen Zeile „Deutschland muß leben, auch wenn wir sterben müssen!" entstand während des Ersten Weltkrieges, das Gedicht von Tucholsky nach dem Ersten Weltkrieg.

Geschichtsdidaktischer Hintergrund

Die beiden Gedichte sind aus gänzlich gegensätzlichen Positionen geschrieben. In den ersten beiden Strophen beider Gedichte ist jeweils von Mutter und Vater die Rede. Die Frage nach dem Sinn des Soldatseins und des Krieges wird so unterschiedlich beantwortet, wie das für das Erschließen und Erkennen von Perspektiven im Unterricht wünschenswert ist.

Methodische Hinweise

Es kann zuerst das Gedicht von Lersch besprochen werden – formal und inhaltlich. Aussagen über die politischen Ansichten des Verfassers fallen leicht; weniger leicht wird die Vorstellung gelingen, dass das Gedicht die Auffassung vieler Menschen wiedergab. Als Gegenstück folgt dann das Gedicht von Tucholsky.

Die Schülerinnen und Schüler können auch Prosa-Texte über die Einstellungen der beiden Verfasser zum Krieg verfassen.

M 1 Heinrich Lersch: Soldatenabschied

Laß mich gehn, Mutter, laß mich gehn!
All das Weinen kann uns nicht mehr nützen,
Denn wir gehn, das Vaterland zu schützen!
Laß mich gehn, Mutter, laß mich gehn,
Deinen letzten Gruß will ich vom Mund dir küssen:
Deutschland muß leben, und wenn wir sterben müssen!

Wir sind frei, Vater, wir sind frei!
Tief im Herzen brennt das heiße Leben,
Frei wären wir nicht könnten wir's nicht geben.
Wir sind frei, Vater, wir sind frei!
Selber riefst du einst in Kugelgüssen:
Deutschland muß leben, und wenn wir sterben müssen!

Uns ruft Gott, mein Weib, uns ruft Gott!
Der uns Heimat, Brot und Vaterland geschaffen,
Recht und Mut und Liebe, das sind seine Waffen,
Uns ruft Gott, mein Weib, uns ruft Gott!
Wenn wir unser Glück mit Trauern büßen:
Deutschland muß leben, und wenn wir sterben müssen!

Tröste dich, Liebste, tröste dich!
Jetzt will ich mich zu den andern reihen,
Du sollst keinen feigen Knechten freien!
Tröste dich, Liebste, tröste dich!
Wie zum ersten Male wollen wir uns küssen:
Deutschland muß leben, und wenn wir sterben müssen!

Nun lebt wohl, Menschen, lebet wohl!
Und wenn wir für euch und unsre Zukunft fallen,
Soll als letzter Gruß zu euch hinüberhallen:
Nun lebt wohl, ihr Menschen, lebet wohl!
Ein freier Deutscher kennt kein kaltes Müssen:
Deutschland muß leben, auch wenn wir sterben müssen!
(Heinrich Lersch, Herz! Aufglühe dein Blut – Gedichte im Krieg, Jena 1916, S. 14f.)

M 2 Kurt Tucholsky: Der Graben

Mutter, wozu hast Du Deinen aufgezogen?
Hast Dich zwanzig Jahr mit ihm gequält?
Wozu ist er Dir in Deinen Arm geflogen,
Und Du hast ihm leise was erzählt?
Bis sie ihn Dir weggenommen haben.
Für den Graben, Mutter, für den Graben.

Junge, kannst noch an Vatern denken?
Vater nahm Dich oft auf seinen Arm.
Und er tat Dir einen Groschen schenken,
Und er spielte mit Dir Räuber und Gendarm.
Bis sie ihn Dir weggenommen haben.
Für den Graben, Junge, für den Graben.
Drüben die französischen Genossen
Lagen dicht bei Englands Arbeitsmann.
Alle haben sie ihr Blut vergossen,
Und zerschossen ruht heut Mann bei Mann.
Alte Leute, Männer, mancher Knabe
In dem einen großen Massengrabe.

Seid nicht stolz auf Orden und Geklunker!
Seid nicht stolz auf Narben und die Zeit!
In die Gräben schickten Euch die Junker,
Staatswahn und der Fabrikantenneid.
Ihr wart gut genug zum Fraß für Raben,
Für das Grab, Kam'raden, für den Graben!

Werft die Fahnen fort! Die Militärkapellen
Spielen auf zu Euerm Todestanz.
Seid ihr hin: ein Kranz von Immortellen
Das ist dann der Dank des Vaterlands.
Denkt an Todesröcheln und Gestöhne.
Drüben stehen Väter, Mütter, Söhne.
Schuften schwer, wie Ihr, ums bißchen Leben.
Wollt Ihr denen nicht die Hände geben?
Reicht die Bruderhand als schönste aller Gaben
Übern Graben, übern Graben –!
(Kurt Tucholsky, Gesammelte Werke, Bd. 2, Reinbek 1960, S. 573)

2.6.2 Kurt Tucholsky, Angestellte und Hans Fallada, Kleiner Mann, was nun?

Historischer Hintergrund

Kurt Tucholsky hat mit diesem Mitte der 1920er Jahre entstandenen Gedicht darauf aufmerksam machen wollen, daß die Angestellten als neue Schicht so lange ohnmächtig blieben gegenüber dem „Chef", solange sie sich nicht wie die Arbeiter organisierten und solidarisierten.

Hans Fallada hat mit seinem „Kleiner Mann, was nun?" (1932) den Arbeitslosenroman aus der Endphase der Weimarer Republik geschrieben: Er handelt von dem Angestellten Pinneberg und seiner Frau „Lämmchen", die aus proletarisch-kommunistischen Kreisen stammt.

Geschichtsdidaktischer Hintergrund

Mit dem Gedicht liegt eine Quelle vor, deren Perspektivität von Schülerinnen und Schülern leicht durchschaut werden kann: Sie ist engagiert und agitatorisch, ja fast zornig gehalten. In der fiktionalen Szene aus dem Roman wird der Gegensatz zwischen dem klassenbewussten Arbeiter („Lämmchens" Vater) und dem in der Deutschen Angestellten Gewerkschaft („Dag", „Dackel") organisierten Angestellten dargestellt.

Methodische Hinweise

Das Gedicht kann durch die klassischen Fragen bearbeitet werden: Wer schreibt hier warum an wen und was will er erreichen? Ggf. könnte eine Spielszene entworfen werden, wie der Chef reagieren kann, wenn er zufällig dieses Gedicht am Arbeitsplatz einer seiner Angestellten findet. Die Auszüge aus dem Roman zeigen, wie ein klassenbewusster Arbeiter über die Gewerkschaft der Angestellten denkt. Dazu bietet sich an, ein Streitgespräch zwischen dem Arbeiter und Tucholsky zu entwerfen, der ja den Zusammenschluss der Angestellten fordert.

Angestellte
Auf jeden Drehsitz im Büro
da warten hundert Leute;
man nimmt, was kommt – nur irgendwo
und heute, heute, heute.
Drin schuften sie
wies liebe Vieh,

sie hörn vom Chef die Schritte.
Und murren sie, so höhnt er sie:
„Wenns Ihnen nicht paßt – bitte!"

Mensch, duck dich. Muck dich nicht zu laut!
Sie zahln dich nicht zum Spaße!
Halts Maul – sonst wirst du abgebaut,
dann liegst du auf der Straße.
Acht Stunden nur?
Was ist die Uhr?
Das ist bei uns so Sitte:
Mach bis um zehne Inventur(…)
„Wenns Ihnen nicht paßt – bitte!"

Durch eure Schuld.
Ihr habt euch nie
geeint und nie vereinigt.
Durch Jammern wird die Industrie
und Börse nicht gereinigt.
Doch tut ihr was,
dann wirds auch was.
Und ists soweit,
dann kommt die Zeit,
wo ihr mit heftigem Tritte
und ungeahnter Schnelligkeit
herauswerft eure Obrigkeit:
„Wenns Ihnen nicht paßt – bitte!"
(Kurt Tucholsky, Ges. Werke, Bd. 4 [1925-1926], Frankfurt/M. 1975, S. 327)

Kleiner Mann – was nun?
Pinneberg ist Angestellter; der Vater seiner Verlobten Emma Mörschel, genannt „Lämmchen", ist Arbeiter …
Am Küchentisch sitzt ein langer Mann in grauen Hosen, grauer Weste und einem weißen Trikothemd, ohne Jacke, ohne Kragen. An den Füßen hat er Pantoffeln. Ein gelbes, faltiges Gesicht, kleine scharfe Augen hinter einem hängenden Zwicker, ein grauer Schnurrbart, ein fast weißer Kinnbart.
Der Mann liest die „Volksstimme", aber nun, da Pinneberg und Emma hereinkommen, läßt er das Blatt sinken und betrachtet den jungen Mann.
„Sie sind also der Jüngling, der meine Tochter heiraten will? Sehr erfreut, setzen Sie sich hin. Übrigens werden Sie es sich noch überlegen."
„Was?" fragt Pinneberg.

Lämmchen hat sich auch eine Schürze umgebunden und hilft der Mutter. Frau Mörschel sagt ärgerlich: „Wo der Bengel nun wieder bleibt. Die ganzen Puffer werden zäh."
„Überstunden", sagt Herr Mörschel lakonisch. Und zu Pinneberg zwinkernd: „Sie machen auch manchmal Überstunden, nicht wahr?"
„Ja", sagt Pinneberg. „Ziemlich oft."
„Aber ohne Bezahlung?"
„Leider. Der Chef sagt ..."
Herrn Mörschel interessiert nicht, was der Chef sagt. „Sehen Sie, darum wäre mir ein Arbeiter für meine Tochter lieber: wenn mein Karl Überstunden macht, kriegt er sie bezahlt."
„Herr Kleinholz sagt ...", beginnt Pinneberg von neuem.
„Was die Arbeitgeber sagten, junger Mann", erklärt Herr Mörschel, „das wissen wir lange. Das interessiert uns nicht. Was sie tun, das interessiert uns. Es gibt doch 'nen Tarifvertrag bei euch, was?"
„Ich glaube", sagt Pinneberg.
„Glaube ist Religionssache, damit hat'en Arbeiter nischt zu tun. Bestimmt gibt es ihn. Und da steht drin, daß Überstunden bezahlt werden müssen. Warum krieg ich 'nen Schwiegersohn, dem sie nicht bezahlt werden?"
Pinneberg zuckt die Achseln.
„Weil ihr nicht organisiert seid, ihr Angestellten", erklärt ihm den Fall Herr Mörschel. „Weil kein Zusammenhang ist bei euch, keine Solidarität. Darum machen sie mit euch, was sie wollen."
„Ich bin organisiert", sagt Pinneberg mürrisch. „Ich bin in 'ner Gewerkschaft."
„Emma! Mutter! Unser junger Mann ist in 'ner Gewerkschaft? Wer hätte das gedacht! So schnieke und Gewerkschaft!" Der lange Mörschel hat den Kopf ganz auf die Seite gelegt und besieht seinen künftigen Schwiegersohn mit eingekniffenen Augen. „Und wie nennt sich Ihre Gewerkschaft, mein Junge? Nur raus damit!"
„Deutsche Angestellten Gewerkschaft", sagt Pinneberg und ärgert sich immer mehr.
Der lange Mann krümmt sich völlig zusammen, so stark überkommt es ihn. „Die Dag! Mutter, Emma, haltet mich fest, unser Jüngling ist ein Dackel, das nennt er 'ne Gewerkschaft! Ein gelber Verband, zwischen zwei Stühlen. O Gott, Kinder so ein Witz ..."
„Na, erlauben Sie mal", sagt Pinneberg wütend. „Wir sind kein gelber Verband! Wir werden nicht von den Arbeitgebern finanziert. Wir zahlen unseren Bundesbeitrag selber."
„Für die Bonzen! Für die gelben Bonzen! Na, Emma, da hast du dir ja den richtigen ausgesucht. Einen Dag-Mann! Einen richtigen Dackel!"

Pinneberg sieht hilfesuchend zu Lämmchen, aber Lämmchen sieht nicht her. Vielleicht ist sie es gewöhnt, aber wenn sie es gewöhnt ist, für ihn ist es doch schlimm.
„Angestellter, wenn ich so was höre", sagt Mörschel. „Ihr denkt, ihr seid was Besseres als wir Arbeiter."
„Denk ich nicht."
„Denken Sie doch. Und warum denken Sie das? Weil Sie Ihrem Arbeitgeber nicht 'ne Woche den Lohn stunden, sondern den ganzen Monat. Weil Sie unbezahlte Überstunden machen, weil Sie sich unter Tarif bezahlen lassen, weil Sie nie 'nen Streik machen, weil Sie immer die Streikbrecher sind ..."
„Es geht doch nicht nur ums Geld", sagt Pinneberg. „Wir denken doch auch anders als die meisten Arbeiter, wir haben doch andere Bedürfnisse ..."
(Hans Fallada, Kleiner Mann – was nun? [1932]. Reinbek 1950, S. 14f.)

2.6.3 „Auszug der Schmarotzer"? – Gedichte zur Emigration

Historischer Hintergrund

Unmittelbar nach der Machtübertragung an die Nationalsozialisten verließen viele Deutsche – vor allem deutsche Juden und politische Gegner des Nationalsozialismus – aus Angst um ihr Leben das Land, in dem sie aufgewachsen waren und ihr Leben eingerichtet hatten. Sie „emigrierten" und lebten als Deutsche in der Fremde, wo sie Asyl suchten.

Geschichtsdidaktischer Hintergrund

In drei Gedichten wird das Thema „Emigration" hier thematisiert: Ein nationalsozialistischer Autor – Heinrich Anacker – kommentiert das Schicksal der Emigranten mit Häme, zwei Betroffene – Berthold Viertel und Bert Brecht – beschreiben ihre Empfindungen; Brecht wehrt sich gegen den Begriff „Emigranten" und besteht darauf, ein „Vertriebener" und ein „Verbannter" zu sein. Drei unterschiedliche Sichtweisen auf einen Vorgang stehen nebeneinander und können miteinander verglichen werden.

Methodische Hinweise

Es empfiehlt sich, zunächst das Gedicht von Berthold Viertel im Zusammenhang mit dem Thema „Emigration" nach kurzer Vorinformation zu besprechen: In ihm kommen die Wehmut des Abschieds und die unfreiwilligen Verluste (Sprache, Landschaft, Wälder, Natur des Vaterlandes) zum Ausdruck. Danach kann das Machwerk des Heinrich Anacker als nationalsozialistische Perspektive besprochen werden, und die Schülerinnn und Schüler können sich überlegen, wie sie als Kind, das auswandern musste, ein solches „Gedicht" aufgenommen hätten (ggf. durch eine fiktionale Tagebuchnotiz). Zuletzt könnte Bert Brechts sprachliche Differenzierung zur Diskussion gestellt werden.

M 1 Heinrich Anacker: Auszug der Schmarotzer

Nun werden sie über die Grenze gehn,
die Schmarotzer, die sattsam bekannten,
und werden im Ausland um Mitleid flehn,
als die völlig schuldlos Verbannten (...)

Wir aber raten den Völkern gut:
Bleibt taub! Laßt sie winseln und hadern!
Sie sogen uns vierzehn Jahr lang das Blut
verbrecherisch aus den Adern!

Und glaubt unsern ehrlichen Worten ihr nicht,
und nehmt ihr sie auf in Scharen -
ihr werdet dies Motten- und Wanzengezücht
am eigenen Leibe erfahren!

Wir haben genug von der Peinigung –
Wir wollen endlich genesen!
Drum her mit der Frühjahrsreinigung,
und her mit dem eisernen Besen!

M 2 Berthold Viertel: Auswanderer

Nun müssen wir von allem scheiden,
was Kindheit uns und Wachstum war.
Wir sollen selbst die Sprache meiden,
die unserer Herzen Wort gebar.

Die Landschaft werden wir verlassen,
die uns auf ihren Armen trug.
Wir sollen diese Wälder hassen
und hatten ihrer nie genug.

Wie je uns wieder anvertrauen
dem Friedenshauche einer Flur,
wenn Abendlicht und Morgengrauen
befleckt sind mit der blutigen Spur?

Wenn in der Bäume gutem Raunen
aufrauscht der Haß, der uns vertreibt!
Es lernten unsre Kinder staunen,
warum man nicht zu Hause bleibt?

Wir sind, mein Kind, nie mehr zu Hause.
Vergiß das Wort, vergiß das Land
und mach im Herzen eine Pause –
dann gehn wir. Wohin? Unbekannt.
(Deutschland, Deutschland. Politische Gedichte vom Vormärz bis zur Gegenwart, ausgew. u. hg. v. Helmut Lamprecht, Bremen 1969, S. 388 u. S. 437)

M 3 Bertolt Brecht: Über die Bezeichnung Emigranten
Immer fand ich den Namen falsch, den man uns gab:
Emigranten.
Das heißt doch Auswanderer. Aber wir
Wanderten doch nicht aus, nach freiem Entschluß
Wählend ein anderes Land. Wanderten wir doch
auch nicht
Ein in ein Land, dort zu bleiben, womöglich für
immer.
Sondern wir flohen. Vertriebene sind wir,
Verbannte.
Und kein Heim, ein Exil soll das Land sein, das uns
da aufnahm.
Unruhig sitzen wir so, möglichst nahe den Grenzen
Wartend des Tags der Rückkehr, jede kleinste
Veränderung
Jenseits der Grenze beobachtend, jeden
Ankömmling
Eifrig befragend, nichts vergessend und nichts
aufgebend
Und auch verzeihend nichts, was geschah, nichts
verzeihend.
Ach, die Stille der Stunde täuscht uns nicht! Wir

hören die Schreie
Aus ihren Lagern bis hierher. Sind wir doch selber
Fast wie Gerüchte von Untaten, die da entkamen
Über die Grenzen. Jeder von uns
Der mit zerrissenen Schuhen durch die Menge geht
Zeugt von der Schande, die jetzt unser Land
befleckt,
Aber keiner von uns
Wird hier bleiben. Das letzte Wort
Ist noch nicht gesprochen.
(B. Brecht, Gesammelte Werke, Bd. 9, Frankfurt/M. 1967, S. 718)

2.6.4 „Das Neue Reich" und „Tränen des Vaterlandes"

Historischer Hintergrund

Für die Anhänger des Nationalsozialismus waren die ersten Jahre des „Dritten Reiches" eine einzige Erfolgsgeschichte in politischer, wirtschaftlicher und militärischer Hinsicht. Sie fragten nicht nach den Kosten oder sie bejahten sogar die Kosten.

Für die Gegner war das „Neue Reich" ein Verrat an den besten Traditionen der deutschen Geschichte.

Geschichtsdidaktischer Hintergrund

Die Konfrontation zweier Gedichte über das „Dritte Reich" ermöglicht, unterschiedlich begründete Perspektiven wahrzunehmen. Der Nazi-Dichter Will Vesper zeigt sich als Nationalist, der Emigrant und spätere Kulturminister der DDR Johannes R. Becher als Patriot. Es sind zwei unterschiedliche Hinsichten auf Deutschland, die in ihren Schwerpunktsetzungen nach wie vor existieren: Auf der einen Seite ein Nationalismus, der alles daran misst, was der Einheit und Stärke der Nation dient, auf der anderen Seite ein Patriotismus, der danach fragt, was Deutschland als Kulturnation ausmacht.

Methodische Hinweise

Bei der Besprechung der Gedichte – erst das Gedicht von Vesper, dann das von Johannes R. Becher – sollte darauf abgehoben werden, was dem Dichter jeweils die wesentlichen Gesichtspunkte waren, die ihn sich an Deutschland freuen oder leiden ließ. Die Gesichtspunkte können an der Tafel in einem Tafelbild festgehalten werden.

M 1 Will Vesper: Das Neue Reich

Sechs Jahre nur – und dem Wunder gleich
stieg aus dem Schutte das Neue Reich,
ein Reich des Friedens, ein Reich in Waffen,
von Einem gewollt, und von Einem geschaffen,
eine Burg der Kraft, in die Mitte der Welt
auf einen guten Grund gestellt,
auf eines Volkes Vertrauen und Mut,
auf reinen Willen und reines Blut,
auf einen Glauben, der Wunder tut!
Wer offene Augen hat im Kopf
und ist kein Verräter und kein Tropf,
der sieht, was geschah, und wie alles gewendet
zum Guten durch Ihn, den uns Gott gesendet:
Alle Räder in Gang, alle Kolben in Schwung,
bei fröhlicher Arbeit alt und jung.

Das eigene wohlverdiente Brot
macht die Augen hell, die Backen rot,
und niemand mehr leidet in Deutschland Not!
Die deutsche Zwietracht, der alte Graus,
ist aus
und für immer zu Ende!
Alldeutschland reicht zu ehernem Bunde
sich freudig die Hände.

Und auch die schlimmste, die schmerzendste Wunde
ist nun geschlossen:
Kein Blut, für Deutschland vergossen,
ist im Sand geflossen:
Für das größere Reich sind alle, die fielen, gestorben.
Ihr Tod hat ewigen Sinn und Frucht erworben:
Auf ihre Gräber als Kranz
legte der Führer den Glanz
der Berge seines Heimatlands,
die strahlende Kette
der heiligen Städte
des alten Reiches, von Bregenz bis Wien.

Und als gewaltiger Ehrenstein
mauerte wieder ins Reich er ein
die alte Schildburg,
Deutschlands Schwelle und Pfosten
am Tore nach Osten:
Prags goldnen Hradschin!

M 2 Johannes R. Becher: Tränen des Vaterlandes (1937)

1

O Deutschland! Sagt, was habt aus Deutschland ihr gemacht?
Ein Deutschland stark und frei? Ein Deutschland hoch in Ehren?
Ein Deutschland, drin das Volk sein Hab und Gut kann mehren,
auf aller Wohlergehn ist jedermann bedacht?

Erinnerst du dich noch des Rufs: „Deutschland erwacht!"?
Als würden sie dich bald mit Gaben reich bescheren,
so nahmen sie dich ein, die heute dich verheeren.
Geschlagen bist du mehr denn je in einer Schlacht.

Dein Herz ist eingeschrumpft. Dein Denken ist mißraten.
Dein Wort ward Lug und Trug. Was ist noch wahr und echt?
Was Lüge noch verdeckt, entblößt sich in den Taten:

Die Peitsche hebt zum Schlag ein irrer Folterknecht,
der Henker wischt das Blut von seines Beiles Schneide. -
O wieviel neues Leid zu all dem alten Leide!

2

Du mächtig deutscher Klang: Bachs Fugen und Kantaten!
Du zartes Himmelsblau, von Grünewald gemalt!
Du Hymne Hölderlins, die feierlich uns strahlt!
O Farbe, Klang und Wort: geschändet und verraten!

Gelang es euch noch nicht, auch die Natur zu morden?
Ziehn Neckar und der Rhein noch immer ihren Lauf?
Du Spielplatz meiner Kindheit: wer spielt wohl heut darauf?
Schwarzwald und Bodensee, was ist aus euch geworden?

Das vierte Jahr bricht an. Um Deutschland zu beweinen,
stehn uns der Tränen nicht genügend zu Gebot,
da sich der Tränen Lauf in so viel Blut verliert.

Drum, Tränen, haltet still! Laßt uns den Haß vereinen,
bis stark wir sind, zu künden: „Zu Ende mit der Not!"
Dann, Farbe, Klang und Wort, glänzt, dröhnt und jubiliert!
(Deutschland. Deutschland. Politische Gedichte vom Vormärz
bis zur Gegenwart, ausgew. u. hg. v. Helmut Lamprecht, Bremen 1969,
S. 408f. u. S. 419f.)

2.7 Gedenk- und Erinnerungstafeln

Historischer Hintergrund

Denkmale sowie Gedenk- und Erinnerungstafeln sind seit jeher Ausdrucksformen von Geschichtsbewusstsein. Sie hatten in früheren Zeiten in aller Regel eine affirmative und ideologische Funktion: Sie erinnerten an historische Vorkommnisse und – gelegentlich schon zu Lebzeiten – an historische Persönlichkeiten, die den geistlichen und weltlichen Eliten in volkspädagogischer Absicht wichtig waren. Es handelt sich um Darstellungen aus ihrer Perspektive.

Erst in den letzten Jahrzehnten gibt es – vor allem im postfaschistischen Deutschland – auch Denkmale und Erinnerungstafeln, in denen Geschichte in kritischer, selbstkritischer und zu Selbstreflektion anregender Weise verarbeitet werden soll.

Geschichtsdidaktischer Hintergrund.

Gelegentlich führen die Absichten, kritische Denkmale zu errichten, zu heftigen öffentlichen Kontroversen, die ihrerseits Ausdruck von Geschichtsbewusstsein sind (vgl. die Diskussion über ein Denkmal für Deserteure in Marburg, S. 257-261) und zur gegenwärtigen Geschichtskultur gehören. Oder aber – ebenfalls Ausdrucksformen der gegenwärtigen Geschichtskultur – bestehende Denkmale werden in kritischer Absicht durch Sprayinschriften „beschädigt". Eine andere Möglichkeit besteht darin, daß Erinnerungstafeln durch Gegentexte konterkariert werden – wie im hier angesprochenen Fall.[22]

---

22 Berichtet von Gerhard Schneider, Kriegerdenkmäler als Geschichtsquellen – Didaktisch-methodische Bemerkungen zum Unterricht im 9. bis 13. Schuljahr, in: Hans-Jürgen Pandel; Gerhard Schneider (Hg.), Handbuch Medien im Geschichtsunterricht, Schwalbach/Ts. 1999, S. 546.

Methodische Hinweise

Die Schülerinnen und Schüler erhalten zuerst die Inschrift über 1914-1918, vermuten oder kommen darauf, was die Inschrift besagen und bedeuten soll. Danach wird der Text über das „große Karthago" mit dem Hinweis eingegeben, dass er sich neben der Inschrift über 1914-1918 befindet. Wenn die Schülerinnen und Schüler dem Text nicht selber entnehmen können, dass er nach dem Zweiten Weltkrieg geschrieben worden ist, muss der Hinweis von Lehrerin/Lehrer kommen. Die Frage, was dieser Text neben dem anderen besagen und bedeuten soll, schließt sich an.

Die Schülerinnen und Schüler können auf verherrlichende Denkmale oder Erinnerungstafeln in ihrer Stadt aufmerksam gemacht und aufgefordert werden, selber Gegentexte aus einer anderen Perspektive zu entwerfen.

Erinnerungstafeln in der Münchener Kunstakademie

M 1 1914-1918

Die Ihr dem Vaterlande die blühende Jugend geopfert
Von Euch meldet getreu spätesten Enkeln der Stein
(Marmortafel; ca. 70 x 50 cm)

M 2

Das große Karthago führte drei Kriege.
Es war noch mächtig nach dem ersten,
Noch bewohnbar nach dem zweiten,
Es war nicht mehr auffindbar nach dem dritten.
Brecht
(Hartfasertafel; ca. 30 x 40 cm)

3. Zeugnisse aus der Geschichtskultur

3.1 Kognitiver Bereich

Vorbemerkung

Historikerinnen und Historiker legen keine identischen Geschichten vor, wenn sie am gleichen Sachverhalt gearbeitet haben, sondern unterschiedliche Deutungen, die sich bestimmten Perspektiven verdanken. Kontroversen sind in der Geschichtswissenschaft die Regel, nicht die Ausnahme. Gelegentlich werden solche Kontroversen aber nicht nur in der Fachöffentlichkeit geführt, sondern sie bewegen auch die breitere politische Öffentlichkeit, wenn sie – wie vor allem in der Zeitgeschichte – zugleich Identitätsfragen berühren. Nur so sind die großen Kontroversen der vergangenen Jahrzehnte – die „Fischer-Kontroverse" über den Ausbruch des Ersten Weltkrieges, der „Historikerstreit" über die „Entsorgung der deutschen Vergangenheit" (Wehler), die „Goldhagen-Kontroverse" über den Holocaust und die Kontroverse über „Verbrechen der Wehrmacht" – zu verstehen. Didaktisch von Bedeutung sind die Kontroversen in der Geschichtswissenschaft und in der Öffentlichkeit, weil Schülerinnen und Schüler an ihnen erkennen und lernen können, dass es „die" Geschichte, die eine Geschichte nicht geben kann und dass Geschichte deutende Rekonstruktion – Sinnbildung – ist.

Auch Schulbuchdarstellungen sind perspektivisch angelegt (was die Schulbuchverlage endlich dazu veranlassen sollte, bei den Kapitelüberschriften die Namen der Autoren zu nennen und nicht durch die Nennung eines angeblichen Autorenkollektivs bei Schülerinnen und Schülern den ohnehin verbreiteten Eindruck zu bestätigen, Geschichte sei das, was im Schulbuch steht).

3.1.1 „Männer sind es, welche die Geschichte machen" (Treitschke)? Geschichtstheorie und Geschichtsdidaktik im Unterricht

Historischer Hintergrund

„Männer sind es, welche die Geschichte machen", so hat Heinrich von Treitschke (1834-1896) am Ende des 19. Jahrhunderts behauptet, und er lag damit bis weit in das 20. Jahrhundert hinein im „mainstream" der deutschen Geschichtswissenschaft. Dass die nationalsozialistische Geschichts-„Wissenschaft“ wesentlich auch auf dieser Grundannahme beruhte, ist nicht verwunderlich. Andere Zugriffe auf die erkennbare Vergangenheit setzten sich in Deutschland erst nach dem Zweiten Weltkrieg durch – Strukturgeschichte, Sozialgeschichte, Gesellschaftsgeschichte, Geschlechtergeschichte, Alltagsgeschichte, Kulturgeschichte.

Geschichtsdidaktischer Hintergrund

In der Geschichte des Geschichtsunterrichts hat sich die hohe Wertschätzung der „historischen Persönlichkeit“ in der Geschichtswissenschaft als „Personalisierung“ historischer Entwicklungen niedergeschlagen. Der Geschichtsunterricht sollte wesentlich auch das Wirken der historischen Persönlichkeiten aufzeigen, unter anderem deshalb, weil die Kinder und Jugendlichen danach verlangten.

Didaktisch war die Personalisierung immer höchst bedenklich, weil sie Politik als das Handlungsfeld der historischen Persönlichkeiten vorstellte und die Handlungs- und Einflussmöglichkeiten der vielen faktisch negierte, damit politische Apathie fördern und Erkenntnis eigener Mitverantwortlichkeit an historischen Entwicklungen erschweren konnte.

Personalisierung ist keineswegs ein erledigtes Thema, auch wenn der Stand der Diskussion in Geschichtstheorie und Geschichtsdidaktik den gegenteiligen Eindruck erwecken kann. Sie ist im alltäglichen Geschichtsbewusstsein ebenso präsent wie in vielen Medienproduktionen. Und noch immer heißt es: „Hitler baute die Autobahnen“ oder „Hitler beseitigte die Arbeitslosigkeit“ oder „Hitler entfesselte den Zweiten Weltkrieg“. Brechts „Fragen eines lesenden Arbeiters“ drängen sich auf: Hatte er nicht wenigstens einen Krupp-, einen Flick-, einen Siemens- oder einen IG-Farben-Konzern bei sich?

„Männer sind es, welche die Geschichte machen“ – das hat zudem ja eine doppelte Bedeutung, die erst mit dem Aufkommen der Frauen- und Geschlechtergeschichte bewusst wurde. Und wer Geschichte nicht als Geschichte dessen, was sich durchgesetzt hat, sondern auch als einen Zusammenhang von menschlichem Handeln und Leiden begreift, wird der Personalisierung ohnehin skeptisch und ablehnend gegenüberstehen. Die Texte können ergänzt werden um Brechts „Fragen eines lesenden Arbeiters“.

Methodische Hinweise

Die folgenden geschichtstheoretischen und geschichtsdidaktischen Texte, für einen Leistungskurs in der Sekundarstufe II gedacht, können mit dem Ausspruch Heinrich von Treitschkes als stummer Tafeltext eröffnet werden: „Männer sind es, welche die Geschichte machen". Der Satz wird – vielleicht feministisch begründeten – Widerspruch auslösen, nach allen Erfahrungen aber auch Zustimmung, jedenfalls zu einer Diskussion führen, die gut motiviert, der Frage genauer an Texten nachzugehen.

Es ist denkbar, den Pro- und Contra-Diskussionen im Fernsehen folgend, zu Beginn der Unterrichtseinheit eine geheime Abstimmung durchzuführen und zum Ende der Unterrichtseinheit die geheime Abstimmung zu wiederholen, um gemeinsam zu überprüfen, ob es Sinneswandel gegeben hat.

M 1 Heinrich von Treitschke: „Männer sind es, welche die Geschichte machen"

Überall stößt die Geschichtswissenschaft auf das Rätsel der Persönlichkeit. Personen, Männer sind es, welche die Geschichte machen, Männer wie Luther, wie Friedrich der Große und Bismarck. Diese große, heldenhafte Wahrheit wird immer wahr bleiben; und wie es zugeht, daß diese Männer erscheinen, zur rechten Zeit der rechte Mann, das wird uns Sterblichen immer ein Rätsel sein. Die Zeit bildet das Genie, aber sie schafft es nicht. Wohl arbeiten gewisse Ideen in der Geschichte, aber sie einzuprägen in den spröden Stoff ist nur dem Genius beschieden, der sich in der Persönlichkeit eines bestimmten Menschen zu einer bestimmten Zeit offenbart (...)
Wie allüberall in der Geschichte kommt es vor allem in der Monarchie an auf das lebendige Leben der Persönlichkeit. Die Monarchie beruht auf dem tiefsinnigen Gedanken, den alle liberalen Schwätzer heute verspotten, daß Männer die Geschichte machen. Wer da meint, daß das perpetuum mobile, das in der physischen Welt undenkbar ist, in der geistigen Welt existieren könne, der wird republikanische Neigungen haben und sich einbilden, die Dinge machten sich von selber. Wer dagegen davon ausgeht, daß es die Kraft des Willens und mithin die Kraft der Persönlichkeit ist, welche die Geschichte vorwärts bewegt, dessen Staatsauffassung wird eine monarchische sein. Gervinus ist der Hauptvertreter der Phrase, die öffentliche Meinung oder die allgemeinen Zustände entwickelten sich von selber, brächten allein die Dinge vorwärts. Man war in dieser Torheit soweit gelangt, daß man meinte, es sei ein Zeichen der Kraft einer Bewegung, wenn kein bedeutender Mann an ihrer Spitze stände. Gervinus hat gesagt, aus unserer deutsch-katholischen Bewegung würde viel werden, weil sie aus dem Volke hervorginge, weil kein bedeutender Mann daran beteiligt sei. Gerade das war der Grund, daß nichts daraus wurde. Je tiefer man in die Geschichte eindringt, um so mehr befestigt man sich in der Überzeu-

gung, daß es eine Abstraktion des Katheders ist, zu sprechen von einer Entwicklung der Zustände; die Macht der Persönlichkeit muß hinzukommen. Man soll die Geschichte nicht konstruieren wollen. Was nachfolgende Geschlechter eine historische Notwendigkeit nennen, war eine Kombination von günstigen und ungünstigen Umständen; aber es mußten doch immer erst die Männer kommen, welche die Dinge in die Hand nahmen. Es liegt mir fern, die Bestrebungen der Wirtschaftsgeschichte zu verkleinern, aber sie betrachtet nur die eine Seite der Geschichte. Wenn es dabei den Anschein gewinnt, als ob die Dinge von selber gingen, so leitet sie den Historiker auf Irrwege.

Auf dem Gedanken also, daß der bewußte Wille handelnder Männer die Geschichte macht, nicht die geheimnisvolle kopflose Kraft der öffentlichen Meinung, darauf beruht vor allem der monarchische Staat. Unverkennbar ist die Bedeutung der Persönlichkeit, diese unberechenbare, durch keine Menschenkunst zu erzwingende Macht, in der monarchischen Geschichte größer als in der Geschichte irgendeiner anderen Staatsform.

(Heinrich von Treitschke, Politik, hg. v. M. Cornicelius, Bd. 1, Leipzig 1899, S. 6f. u. Bd. 2, Leipzig 1900, S. 59f.)

M 2 Der englische Schriftsteller Thomas Carlyle (1795-1881): „... im Grunde die Geschichte der großen Männer“ (1840)

Nach meiner Auffassung ist die Universalgeschichte, die Geschichte dessen, was der Mensch in dieser Welt vollbracht hat, im Grunde die Geschichte der großen Männer, welche darin gearbeitet haben. Sie waren die Führer der Menschheit, diese Großen; sie waren die Bildner, die Vorbilder und im vollsten Sinne die Schöpfer alles dessen, was die große Masse der Menschen vollbrachte oder erreichte. Alle Dinge, die wir in der Welt fertig dastehen sehen, sind eigentlich das äußere wesentliche Ergebnis, die praktische Verwirklichung und Verkörperung von Gedanken, die in den Hirnen der uns in die Welt gesandten großen Männer lebten: Die Seele der ganzen Weltgeschichte, so kann man es mit Recht auffassen, würde die Geschichte dieser Menschen sein.

Ein Trost ist, daß große Menschen ein bildender Umgang sind, in welcher Weise man sich auch mit ihnen beschäftigen mag. Wir können einen großen Mann nicht betrachten, sei es auch noch so oberflächlich – ohne etwas durch ihn zu gewinnen. Er ist die lebendige Quelle des Lichtes, und es ist gut und ersprießlich, ihr nahe zu sein. Er ist das Licht, welches die Dunkelheit der Welt erhellt und erhellt hat; nicht wie eine künstlich entzündete Lampe, sondern wie ein natürliches Gestirn, welches durch die Gnade des Himmels leuchtet, eine strömende Lichtquelle, sage ich, der angeborenen ursprünglichen Erkenntnis, der Mannheit und des edlen Heldenmutes –

in deren Glanze alle Menschen sich wohl fühlen. Ihr werdet nicht abgeneigt sein, eine Weile in solcher Gesellschaft zu wandern, einerlei unter welchen Bedingungen.
(Thomas Carlyle, Über Helden, Heldenverehrung und das Heldentümliche in der Geschichte, übers. v. A. Pfannkuche, Leipzig 1900, S. 23f.)

M 3 Der Schriftsteller Friedrich Karl Biedermann (1812-1901): Gegen „diesen das rechte Maß überschreitenden Personenkultus"

Soll der Geschichtsunterricht auf Schulen bloß „Taten" und, als deren Träger, „große Persönlichkeiten" schildern, oder soll er sich mit den Gesamtzuständen einer Zeit oder eines Volkes beschäftigen, soll er also, seinem Stoffe nach, ausschließlich oder doch vorzugsweise nur die äußere, sog. politische Geschichte (die Geschichte der Kriege, Schlachten, Friedensschlüsse, Eroberungen, Länderteilungen, der Regenten, Feldherren, Diplomaten usw.), oder soll er auch die Geschichte des inneren Volkslebens ins Auge fassen, also zugleich kulturgeschichtlich sein? (...)
Man braucht wahrhaftig noch lange nicht ein „Demokrat" zu sein (und ich meinerseits habe wohl niemals für einen solchen gegolten), man kann den Verdiensten der hervorragenden Männer in der Vergangenheit wie in der Gegenwart unseres Volkes die aufrichtigste Verehrung und Dankbarkeit zollen (wie ich das von ganzem Herzen tue), und kann es doch ebenso geschichtlich falsch, als aus praktischen Gründen gefährlich finden, wenn unsere Jugend von früh auf daran gewöhnt werden soll, in allen Wendungen und Wandlungen unserer vaterländischen Geschichte immer und überall nur das Walten einzelner Persönlichkeiten zu erblicken, den ganzen übrigen Teil der Nation aber nur wie eine passive Masse anzusehen, welche jeder wirksamen, selbsttätigen Teilnahme an der Gestaltung ihrer Geschicke entbehre. Ohnehin neigt ein nur zu großer Teil unseres Volkes dahin, von einzelnen Persönlichkeiten alles zu erwarten, statt selbst, wie der Engländer sagt, „die Schulter ans Rad zu stemmen". Doppelt bedenklich erscheint es daher, diesen Hang zur Passivität und diesen das rechte Maß überschreitenden Personenkultus durch die Art des Geschichtsunterrichts schon in der Jugend zu nähren. Richtiger verfährt man jedenfalls, wenn man dem Schüler durch eine wahrheitsgetreue und wirklich „unbefangene" Geschichtsdarstellung zeigt, wie zwar zu allen Zeiten einzelne große Persönlichkeiten in der Geschichte wirksam, ja hervorragend wirksam gewesen sind, aber doch nicht sie allein und ausschließlich, daß vielmehr auch die Gesamtheit des Volkes immer einen Anteil an der Gestaltung seiner Geschicke – zum Guten oder zum Schlimmen – gehabt hat, daß mehr oder weniger jedes Volk „seines eignen Glückes Schmied" gewesen ist und noch ist. Der ganze Zug unserer politischen und sozialen Be-

strebungen geht dahin, unser Volk in allen seinen Schichten, selbst die untersten nicht ausgenommen, zu einer selbstbewußten und tatkräftigen Beteiligung an den großen nationalen und allgemein menschlichen Kulturaufgaben heranzubilden, zugleich solche Formen und Einrichtungen zu schaffen, welche diese Beteiligung in die rechten Bahnen leiten. Es ist daher unwahr, oder doch nur halbwahr, wenn Campe sagt: „Nicht in der Volksmasse, nicht in Formen und Einrichtungen, sondern in Personen kulminiert die Geschichte". Sie kulminiert in beiden: die gewaltigsten Persönlichkeiten können nichts durch sich allein, wenn nicht die „Volksmasse", d.h. die Nation, hinter ihnen steht. Hat doch eine der größten weltgeschichtlichen Persönlichkeiten, unser berühmter Reichskanzler, selbst dies mehr als einmal offen ausgesprochen!
(Karl Biedermann, Der Geschichtsunterricht auf Schulen nach kulturgeschichtlicher Methode, Wiesbaden 1885, S. 9 u. 15f.)

M 4 Der Althistoriker Karl Julius Beloch (1854-1929): „Die Überschätzung der Bedeutung des Individuums"

Es hat nie Männer gegeben, die eine größere Machtfülle besessen hätten als die römischen Kaiser; und da sie meist nicht durch Erbrecht auf den Thron gelangt sind, sondern durch eigene Kraft, findet sich unter ihnen eine sehr viel größere Zahl bedeutender Persönlichkeiten, als es sonst in Monarchien der Fall ist. Und doch, wie wenig haben sie es vermocht, den Gang der Geschichte zu beeinflussen. Sie sind nicht imstande gewesen, den immer weiter fortschreitenden Verfall der Kultur und damit des Reiches aufzuhalten oder neuen geistigen Strömungen, wie dem Christentum, Halt zu gebieten. Man könnte eine Geschichte der Kaiserzeit schreiben, die von der Persönlichkeit der einzelnen Herrscher vollständig absähe, und es würde kein einziger wesentlicher Zug in dem Bilde fehlen. Und andererseits sind alle Versuche, die Kaiserherrschaft zu stürzen, vergeblich geblieben, obgleich den Kaisern der Halt fehlte, den anderen Monarchen der legitime Besitz der Macht gibt. Niemals wieder hat die Überschätzung der Bedeutung des Individuums so verhängnisvolle Folgen gehabt als bei der Ermordung Caesars. Der war einer der größten Männer, die je gelebt haben, gleich genial als Staatsmann, als Feldherr, als Schriftsteller; kein Wunder, daß die Verschworenen glaubten, es genüge, ihn zu beseitigen, um die Republik wiederherzustellen. Die Tat hat die Welt in zwölfjährige Bürgerkriege [sic] gestürzt, aber sonst nichts an der Lage geändert; denn zwischen Augustus' Scheinkonstitutionalismus und dem Regiment, wie es Caesar aufgerichtet haben würde, ist in der Sache kaum ein Unterschied, um so weniger, als ja auch Caesar nicht daran hätte denken können, den Senat ganz zu beseitigen. Es ist eben nicht Caesar, der die Senatsherrschaft

gestürzt hat, sondern die Gewalt der Verhältnisse; wäre Caesar, wie Pompeius, in den Schranken der Verfassung geblieben, so hätte ein anderer den entscheidenden Schritt getan. (...)
Die Dinge liegen also gerade umgekehrt, als sie einer oberflächlichen Betrachtung erscheinen. Nicht das plötzliche Auftreten „großer Männer" ist es, das den Verlauf der historischen Entwicklung bestimmt, sondern „große Männer", d.h. solche, deren geistige Begabung weit über den Durchschnitt hinausgeht, sind überall und zu allen Zeiten vorhanden, und die Verhältnisse sind es, die ihrem Wirken die Richtung geben, und überhaupt ihr Wirken, oder doch ihr erfolgreiches Wirken ermöglichen. Die politische und geistige Entwicklung geht dann in der Weise vor sich, daß solche hervorragenden Männer sich in den Dienst der Zeitströmung stellen und den Idealen, welche die Massen bewegen, konkrete Gestaltung geben. Dabei kommt dann natürlich auch die Individualität der führenden Männer zum Ausdruck, aber nur in Nebenpunkten. Alles wesentliche hängt von tieferen Ursachen ab.
(Karl Julius Beloch, Griechische Geschichte, Bd. 1/1, 2. Aufl., Stuttgart 1912, S. 4f. u. 9f.)

M 5 Der sozialdemokratische Schriftsteller Franz Mehring (1846-1919): „... gibt es keinen törichteren Aberglauben als die Heldenverehrung der ‚großen Männer'" (1887)

In der Geschichte wie in der Politik gibt es keinen törichteren Aberglauben als die Heldenverehrung der „großen Männer", welche, wie der vielgefeierte „Prophet des Deutschen Reichs", Herr von Treitschke, wirklich fertigbekommen hat, in seiner „Deutschen Geschichte" zu schreiben, die „Geschichte machen". Es ist freilich richtig: Die großen geschichtlichen Notwendigkeiten, die Naturprozesse im Völkerleben, vollziehen sich auf dem Wege willkürlicher Handlungen bestimmter Individuen; eine persönliche Initiative wird dabei immer vorhanden sein müssen. Aber es ist der Gipfelpunkt menschlicher Torheit, daraus zu folgern, daß solche Bewegungen künstlich erdacht und gemacht, daß sie an die Initiative irgendeiner bestimmten Persönlichkeit gebunden sind. Die Sache liegt vielmehr einfach so, daß, wenn die geschichtliche Entwicklung für eine große Entscheidung reif geworden ist, sich immer ein Mensch finden wird, einfach weil er sich finden muß, der das innerlich längst Vollendete auch äußerlich vollzieht. Ist es dieser nicht, so ist es eben ein anderer.
Wer in den geschichtlichen Entwicklungen überall den „Finger Gottes" tätig sieht als die einzig treibende Ursache der Dinge, der mag vor den „Werkzeugen des göttlichen Willens" sich in abergläubischer Ehrfurcht beugen. Er bleibt wenigstens konsequent, wenn er natürlich auch weder in

der Politik noch in der Wissenschaft mitzureden hat. Nicht aber nur völlig unbegreiflich, sondern auch eine schreiende Inkonsequenz ist es, wenn politisch mündige und wissenschaftlich gebildete Leute irgendeinem Menschen, dem es vergönnt gewesen ist, in einem weltgeschichtlichen Augenblicke die Hand an die Speichen des Weltrads zu legen, ihren Verstand knechtisch opfern und ihr ganzes Dasein demütig in die Hände des „großen Mannes“ befehlen.

Und doch sollte man meinen, es gäbe ein sehr einfaches und wirksames Heilmittel gegen diese besondere Form geistiger Entartung: die durch jedes Blatt der Geschichte bestätigte Erfahrung nämlich, daß die Völker die Wirksamkeit jedes „großen Mannes“ regelmäßig sehr teuer haben bezahlen müssen. Sobald irgendeine Persönlichkeit, welche in einem bedeutsamen Wendepunkt der Geschichte die hervorstechendste Rolle spielen durfte, deshalb zum „großen Mann“ erklärt wurde oder sich selber dafür erklärte und Gläubige fand, richtete sie kaum noch etwas anderes als Unheil an. Und zwar aus sehr erklärlichen Gründen. Wer groß erschien, weil er handeln durfte, einer für alle, muß sich notwendig als zwergenhaft klein erweisen, wenn alle nur noch für ihn, den einen, da sein sollen. Denn der einzelne Menschengeist, so bedeutend er sein mag, ist immer nur ein winziges Atom gegenüber dem Geist der Gesamtheit, dem Geist des Volks, aus welchem allein alle wahrhaft großen Erscheinungen entstehen können. Maßt sich ein einzelner Geist die Herrschaft über den Geist des Volkes an und gewinnt er die Macht, diese Herrschaft auszuüben oder vielmehr ihre Ausübung zu versuchen – denn wirklich vollbringen kann ja freilich kein Mensch das übermenschliche –, so taumelt er in der versuchten Lösung einer unlöslichen Aufgabe naturgemäß von Irrtum zu Irrtum und reißt alle die ins Verderben, welche ihre Hoffnungen auf seinen Stern gesetzt hatten. Diese Erscheinung wiederholt sich mit unwandelbarer Regelmäßigkeit bei allen „großen Männern“ der Geschichte, d.h. bei allen geschichtlichen Persönlichkeiten, denen von dem Aberglauben ihrer Zeitgenossen die unsinnige, aber von ihnen selbst nicht zurückgewiesene Aufgabe angedichtet wurde, die „Geschichte zu machen“.

(Franz Mehring, Etwas über große Männer, in: Ders., Gesammelte Schriften, Bd. 5, Berlin 1964, S. 249f.)

M 6 Der Geschichtsdidaktiker Hans Döhn 1967

Der Geschichtsunterricht will zeigen, was der Mensch ist, was er vermag, wo seine Grenzen liegen und wie er ständig zwischen Freiheit und Verantwortung gestellt ist, denn „die Geschichte ist nun einmal das Werk des Menschen als des handelnden Wesens“ (Litt). Entsprechend der seelischen Eigenart und Interessenlage des Schülers sucht er die geschichtlichen

Triebkräfte und Bedeutsamkeiten am handelnden Menschen, insbesondere an der bedeutenden Persönlichkeit, die ihre Epoche repräsentierte und den Gang des Geschehens entscheidend beeinflußte, einsichtig zu machen. Sie rückt er in den Mittelpunkt der Darstellung, da sich an ihnen am besten menschliches Handeln und Schicksal, seelische Konflikte und sittliche Entscheidungen aufzeigen lassen. Dennoch ergäbe es beim Schüler ein schiefes Bild, wenn wir ihm die Geschichte lediglich als das Werk weniger großer Männer, als die „Quintessenz unzähliger Biographien" (Carlyle) vorführen wollten. Der Satz Treitschkes „Männer machen die Geschichte" bedarf mancherlei Einschränkungen. Auch die „großen Männer" stehen weithin in Abhängigkeit, ihre Entscheidungsfreiheit ist durch die Zeitsituation und den Zeitgeist beeinflußt; nur auf der Basis der Völker, der Stämme, der Untertanen, der Bürger, der Massen sind ihre Taten möglich und verständlich. Dementsprechend darf es der Geschichtsunterricht nicht zu einer einseitigen Überbetonung weder des Individuums noch der Kollektive kommen lassen. Seine Aufgabe ist es, die schöpferische und bahnbrechende Tat der Persönlichkeit mit den verschiedenen Entscheidungsmöglichkeiten in das richtige Verhältnis zu den Zeitumständen zu setzen. Er darf aber auch das „einfache Volk", das meist von der Geschichte lediglich betroffen wurde und nur gelegentlich als handelnde Einheit auftritt, nicht ausklammern.

(Hans Döhn, Der Geschichtsunterricht in Volks- und Realschulen, Hannover–Berlin–Darmstadt–Dortmund 1967, S. 53f.)

M 7 Der Geschichtsdidaktiker Klaus Bergmann 1972
Zusammenfassung der Kritik am personalisierenden Geschichtsunterricht

Die bisherigen Ausführungen enthalten harte, prinzipiell aber berechtigte Verdikte gegen einen großen Teil der geschichtsdidaktischen Standardliteratur der Bundesrepublik. Die Auswertung von Schülerbefragungen, die Friedeburg und Hübner bereits 1964 veröffentlicht haben, bestätigt die Kritik am personalisierenden Geschichtsunterricht. Sie enthält die bisher schärfste Kritik an der Praxis eines Geschichtsunterrichts, der bei den Schülern ein Geschichtsbild und damit ein politisches Bewußtsein anlegt oder verstärkt, in dem sich Geschichte und Politik auf das Handeln „großer Männer" reduzieren. Im Geschichtsbild der Jugend entdeckten Friedeburg und Hübner die unausbleiblichen Konsequenzen eines personalisierenden, die objektiven gesellschaftlichen Strukturmomente und Funktionszusammenhänge vernachlässigenden Geschichtsunterrichts vor allem im Vorherrschen der Vorstellung von „übermächtigen Subjekten": Historische Sachverhalte werden auf die Handlungen großer Männer zurückgeführt; die den großen Männern zugeschriebenen Eigenschaften und Absichten gelten als Ursachen der Geschichte. Motivation, Handeln und historisches Ereignis gelten als geschlossene Kette und fallen zusammen. Komplizierte Vorgänge werden ursächlich allein aus der Motivation und der Persönlichkeitsstruktur einzelner Persönlichkeiten abgeleitet. Objektive gesellschaftliche Strukturzusammenhänge werden nicht gesehen, werden vielmehr ins Biographische aufgelöst, auf die moralische Ebene verschoben und in rein menschliche Gewissensentscheidungen verwandelt. Friedeburg und Hübner haben dadurch Ansätze für eine systematische Erfassung der Konsequenzen eines personalisierenden Geschichtsunterrichts geliefert. Ein solcher Geschichtsunterricht birgt, indem er Geschichte als das Entscheidungs- und Handlungsfeld übermächtiger Subjekte darstellt und gesellschaftliche und ökonomische Prozesse biographisch auflöst, folgende Gefahren:

1. Er vermittelt Politik als Domäne von berufenen Spezialisten, als Geschäft dazu berufener Profis, kann zu einer Identifikation mit den Herrschenden führen und eine unreflektierte Untertanengesinnung begünstigen und dauernd reproduzieren.
2. Er wirkt einer Resignations- und fatalistischen Haltung in politicis nicht entgegen, fördert sie eher und ermöglicht Leugnung und Verdrängung eigener Mit-Verantwortlichkeit.
3. Er lehrt Geschichte und Politik sehen als Feld eines politischen Darwinismus, auf dem nur das Bedeutung hat, was sich durchsetzt und Erfolg hat.
4. Er verhindert den Blick auf gesellschaftliche Funktionszusammenhänge und auf den Selbstlauf vieler gesellschaftlicher und wirtschaftlicher Prozesse und damit auf wichtige systemimmanente Strukturmomente, die historisch-politisches Handeln fremdbestimmen können.
5. Er fördert und verstärkt ein undifferenziertes Denken, das sich in pauschalen Schwarz-Weiß-Kontrastierungen, in der stereotypen Reproduzierung einfachster sozialer Ordnungsschemata erschöpft.
6. Er löst historische und politische, gesellschaftliche und wirtschaftliche Prozesse durch Kategorien des privaten Lebens auf und verfehlt damit Historisch-Politisches.
7. Er entpolitisiert – soweit er „große Wohltäter" isoliert ins Zentrum stellt – Geschichte.
8. Er verstärkt ein Geschichtsbild und ein politisches Bewußtsein, die beliebig manipulierbar sind: Vorbilder und Leitbilder sind austauschbar, totale Entmündigung ist eine unschwer anzielbare und erreichbare Konsequenz.
9. Er fördert ausgerechnet bei Kindern der Unterschicht, die von ihrem sozialen und familiären Milieu her ohnehin für einfache soziale Deu-

tungsmodelle mit stark fatalistischer Tendenz („die da oben" – „wir hier unten") anfällig sind, ein personalisierendes Deutungsschema, zumal die schichtenspezifische Sprache der Unterschicht von ihrer Struktur her die Rezeption und den Gebrauch dieses einfachen und scheinbar plausiblen Deutungsschemas historisch-politischer Sachverhalte noch in besonderem Maße begünstigt.

Die überaus scharfe Kritik, die Friedeburg und Hübner an den Folgen eines personalisierenden Geschichtsunterrichts für das politische Bewußtsein der Schüler geübt haben, ist von der geschichtsdidaktischen Standardliteratur so gut wir überhaupt nicht berücksichtigt worden, wie auch die neueren Untersuchungen der Sozialisationsforschung unberücksichtigt geblieben sind. Gerade sie aber erweisen in ihren Aussagen über die Wertorientierung in Unterschichten über die Sozialisationsagentur Familie und über den Einfluß schichtenspezifischer Formen des Sprachverhaltens auf die kognitiven Prozesse die Gefahren eines betont personalisierenden Geschichtsunterrichts aus einer neuen Sicht. Die didaktischen und methodischen Handbücher zum Geschichtsunterricht vermitteln dagegen großen Teilen einer Lehrerschaft, die häufig nicht oder nicht ausreichend qualifiziert vorgebildet ist, die überfordert wäre, würde man ihr abverlangen, den jeweils letzten Stand geschichtsdidaktischer Diskussionsliteratur zu kennen und die letztlich zu einem großen Teil ebenfalls einem personalisierenden Geschichtsbild zuneigt, die Konzeption eines Geschichtsunterrichts, dessen fatale Folgen spätestens seit der Untersuchung Friedeburgs und Hübners erwiesen sind und durch neuere Forschungen immer wieder neu bestätigt wurden.

(Klaus Bergmann, Personalisierung im Geschichtsunterricht – Erziehung zu Demokratie? 2. erw. Aufl., Stuttgart 1977, S. 60-63)

M 8 Der Geschichtsdidaktiker Joachim Rohlfes 1999

Alle Personalisierungskonzepte verloren unter der engagierten Kritik der emanzipatorischen, radikaldemokratischen Sozialwissenschaft und Geschichtsdidaktik den Stand der politischen und pädagogischen Unschuld. Unversehens sahen sie sich schlimmsten Unterstellungen und Verdächtigungen ausgesetzt. (...)

Acht Jahre später stieß der Gießener Geschichtsdidaktiker Klaus Bergmann mit seiner temperamentvollen Streitschrift „Personalisierung im Geschichtsunterricht – Erziehung zur Demokratie?" noch einmal in die gleiche Kerbe, und auch er erhielt viel Beifall. Radikaler als sein Vorgänger argumentierend und mit Alarmsignalen nicht geizend, ließ er an der Personalisierung kein gutes Haar. Er legte ihr alle nur erdenklichen Übel zur Last und schoß damit weit übers Ziel hinaus.

Seine vehemente Kritik nahm vor allem zwei unbestreitbare Mängel des Personalisierungskonzeptes aufs Korn: die Unterschätzung der „Massen“ und die Vernachlässigung der Strukturen zum einen, das stark biologisch getönte, die Erziehungs- und Sozialisationswirkungen unterschätzende Reifungsmodell der älteren Entwicklungspsychologie zum anderen.
Es fiel dem Verfasser nicht schwer, aus den Lehrplänen und der geschichtspädagogischen Literatur Zitate zusammenzutragen, die eine überzogene Gewichtung und Hochschätzung der Persönlichkeiten widerspiegelten. Offen blieb jedoch die Frage, wieweit derartige Bekundungen für den tatsächlich praktizierten Geschichtsunterricht repräsentativ waren. Bedenklich war ein anderes: Einmal in Fahrt gekommen, ließ Bergmann keine Unterschiede zwischen den historischen Figuren mehr gelten. In seiner Sicht waren sie allesamt im Unterricht fehl am Platze, selbst die „Wohltäter der Menschheit“: waren diese doch verdächtig, einer „Entpolitisierung“ Vorschub zu leisten und damit die Ziele eines „demokratischen Geschichtsunterrichts“ zu gefährden.
Bergmann beging die gleiche Unvorsichtigkeit wie von Friedeburg und Hübner: Aus vergleichsweise geringfügigen, dem personalisierenden Ansatz zuzuschreibenden Fehlperzeptionen leitete er politisch nachgerade katastrophale Einstellungs- und Verhaltensdefizite der jungen Menschen ab („apolitisch, fatalistisch, fanatisch“), ohne aber in der Lage zu sein oder auch nur den Versuch zu unternehmen, dergleichen Fehlentwicklungen bei den Betroffenen realiter, also empirisch nachzuweisen. Auch seiner reichlich einäugigen Verknüpfung der personenzentrierten Geschichtsbetrachtung mit konservativen, reaktionären, feudalistischen, kapitalistischen, antidemokratischen und natürlich auch faschistischen Denkweisen konnte man schwerlich folgen. Buchstäblich alle politischen Richtungen, die ihm ein Dorn im Auge waren, ordnete er ohne viel Federlesens dem „gefährlichen Unterrichtsprinzip“ der Personalisierung zu. (...)
Erneut in argumentative Sackgassen geriet Bergmann freilich, indem er die „subjektiven“ Interessen der Lernenden, ganz gegen alle Grundsätze seiner emanzipatorischen Position, beiseiteschob und die sonst so gern angerufene „Selbstbestimmung“ der Schüler/innen ignorierte. Nicht was die jungen Leute zu lernen wünschten und wofür sie ihr besonderes Interesse bekundeten – wie im Fall der Persönlichkeiten –, sollte im Unterricht vorkommen, sondern das, was die Lehrenden als objektiv „notwendige Informationen“ erachteten. Das mußte an und für sich nicht verwerflich sein, paßte aber nicht zu den Maximen einer progressiven Geschichtdidaktik, die von sich behauptete, von den Bedürfnissen der Schüler auszugehen.
Die Abrechnung mit dem Konzept der Personalisierung, die von Friedeburg/Hübner eröffneten, Bergmann auf die Spitze trieb und manche Au-

toren nach ihm wiederholten, war insoweit hilfreich, als sie die Augen für bestimmte Schwächen des herkömmlichen Geschichtsunterrichts, vor allem in den unteren und mittleren Klassen, öffnete. Seitdem kann niemand mehr guten Gewissens im Fach Geschichte Heldenverehrung betreiben. Aber die Kritik war nicht immer fair. Sie bediente sich bisweilen bloßer Mutmaßungen, vermengte unterschiedliche Argumentationsebenen und schüttete gern das Kind mit dem Bade aus. Statt sorgsam zwischen guten und schlechten, ausbaufähigen und obsoleten Seiten dieses Ansatzes zu unterscheiden, verwarfen seine Kritiker ihn in Bausch und Bogen.
Eine solche Pauschalverurteilung aber hat er nicht verdient. Es ist an der Zeit, sich um seine Ehrenrettung zu bemühen. Niemand wird sich wünschen, den alten Zustand wiederhergestellt zu sehen. Wohl aber sollten wir ein Interesse daran haben, die mancherlei Entwicklungen der historischen Biographik wie auch bestimmte Strömungen der jüngeren Geschichtsdidaktik aufzugreifen und einer zeitgemäßen Integration der Personengeschichte in den historischen Unterricht nutzbar zu machen.
(Joachim Rohlfes, Ein Herz für Personengeschichte, in: GWU 50 [1999], H. 5/6, S. 310ff.)

3.1.2 1848 – eine sehr deutsche Revolution? Kontroverse Positionen

Historischer Hintergrund

Der deutschen Revolution von 1848 ist oft nachgesagt worden, sie sei „gescheitert“. Um eben diese Behauptung kreisen immer wieder neue Versuche von Historikern, sich mit dieser Revolution auseinanderzusetzen, seit der linksliberale Historiker Veit Valentin 1930/1931 die erste umfassende wissenschaftliche Darstellung der Revolution vorgelegt hat.

Geschichtsdidaktischer Hintergrund

An den unterschiedlichen Deutungen ist für die Schülerinnen und Schüler gut erkennbar, dass Geschichte eine gegenwartsbezogene und zukunftsorientierte Sinnbildung über Vergangenes ist, in der die Standortbindung von Historikerinnen und Historikern zum Ausdruck kommt.

Methodische Hinweise

Die Texte können – vor allem in der Sekundarstufe II – als Einstieg oder aber als Teil von Überlegungen nach Abschluß einer Unterrichtseinheit über die Revolution eingesetzt werden. Werden sie als Einstieg eingesetzt, kann aus ihnen eine „geschichtsdidaktische Frage" gewonnen werden, die die weitere Unterrichtseinheit strukturiert.

M 1 Walter Grab 1980

Zweifellos wäre bei einem Sieg der bürgerlichen Revolution der Weg zum ersehnten deutschen Einheitsstaat nicht über Staatsstreiche, aufgelöste Parlamente, oktroyierte Verfassungen und schließlich über Schlachtfelder in drei Kriegen gegen andere Völker gegangen. Zweifellos hätte bei einem Triumph der Volksbewegung die Idee der Demokratie, der aktiven Teilnahme der Öffentlichkeit am politischen Entscheidungsprozeß, tiefe Wurzeln in den Köpfen von Millionen geschlagen, anstatt im militärischen Obrigkeitsstaat zu verkümmern. Zweifellos hätte ein siegreiches 1848 die Ungeheuerlichkeiten, die den deutschen Namen in unserem Jahrhundert befleckt und geschändet haben, verhindert.
Aber trotz ihres Scheiterns bildet das revolutionäre Sturmjahr einen epochalen Einschnitt in der deutschen Geschichte. Die bürgerlich-demokratische Revolution leitete einen nicht mehr rückgängig zu machenden Prozeß der Erneuerung in allen Lebensbereichen ein. Erstmals eröffnete sich der Ausblick auf eine von politischer Freiheit und sozialer Gleichheit bestimmte Gesellschaftsordnung, in der der einzelne nicht mehr Objekt fremder Befehlsgewalt, sondern Subjekt eigener Entscheidungen ist. Erstmals betrat die Arbeiterbewegung, die im Kampf ihre Organisationen zu schaffen begann, die politische Arena. Erstmals wurden 1848 laut und allen vernehmbar die Ideen des sozialen Wohlfahrtsstaats, der freiheitlich-parlamentarischen Demokratie, der Föderativrepublik, der Abschaffung aller sozialen Privilegien der Geburt und des Besitzes verkündet. Die geschichtliche Entwicklung hat gezeigt, daß diese Ideen von 1848 mächtiger und zukunftsträchtiger waren als die Ideen von 1871, auf denen der Obrigkeitsstaat Bismarcks beruhte. Heute ist erkennbar, wie vergänglich die Schöpfung des charismatischen Vertreters der Junkerkaste war, der die anachronistische Adelsherrschaft konservieren und verewigen wollte und den demokratisch gewählten, aber politisch ohnmächtigen Reichstag zu einer Schwatzbude erniedrigte. Das unter seiner Ägide in Blut und Eisen geschaffene Reich, dessen Verfassung keinen Grundrechtskatalog besaß und in dem – nach Aussage eines unvoreingenommenen Zeitgenossen – „das Militärische das Vorbild alles Öffentlichen" war, ging nach weniger

als einem halben Jahrhundert blutig und eisern in einem Krieg zugrunde, für dessen Ausbruch die deutsche Politik die Hauptverantwortung trug. Die Grundsätze hingegen, von denen sich die 1848 unterlegenen republikanischen Volkstribunen leiten ließen, nämlich die universalen Ideen der unveräußerlichen Menschenrechte, der demokratischen Sozialordnung und der brüderlichen Gleichberechtigung aller Nationen, sind heute ebenso gültig wie vor vier Generationen. Ein Jahrhundert nach dem anscheinenden Triumph der Reaktion und dem Scheitern der Revolution sind sie zum großen Teil im Grundgesetz der Bundesrepublik verankert worden. An dieses stets neu zu erkämpfende Vermächtnis der geschlagenen, aber unbesiegbaren Revolutionäre von 1848 gilt es anzuknüpfen.
(Walter Grab, Die Revolution 1848/49. Eine Dokumentation. München 1980, S. 25f. [Neuaufl. Stuttgart 1998])

M 2 Reinhard Rürup 1984

Daß die Revolution in Deutschland gescheitert ist, unterscheidet sie nicht von den anderen revolutionären Bewegungen der Jahre 1848 und 1849. Selbst in Frankreich trat das „zweite Kaiserreich" Napoleons III. an die Stelle der Republik. Die Niederlage der liberalen und demokratischen Kräfte in Deutschland war keine Ausnahme, sondern bestätigte die Regel, und es bedarf daher auch keines Rückgriffs auf einen angeblichen Nationalcharakter der Deutschen, um den unbefriedigenden Ausgang der Revolution zu erklären. Die Deutschen der Revolutionszeit waren weder besonders unpolitisch, noch waren sie besonders revolutionsfeindlich und obrigkeitsfromm. Auch der über weite Strecken „gemäßigte" Charakter der Revolution war keine deutsche Besonderheit. Viele Revolutionen beginnen als Demonstrations- und Protestbewegungen und verzichten auf Gewalt, solange sie bei der Durchsetzung ihrer Forderungen keinen offenen Widerstand finden. Gewiß sind 1848/49 Fehler gemacht und greifbare Chancen vergeben worden, aber Revolutionen verlaufen nicht nach Plan, sind mit menschlichen Unzulänglichkeiten behaftet.

Bei der Suche nach den Ursachen des Scheiterns wird man sich vor zu einfachen und zu eindeutigen Antworten hüten müssen. Es waren viele Faktoren, die aufeinander einwirkten und sich gegenseitig verstärkten: Die Stärke der konservativen Kräfte die nur vorübergehend gelähmt und handlungsunfähig waren; die vielen Schauplätze der Revolution und das Fehlen einer Hauptstadt, eines Entscheidungszentrums; die ungewöhnlich großen Schwierigkeiten, die mit einer Lösung der nationalen Frage verbunden waren; die unterschiedlichen wirtschaftlichen, gesellschaftlichen und politischen Interessen innerhalb der Volksbewegung; die fehlende Vorbereitung der Revolution und der Mangel an klar durchdachten, erfolgversprechenden

politischen Konzeptionen; schließlich auch die Selbstüberschätzung, der Kleinmut und die Unentschlossenheit vieler Beteiligter.
(Reinhard Rürup, Deutschland im 19. Jahrhundeert 1815-1871 [Deutsche Geschichte, 8], Göttingen 1984, S. 195)

M 3 Wolfram Siemann 1995

In Urteilen über die Revolution ist immer noch viel von „Schuld", „Versagen", „Illusionen" oder gar „Verrat" die Rede. Das unterstellt, es lasse sich in Form monokausaler Zuschreibung ein einzelner Verantwortlicher ausmachen, ein Angelpunkt, ein zentrales Ereignis, von dem der Ausgang der Revolution maßgeblich bestimmt wurde. Angesichts der „Komplexität von 1848" ist eine solche eindeutige Zuschreibung der Sache nach nicht möglich. Aktionen verliefen gegenläufig und parallel, auf verschiedenen Ebenen, auf unterschiedlichen Schauplätzen, sich steigernd und lähmend, insgesamt aber in einem Wirkungszusammenhang, der das Urteils- und Entscheidungsvermögen aller Beteiligten bei weitem überstieg. Es ließ sich nicht ausmachen, ob sich die jeweils maßgeblichen Handlungsträger in der Provinz, in der Residenz, in den konkurrierenden Parlamentsfraktionen, in der publizistischen Öffentlichkeit oder beim Militär und auf Volksversammlungen befanden.
Es gab außerdem die zweite Komplexität der unterschiedlichen Handlungserwartungen. Die Handelnden von 1848/49 hatten nicht nur ein einziges, klar bestimmbares Ziel vor Augen, mit dem sie dann gescheitert waren. Die Revolution überstieg das Ziel der Reichsverfassung. Sie war erwachsen aus einer Gesellschaft, die im wesentlichen noch vorindustriell geprägt war, landwirtschaftlich, kleingewerblich, handwerklich, eine Lebenswelt, die erschüttert war durch tiefgreifende Agrar-, Hunger- und Teuerungskrisen. Vor diesem Hintergrund erschienen viele der sozialen Protestbewegungen von 1848 als letzter verzweifelter und vergeblicher Versuch, den Zwängen einer heraufkommenden neuen Lebenswelt zu entgehen, die sich gliederte in widersprüchliche Interessengruppen und die vom Industriesystem beherrscht werden sollte. Wie in den europäischen Nachbarstaaten auch erwuchs ein Strang der Revolution aus einer vorindustriell geprägten Entwicklungskrise. In dieser Eigenschaft wies sie mehr auf das 18. Jahrhundert zurück als auf die Moderne mit ihren Entwicklungstendenzen der Parlamentarisierung, Demokratisierung und Nationbildung.
Mit Hilfe dieser modernen Strukturen entwickelte die Revolution einen zweiten, zukunftweisenden Handlungsstrang, der sie zugleich zur politischen Emanzipationskrise werden ließ. Denn in der Gesellschaft von 1848 reiften Formen heran, die besser geeignet waren, die Probleme der Zukunft zu bewältigen: wirtschaftliche und gewerbliche Interessenverbände,

politische Parteien, eine wirkungsvolle Tagespresse, gemeindeutsche Wahlen nach allgemeinem Männerwahlrecht; auf dem Feld der Parteien, Presse, Parlamente und Verbände zeichnete sich eine politische Emanzipation der deutschen Gesellschaft ab, die unter der Vorherrschaft der vorrevolutionären Eliten nicht möglich gewesen war.
(Wolfram Siemann, Vom Staatenbund zum Nationalstaat. Deutschland 1806-1871 [Moderne Deutsche Geschichte, 7], Frankfurt/M. 1995, Kap. IV, 4.)

M 4 Hans-Ulrich Wehler 1998

Als Rinnsal hat sie im Herbst 1997 begonnen, zu einem kräftigen Strom verbreitet sie sich im Frühjahr 1998, und zu einer wahren Flut wird sie nach dem Herbst 1998 anschwellen: die Vielzahl der Veröffentlichungen zum 150. Jubiläum der Revolution von 1848/49. Unbestreitbar gibt es Nachholbedarf auf vielen Gebieten, und jede gute Synthese findet allemal ihre Leser. An vielen Volkshochschulen und Akademien erlebt „1848" eine Hochkonjunktur. Städte und historische Museen wetteifern in ihren Veranstaltungen über die Erhebung. Eine wissenschaftliche Konferenz jagt die andere. Der deutsche Historikertag wird im September in Frankfurt am Main an die Revolution erinnern.

Vergegenwärtigt man sich diese lebhafte Aktivität, wird man einer fatalen Lücke gewahr. Denn zutiefst irritierend ist das dröhnende Schweigen, in das sich die politischen Parteien, die Gewerkschaften, das Bundestagspräsidium, die Bundesregierung bisher hüllen.

Haben denn die Sozialdemokratie und die Gewerkschaften ihre Ursprünge in der „Arbeiterverbrüderung" von 1848 ganz und gar vergessen? Hat sich nicht der politische Katholizismus, eine Quelle der CDU/CSU, 1848 sichtbar organisiert? Hat nicht der frühe deutsche Liberalismus 1848/49 eine große Stunde erlebt? Gibt es denn keinen einzigen Referenten in den Expertenstäben der SPD und des DGB, der rechtzeitig daran erinnert hätte, daß beide Großorganisationen wohlberaten wären, sich zu ihren kleinen Anfängen, zu den Leistungen der Achtundvierziger nachdrücklich und öffentlich zu bekennen? Hat im Adenauer-Haus, hat in der Umgebung von Heiner Geißler und Norbert Blüm kein Mensch auf den Kalender aufgepaßt? Haben die Steinzeitliberalen und Deregulierungsfanatiker in der „Partei der Besserverdienenden" jede wohltätige Erinnerung an die liberale Aufbruchsstimmung von 1848 aus ihrem Gedächtnis getilgt?

Zugegeben, gemessen an ihren Maximalzielen ist die Achtundvierziger-Revolution überall in Europa gescheitert. Aber wie viele zukunftsträchtige Entwicklungen hat sie auch in den deutschen Staaten angestoßen oder sogar erzwungen! Den Übergang zum Verfassungsstaat, den Mentalitäts-

bruch mit dem alten Regime, die Parteiengründung und die Mobilisierung im politischen Vereinswesen, den Abschluß der Agrarreformen und das ende der Patrimonialgerichtsbarkeit, die ersten sozialpolitischen Gesetze und überfälligen Strafrechtsreformen, und immer wieder erinnernswert: der Fundus an liberalen Grundrechten und politischen Leitgedanken, an Verfahrensregeln und Aufträgen in der Reichsverfassung und im Reichswahlgesetz mit seinem allgemeinen demokratischen Wahlrecht für Männer – zwei Gesetzeswerke, die dreimal, 1867/71, 1918/19, 1948/49, für neue deutsche Verfassungen ausgewertet werden konnten.
Den meisten Völkern hat es gut getan, wenn sie in der politischen Neuzeit gegen die drückende angestammte Obrigkeit einmal erfolgreich aufbegehrten. Den Optimalerfolg, nämlich einen liberalen und demokratischen, dazu für seine Nachbarn erträglichen deutschen Nationalstaat hat die Achtundvierziger-Revolution aus vielen verständlichen Gründen nicht erreichen können. Respekt verdienen ihre zahlreichen Leistungen und Anstöße dennoch. 1949 war nur ein schwaches Echo möglich. 1998 sollte die Bundesrepublik, sollten ihre Parteien und gesellschaftlichen Kräfte nicht nur imstande, sondern dezidierten Willens sein, sich zu 1848 und noblen Traditionen zu bekennen, (…).
Warum also findet man in dem übervollen Festkalender der Achtundvierziger-Feiern in diesem Jahr keine einzige Ankündigung aus dem Bonner Getriebe? Warum erwägt keiner, einen Gedenktag zu Ehren der Märzerhebung von 1848 und der Märzverfassung von 1849, etwa am letzten Märzsonntag, einzuführen? Daß sich die Koalition mit der Ehrung auch dieser Revolution schwertun mag, wird manchen kaum überraschen. Aber muß auch diese Stunde der Opposition wieder ungenutzt vorübergehen?
Nicht der Rede wert? Der Politik fällt zu dieser Revolution nichts ein.
(Hans-Ulrich Wehler, Nicht der Rede wert? Der Politik fällt zu dieser Revolution nichts ein, in: Die Zeit v. 22.1.1998, S. 3)

3.1.3 Hat das Deutsche Reich auch den Ersten Weltkrieg „entfesselt"? Kontroverse Positionen

Historischer Hintergrund

Der Kriegsschuldparagraph des Versailler Vertrages traf im Deutschen Reich auf vehemente Ablehnung. Über Jahrzehnte haben Historiker versucht, wissenschaftlich nachzuweisen, dass die These von der Schuld des Deutschen Reiches unzutreffend war. Sie waren damit Teil einer politischen und politisierten Öffentlichkeit, die durch den Schuldvorwurf tief in ihrem nationalen Selbstverständnis getroffen wurde. Der Ausspruch von Lloyd George, die Mächte seien in den Ersten Weltkrieg „hineingeschlittert“, wurde gerne als entlastend aufgegriffen.

In den 60er Jahren veröffentlichte der Hamburger Historiker Fritz Fischer nach intensiven Aktenstudien die These von der Schuld des Deutschen Reiches am Ausbruch des Ersten Weltkrieges als Folge des „Griffs nach der Weltmacht“. Er fand in der Zunft zunächst entschiedene Ablehnung, zumal er seine These später noch verschärfte, indem er eine Kontinuitätslinie imperialistischer deutscher Politik vom Ersten bis zum Zweiten Weltkrieg zog. Es war eine jener Kontroversen, die auch die breitere politische Öffentlichkeit bewegen, weil sie an Fragen des politischen Selbstverständnisses rühren.

Geschichtsdidaktischer Hintergrund

Schülerinnen und Schüler können an dieser Kontroverse die – in diesem Fall politisch begründete – Perspektivität historischer Aussagen, zugleich aber auch den Vorgang der „Perspektivenerweiterung durch Standpunktreflexion“ erkennen. Die Erkenntnis der Perspektivenerweiterung ist zugleich die Erkenntnis, dass Historiker nicht einfach verschieden perspektivierte Geschichten vorlegen, die dann nebeneinander bestehen und gleiche Geltung beanspruchen, sondern dass sie sich im Diskurs aufeinander beziehen, kritisch und selbstkritisch Standpunktreflexion betreiben und dabei zu einer mehr oder weniger temporär geltenden Geschichte finden.

Methodische Hinweise

Das folgende Arrangement umfaßt nicht nur Texte aus dem unmittelbaren Umfeld der im wissenschaftlichen und im politischen Bereich stattgefundenen Fischer-Kontroverse, sondern auch zwei Texte aus den 1920er Jahren und einen Schulbuchtext aus dem Jahr 1979, die durch die diachrone Perspektivität eine variablere Gestaltung des Unterrichts ermöglichen.

M 1 Der liberale Historiker Wilhelm Mommsen zur deutschen Rolle in der Vorgeschichte des Ersten Weltkrieges

Ich darf von vornherein sagen, daß ich wenig oder gar nicht von dem Artikel 231 des Versailler Vertrages und den in ihm enthaltenen Vorwürfen gegen Deutschland sprechen werde. Die Behauptung dieses Schuldparagraphen, der Deutschland ausschließlich die Schuld am Ausbruch des Welt-

krieges zuschreibt, ist nicht nur durch alle bisherigen Forschungen erschüttert, die diesem Artikel zugrunde liegende Fragestellung ist überhaupt falsch. Jede historische Betrachtung der außenpolitischen Vorgänge vor 1914 muß, wenn sie fruchtbar sein soll, von diesem rein moralisierenden Vorwurf absehen. (…)
Aber wie man auch zu einzelnen Fragen stehen mag, das eine ist klar, daß von einem deutschen Kriegswillen schlechterdings keine Rede sein kann. Ich habe die Fehler der deutschen Politik nicht beschönigt; sie liegen sehr deutlich zutage. Die deutsche Politik war alles andere als geschickt, sie hat den Gegenspielern die Arbeit nur zu sehr erleichtert, und sie hat durch eine unkluge Politik den Zusammenschluß der uns im Kriege gegenüberstehenden Mächtegruppierung mit verschuldet. Aber diese Schuld ist eine politische, sie hat mit dem uns gemachten Vorwurf des Kriegswillens nicht das Geringste zu tun, ja man hat vielleicht manches Mal allzu große Angst vor dem Krieg gehabt und zum mindesten zu wenig mit der Gefahr eines Krieges gerechnet. Politische Ziele, die einen Krieg lohnten, hat Deutschland nicht gehabt, und alle gegnerischen Anklagen haben der deutschen Politik solche Kriegsziele nicht nachweisen können.
(Wilhelm Mommsen, Die Vorgeschichte des Weltkrieges, Berlin 1929, S. 3f. u. 30f.)

M 2 Ein Gegner der Unschuldsthese: Der Publizist und Pazifist Richard Grelling

Die Reinwaschung der früheren Machthaber Deutschlands ist identisch mit der Aushöhlung der Republik; sie stützt und fördert die monarchische Restauration, da sie dem Monarchensturz die entscheidende moralische Unterlage: Die Schuld am Kriege und damit am Elend des deutschen Volkes, entzieht. Wenn Wilhelm und seine Leute unschuldig am Kriege, unschuldig an der Kriegsverlängerung, unschuldig an der Niederlage waren, so hat das deutsche Volk kein Recht gehabt, sie ihrer Throne für verlustig zu erklären. Das ihnen widerfahrene Unrecht muß man wieder gutmachen, indem man ihnen zuruft: Kehret zurück, Ihr Lieben, es ist euch alles verziehen!
So dient die Unschuldsbewegung dem Monarchismus, so untergräbt sie die Republik. (…) Aber sie untergräbt auch den europäischen Frieden. Niemals würden die Regierungen der ehemals feindlichen Länder, niemals Amerika, England, Frankreich, Italien und alle anderen die Restauration der Hohenzollern und der anderen deutschen Fürstengeschlechter zugeben. Denn Restauration bedeutet für sie – mit Recht – neue Gefahr für den Weltfrieden.
(Richard Grelling, Videant Consules … oder die Gefahren der Unschuldskampagne, Hagen 1926, S. 4)

M 3 Der Hamburger Historiker Fritz Fischer 1961 zum Anteil Deutschlands an der Kriegsentstehung 1914

Bei der angespannten Weltlage des Jahres 1914, nicht zuletzt als Folge der deutschen Weltpolitik – die 1905/06, 1908/09 und 1911/12 bereits drei gefährliche Krisen ausgelöst hatte –, mußte jeder begrenzte (lokale) Krieg in Europa, an dem eine Großmacht unmittelbar beteiligt war, die Gefahr eines allgemeinen Krieges unvermeidbar nahe heranrücken. Da Deutschland den österreich-serbischen Krieg gewollt, gewünscht und gedeckt hat und, im Vertrauen auf die deutsche militärische Überlegenheit, es im Jahre 1914 bewußt auf einen Konflikt mit Rußland und Frankreich ankommen ließ, trägt die deutsche Reichsführung einen erheblichen Teil der historischen Verantwortung für den Ausbruch des allgemeinen Krieges. Diese verringert sich auch nicht dadurch, daß Deutschland im letzten Augenblick versuchte, das Verhängnis aufzuhalten; denn die Einwirkung auf Wien geschah ausschließlich wegen der drohenden Intervention Englands, und auch dann wurde sie nur mit halben, verspäteten und sofort widerrufenen Schritten unternommen.

(Fritz Fischer, Griff nach der Weltmacht. Die Kriegszielpolitik des kaiserlichen Deutschland 1914/1918, Düsseldorf 1961, S. 97)

M 4 Fritz Fischer im Jahre 1965

Ich selbst habe noch auf dem Historikertag in Berlin im Oktober 1964 die Ansicht vertreten, Deutschland hab im Juli 1914 bewußt das Risiko eines großen europäischen Krieges auf sich genommen, weil ihm die Situation so günstig wie nie zuvor schien. In Verschärfung meiner damaligen Ausführungen stelle ich heute fest, gestützt auf allgemein zugängliches wie auch auf unveröffentlichtes Material: Deutschland hat im Juli 1914 nicht nur das Risiko eines eventuell über dem österreichisch-serbischen Krieg ausbrechenden großen Krieges bejaht, sondern die deutsche Reichsleitung hat diesen großen Krieg gewollt, dementsprechend vorbereitet und herbeigeführt.

Die sich zunehmend verschärfende ungünstige außenpolitische Lage Deutschlands, die immer deutlicher werdende Unfähigkeit Deutschlands, seine expansiven wirtschaftlichen, politischen und militärischen Ziele durch eine bloße Kriegsdrohung durchzusetzen, die von verschiedenen Direktoren der deutschen Großbanken in übereinstimmenden Gutachten vom Frühjahr 1914 konstatierte handelspolitische und konjunkturelle Krise, die von den herrschenden konservativen gesellschaftlichen Kräften als immer bedrohlicher empfundene innenpolitische Situation und schließlich die als entscheidende Bedrohung des deutschen Weltmachtstrebens angesehene Möglichkeit, daß Österreich-Ungarn sich dem härter

werdenden Zugriff des „Bundesgenossen" entziehen könnte – all diese Faktoren bestimmten die deutsche Reichsleitung, den „Durchbruch nach vorn" zu wagen und durch einen Hegemonialkrieg Deutschlands Weltmachtstellung nach außen zu begründen, nach innen das konservative antiparlamentarische und antidemokratische System zu konservieren.
(Fritz Fischer, Vom Zaun gebrochen – nicht hineingeschliddert. Deutschlands Schuld am Ausbruch des Ersten Weltkrieges, in: Die Zeit v. 3.9.1965, S. 30)

M 5 Der Politologe Michael Freund über die Thesen Fischers
Kurz ehe ein halbes Jahrhundert seit dem Beginn des schrecklichen Jahres 1914 vergangen war, erschien das Buch eines deutschen Historikers, der die ganze Auseinandersetzung um die Kriegsschuld wieder aufgreift und diese Frage zu dem vergiftenden Leben zu erwecken droht, das ihr nach 1918 inne wohnte. Fritz Fischer läßt in seinem Buch den Kriegsschuldartikel des Versailler Vertrages in seiner krassesten Deutung erneut erstehen. Was ist denn eigentlich 1914 geschehen? Unser gegenwärtiges politisches Dasein legt uns die Verpflichtung auf, über das Wesen des Ersten Weltkrieges mit uns ins reine zu kommen. Wenn es so wäre, daß 1914 dasselbe geschah wie 1939, daß nämlich die planvolle Entfesselung eines Weltkrieges durch die Führung des deutschen Diktators statt fand, dann können wir das Buch der deutschen Geschichte endgültig zu schlagen; dann hätte immer Hitler über uns regiert und würde er immer über uns regieren.
(Michael Freund, Bethmann-Hollweg, der Hitler des Jahres 1914? Zu einer Spätfrucht des Jahrs 1914 in der Geschichtsschreibung, in: Ernst W. Graf Lynar [Hg.], Deutsche Kriegsziele 1914-1918, Frankfurt/M. 1964, S. 175-182, hier S. 175)

M 6 Eugen Gerstenmaier, Bundestagsabgeordneter der CDU und Präsident des Deutschen Bundestages, zu Fischers Thesen
Das alles geht uns Deutsche an. Es geht uns sogar im Besonderen an, denn wir müssen vor der Geschichte gerade stehen für den Zweiten Weltkrieg, und das heißt, wir müssen uns in jeder Hinsicht doppelt anstrengen. Unser nationales Schicksal einschließlich der Bitternis unserer Teilung ist nur unter diesem Horizont verstehbar. Aber es ginge zu weit, weil es vor der geschichtlichen Wahrheit nicht vertretbar wäre, wenn wir auch den Ersten Weltkrieg unter den gleichen Horizont der Schuld und Verantwortung stellen würden.
(Eugen Gerstenmaier, Neuer Nationalismus? Von der Wandlung der Deutschen, Stuttgart 1965, S. 85)

M 7 Der Historiker Thomas Nipperdey über die öffentliche Wirkung der Thesen Fischers

Niemand kann und will hinter Fischer zurück. Sein Buch hat zu Recht Epoche gemacht, er hat eine etablierte Meinung mit neuen Quellen und neuen Interpretationen revidiert, ja revolutioniert, auch wenn sich seine eigene Interpretation nicht durchgesetzt hat. Europa ist nicht in den Ersten Weltkrieg „hineingeschliddert", das deutsche Machtkalkül, Risikobereitschaft und Präventivüberlegungen, ja der Anspruch, als Großmacht zu den potentiellen Weltmächten zu gehören, ist für die Entscheidungen von 1914 zentral. Illusion und Irrtum in der deutschen Politik sind deutlich, alte Thesen von der Ziellosigkeit der deutschen Politik sind erheblich revidiert. Niemand wird auch die Errungenschaften der Schule [gemeint sind Fritz Fischer und seine wissenschaftlichen Schüler; d. Verf.] bei der Analyse ökonomischer und innenpolitischer Grundbedingungen deutscher Außenpolitik verkennen zu können. Fischer hat seinen Teil dazu bei getragen, das deutsche Geschichtsbild von Selbst- und Machtrechtfertigung zu befreien, das national befangene Urteil realistischer und objektiver zu machen.

(Thomas Nipperdey, Der Griff nach dem Geschichts-Tabu. Was von der Fischer-Kontroverse geblieben ist. Betrachtungen aus Anlaß einer Festschrift, in: Frankfurter Allgemeine Zeitung v. 23.1.1979, S. 19)

M 8 Eine neuere Deutung des Kriegsausbruchs 1914 von dem Historiker Wolfgang J. Mommsen

Das politische Kalkül der deutschen Regierung war ein Spiel mit einem sehr hohen Einsatz (...) Die deutsche Politik zielte nicht direkt auf die Auslösung eines großen europäischen Krieges ab, obwohl man sich des hohen Risikos durchaus bewußt war, den man mit der uneingeschränkten Unterstützung der Donaumonarchie einging. Damit wurde der Forderung der Militärs Genüge getan, daß das Deutsche Reich jedenfalls nichts tun solle, um einen europäischen Krieg zu verhindern, wenn dieser sich anböte. Das heißt aber noch nicht, daß man dem Krieg den Vorzug vor seiner diplomatischen Lösung gab. Bethmann Hollweg und Jagow (v. Jagow war Staatssekretär des Auswärtigen Amtes; der Verf.) scheinen zuversichtlich angenommen zu haben, daß gute Aussichten dafür bestünden, einen eventuellen österreichisch-serbischen Konflikt sowohl isolieren wie auch diplomatisch nutzbar machen zu können. Dabei wäre dann gleichsam als Nebenertrag der positive Beweis erbracht worden, daß die extremen Befürchtungen des deutschen Generalstabs hinsichtlich der Kriegsneigungen Rußlands unbegründet seien.

Die deutsche Politik in der Juli-Krise 1914 trägt objektiv einen erheblichen Anteil an der Verantwortung für den Ausbruch des Ersten Weltkrieges. Sie war jedoch weniger die Folge ungehemmten Weltmachtstrebens als viel-

mehr innerer Schwäche und Verwirrung innerhalb der engeren Führungsschichten des Deutschen Reiches. Die Risse und Spannungen innerhalb der engeren Führungselite fanden ihren außenpolitischen Niederschlag in einem manieristischen außenpolitischen Kalkül, das die eigenen Entscheidungen in bemerkenswert hohem Umfang von den Entscheidungen dritter Mächte, insbesondere Rußlands und Österreich-Ungarns abhängig machte. Nur in diesem Sinne ist das Wort Bethmann Hollwegs vom 29. Juli 1914 zutreffend: „Es sei die Direktion verloren und der Stein ins Rollen gekommen." Die außerordentlich geschickte Regie bei Kriegsausbruch, die im deutschen Volk mit bemerkenswerter Einhelligkeit den Eindruck entstehen ließ, daß Deutschland einen ihm von Rußland und den Westmächten aufgezwungenen Verteidigungskrieg führe, verschleierte zwar im Augenblick die Führungskrise des deutschen politischen Systems, doch sollte diese in der Folge, unter den zunehmenden Schwierigkeiten des Krieges selbst, Schritt für Schritt deutlicher hervor treten.
(Wolfgang J. Mommsen, Die latente Krise des Wilhelminischen Reiches. Staat und Gesellschaft in Deutschland 1890-1914, in: Militärgeschichtliche Mitteilungen 1 [1974], S. 7-28, hier S. 27f.)

M 9 Aus einem Schulbuch (1979)

Der Verlauf der Julikrise zeigt, daß die deutsche Regierung in einer Zwangssituation zu stehen glaubte. Bethmann Hollweg wollte auf keinen Fall eine Schwächung der deutschen Stellung hinnehmen. Diese lag aber im Bereich des Möglichen, wenn man die Gegner weiterhin ungehindert aufrüsten ließ. Rußland brauchte nach Meinung des deutschen Generalstabchefs Moltke nur noch wenige Jahre, um Deutschland überlegen schlagen zu können. Vielleicht hat die deutsche Regierung auch deshalb den günstigen Augenblick zu einem vorbeugenden Krieg ausnutzen wollen, bei dem Österreich jetzt mit Sicherheit an Deutschlands Seite stand. Es ist jedenfalls nicht daran zu zweifeln, daß Bethmann Hollweg bei dem Bemühen um eine diplomatische Lösung des Konfliktes keineswegs mäßigend auf Österreich wirkte. Dies führte zu der Auffassung in Wien, man dürfe Deutschland nicht durch schwächliches Auftreten enttäuschen. Österreich stellte darauf hin ein so scharfes Ultimatum an Serbien, daß eine Ablehnung fast sicher war. Dennoch ging Serbien, abgesehen von einigen Einschränkungen, auf die Wiener Forderungen ein. Dies veranlaßte Wilhelm II. zu der Bemerkung: „Eine brillante Leistung für eine Frist von bloß 48 Stunden! Das ist mehr, als man erwarten konnte! Ein großer moralischer Erfolg für Wien; aber damit fällt jeder Kriegsgrund weg." In Wien sah man die Dinge jedoch anders. Vor allem der österreichische Außenminister Graf Berchthold und die Militärs wollten den Krieg, um die auseinanderfallende Donaumonarchie vor dem Zusammenbruch zu be-

wahren. So deutete man die serbischen Einschränkungen als Ablehnung und erklärte am 28. Juli 1914 an Serbien den Krieg. Nun gab es kein Zurück mehr. Die Kriegsvorbereitungen liefen jetzt auch in den anderen Ländern an. Rußland machte mobil. Das persönliche Bemühen Wilhelms II., im letzten Augenblick den Frieden noch zu retten, kam zu spät. Erst jetzt hatte er die große Gefahr für Deutschland und Europa erkannt. Den Ausbruch des Ersten Weltkrieges konnte er auch durch ein Schreiben an den Zaren von Rußland nicht mehr verhindern. Denn in Rußland gab es ebenfalls genügend Kriegstreiber. Der Imperialismus hatte hier eine Schicht zu Reichtum und Ansehen gebracht, die ihre Herrschaft durch einen Krieg ausdehnen und festigen wollte. So glaubte sie von den sozialen Schwierigkeiten im Lande ablenken und eine Revolution verhindern zu können. Einer der Anhänger der Kriegspartei war der russische Botschafter in Paris. Seit Jahren schon hatte er die Franzosen zum Revanchekrieg gegen Deutschland aufgehetzt. Als der Krieg nun tatsächlich begann, brach er in die begeisterten Worte aus: „Beglückwünschen Sie mich, jetzt beginnt mein kleiner Krieg! Vier Jahre auf meinem Posten haben mir genügt, um mein Ziel zu erreichen." Ähnlich denkende Gruppen gab es auch in England und Frankreich. Sie versprachen sich ebenfalls Profit und Machtgewinn von diesem Krieg; denn keiner war damals in der Lage, die grauenhaften Ereignisse, die nun folgen sollten, in ihrer ganzen Tragweite voraus zu sehen. Alle glaubten an einen kurzen Entscheidungsfeldzug wie in den Kriegen von 1866 und 1870/71. Diese Zeit war aber längst vorbei. Die modernen Massenvernichtungswaffen hatten eine grausamere Wirkung, als selbst die Anhänger der Friedensbewegung befürchteten. Die Zwangsläufigkeit der deutschen Aufmarschpläne führte schließlich zum letzten entscheidenden Schritt. Für den Kriegsfall mit Rußland und Frankreich hatte der deutsche Generalstab schon seit 1905 ein schnelles Vorgehen gegen Frankreich vorgesehen. Die deutschen Truppen sollten unter Verletzung der belgischen Neutralität die französische Verteidigungslinie an der deutschen Westgrenze umgehen und von Norden her eine schnelle Kriegsentscheidung herbei führen. Die Ostfront sollte zunächst nur mit schwachen deutschen Kräften gehalten werden. Als Frankreich auf die deutsche Bitte, sich in einem deutsch-russischen Krieg neutral zu verhalten, nicht reagierte und Rußland die Generalmobilmachung nicht rückgängig machte, erklärte Deutschland am 1. August an Rußland und am 3. August an Frankreich den Krieg. Nur so glaubte der deutsche Generalstab seine Aufmarschpläne durchführen zu können. Damit begann ein Massenmorden, in dem 8,5 Millionen Soldaten ihr Leben lassen mussten. Dies war das furchtbarste Blutvergießen in der ganzen bisherigen Geschichte der Menschheit.
(Der Mensch und seine Welt. Geschichte – Politik für die Sekundarstufe I, Bd. 4, Bonn 1979, S. 139f.)

3.1.4 Die Geschichte „nutzbar" machen: Geschichtsunterricht als Thema des Geschichtsunterrichts

Historischer Hintergrund

Die Geschichte des Geschichtsunterrichts ist eine Geschichte ideologischer Vereinnahmungen. Als staatliche Einrichtung sollte der Geschichtsunterricht immer wieder „nutzbar" (Wilhelm II.) gemacht werden für die Interessen des Staates, die die Interessen der im Staat herrschenden Machtgruppen waren. Die Kinder sollten im Interesse des Staates „für die Zwecke der Zeit abgerichtet werden" (Nietzsche). Die vom Staat gesetzten Ziele des Geschichtsunterrichts brachten einen Gesinnungsunterricht hervor, der mit kritischer Auseinandersetzung und begründeten eigenen Hinsichten der Schülerinnen und Schüler nichts im Sinn hatte. Noch bis vor wenigen Jahren hatte der Geschichtsunterricht die staatlich auferlegte Aufgabe, „Liebe zum eigenen Volk"[1] und „Ehrfurcht"[2] zu erzeugen.

Geschichtsdidaktischer Hintergrund

Die Anfälligkeit des Faches für ideologische Vereinnahmungen ist notorisch. Bei allen Unterschiedlichkeiten in der Geschichte des Geschichtsunterrichts, die an den folgenden Texten auch herausgearbeitet und in den historischen Zusammenhang gestellt werden müssen, ist doch die Tatsache nicht zu leugnen, dass die Perspektive des Staates für den Geschichtsunterricht maßgeblich war. Hier thematisiert sich der Geschichtsunterricht in selbstkritischer Reflexion. Nur der – stellvertretende – Text aus dem Rahmenplan Geschichte für die Sekundarstufe I in Hessen zeigt bei dieser Zusammenstellung eine Abkehr von der Staatsorientiertheit des Geschichtsunterrichts. Er beruht deutlich auf einer anderen Perspektive und ist wissenschaftskonformer als frühere Lehrpläne: Er räumt den Schülerinnen und Schüler das Recht auf ein eigenes, nicht verordnetes Geschichtsbewusstsein ein.

---

1 Stoffplan Nordrhein-Westfalen v. 22.2.1962, zit. nach: Hans Döhn, Der Geschichtsunterricht in Volks- und Realschulen, Hannover 1967, S. 47.

2 Bildungsplan Baden-Württemberg v. 10.1.1958, zit. nach Döhn, Geschichtsunterricht, S. 47; vgl. auch ebd., S. 54.

Methodische Hinweise

Es geht hier um reine Textarbeit unter vorgegebenen Fragestellungen. Je nach methodischer Absicht können Überschriften und Jahresangaben getilgt werden, um Raum für Vermutungen zu geben, von wo und aus welcher Zeit der jeweilige Text stammt. Es ist nicht erforderlich, dass die Texte in chronologischer Folge bearbeitet werden. Der hessische Rahmenplan von 1995 sollte allerdings zurückgehalten werden. Die Fragestellungen können lauten:

- Was scheint Ihnen das wesentliche Ziel des Geschichtsunterrichts in dem Ihnen vorliegenden Text zu sein und worin liegt es Ihrer Meinung nach begründet?
- Welche Unterschiede, vor allem aber welche Gemeinsamkeiten können Sie ausmachen?

Nachdem alle Texte besprochen sind, können die Schülerinnen und Schüler aufgefordert werden, in Gruppen einen Entwurf über die Aufgaben und Ziele des Faches Geschichte in unserer Zeit zu schreiben. Die dabei entstehenden Texte können dann mit dem Text aus dem Rahmenplan von 1995 verglichen werden.

M 1 Den Unterricht in der baierischen Geschichte betreffend.
Im Namen Seiner Majestät des Königs.
17. Januar 1851
Die Geschichte der neuesten Zeit hat wiederholt die providentielle Bestimmung Bayerns in Deutschland kund gethan, indem er aufs Neue wie in der Vorzeit, mehr als einmal der Revolution und den Gelüsten nach einer Zerreißung Deutschlands mit Entschiedenheit und Erfolg entgegengetreten ist.
Der Bayer kann stolz seyn auf seine Geschichte. Sie geht zurück in das graueste Alterthum und verkündet auf all ihren Blättern, wie das Volk treu an seinem angestammten Fürstenhause gehangen, wie dieses für sein Bestes gesorgt, wie beide vereint ihre Selbständigkeit behauptet, und damit nicht nur die eigene Wohlfahrt, sondern auch die der übrigen deutschen Völker und des Reiches mit kräftiger Hand geschützt haben. (...)
Zu einem Volke zu zählen, welchem in der deutschen Staatenfamilie diese hohe Bedeutung zukömmt, und dessen Staatsbau wie kein anderer, den revolutionären Stürmen der Neuzeit widerstanden hat, muß jedem Angehörigen des bayerischen Staates ein befriedigendes Gefühl gewähren, und ihn zu einem freudigen Aufblick zu seinem Königlichen Herrn veranlassen. (...)
(Dörte Gernert [Hg.], Schulvorschriften für den Geschichtsunterricht im 19./20. Jahrhundert, Köln–Weimar–Wien 1994, S. 148)

M 2 Behandlung des vaterländischen Geschichtsunterrichts in der Elementarschule

Zentralblatt 1859, S. 182

Sigmaringen, den 22. Januar 1859.

Aus den Jahresberichten der Herren Schulcommissare haben wir ungern ersehen, daß in den Elementarschulen unseres Verwaltungsbezirks der Geschichtsunterricht theils vernachlässigt, theils nicht so ertheilt wird, wie es Zweck und Wesen der Volksschule erfordern. So wenig ein vollständiger Geschichtsunterricht, selbst wenn er sich nur auf die Vaterlandsgeschichte erstrecken sollte, in den Bereich der Volksschulen gehört, eben so sehr sind einzelne Geschichtsbilder, insbesondere aus der Kirchengeschichte und aus der vaterländischen Geschichte, von dem Lehrer mit Umsicht ausgewählt und mit lebendigen Farben und dem frischen Hauche warmer Begeisterung dargestellt, in hohem Grade geeignet, die Jugend zur Gottesfurcht, zu aufopfernder Vaterlandsliebe, zur Unterthanentreue, zu Fleiß und Ausdauer in redlichen Bestrebungen anzueifern und zu begeistern. Die religiös sittliche Einwirkung auf die Jugend werden solche Geschichtsbilder umso weniger verfehlen, wenn dieselben, an den biblischen Geschichtsunterricht oder ein Stück des Lesebuchs angereiht und soweit dieselben der vaterländischen Geschichte entnommen sind, an den vaterländischen Gedenktagen, wie dem Geburtstag Sr. Majestät des Königs, den Tagen glorreicher Schlachten und Siege, den Geburts- und Sterbetagen ruhmwürdiger Vaterlandshelden und Staatsmänner, mit angemessener, etwa durch Gesang erhöhter Feier von den Lehrern mitgetheilt werden.

Wir erwarten, daß die Herren Schulcommissare bei Abhaltung der jährlichen Schulprüfungen sich davon vergewissern, daß diesem für den Elementarunterricht wichtigen Lehrgegenstand von den Lehrern und Provisoren, welche für die Folge die von ihm im Laufe des Schuljahres mitgetheilten Geschichtsbilder in dem Lectionsbericht namentlich anzugeben haben, die erforderliche Beachtung gegeben worden ist, und wollen wir der dießfälligen speciellen Mittheilung in den Jahresberichten entgegensehen.

Sigmaringen, den 22. Januar 1859

Königlich Preußische Regierung.

(Dörte Gernert [Hg.], Schulvorschriften für den Geschichtsunterricht im 19./20. Jahrhundert, Köln–Weimar–Wien 1994, S. 23)

M 3 Wilhelm II., König von Preußen

Seine Majestät der König haben am 1. Mai 1889 nachstehende allerhöchste Ordre an das Staatsministerium zu erlassen geruht:

Schon längere Zeit hat mich der Gedanke beschäftigt, die Schule in ihren einzelnen Abstufungen nutzbar zu machen, um der Ausbreitung sozialistischer und kommunistischer Ideen entgegen zu wirken. In erster Linie wird die Schule durch Pflege der Gottesfurcht und der Liebe zum Vaterlande die Grundlage für eine gesunde Auffassung auch der staatlichen und gesellschaftlichen Verhältnisse zu legen haben. Aber ich kann mich der Erkenntnis nicht verschließen, daß in einer Zeit, in welcher die sozialdemokratischen Irrthümer und Entstellungen mit vermehrtem Eifer verbreitet werden, die Schule zur Förderung der Erkenntnis dessen, was wahr, was wirklich und was in der Welt möglich ist, erhöhte Anstrengungen zu machen hat. Sie muß bestrebt sein, schon der Jugend die Ueberzeugung zu verschaffen, daß die Lehren der Sozialdemokratie nicht nur den göttlichen Geboten und der christlichen Sittenlehre widersprechen, sondern in der Wirklichkeit unausführbar und in ihren Konsequenzen dem Einzelnen und dem Ganzen gleich verderblich sind. Sie muß die neue und die neueste Zeitgeschichte mehr als bisher in den Kreis der Unterrichtsgegenstände ziehen und nachweisen, daß die Staatsgewalt allein dem Einzelnen seine Familie, seine Freiheit, seine Rechte schützen kann, und der Jugend zum Bewußtsein bringen, wie Preußens Könige bemüht gewesen sind, in fortschreitender Entwicklung die Lebensbedingungen der Arbeiter zu heben, von den gesetzlichen Reformen Friedrichs des Großen und von Aufhebung der Leibeigenschaft an bis heute. Sie muß ferner durch statistische Thatsachen nachweisen, wie wesentlich und wie konstant in diesem Jahrhundert die Lohn- und Lebensverhältnisse der arbeitenden Klassen unter diesem monarchischen Schutze sich verbessert haben.

Um diesem Ziele näher zu kommen, rechne ich auf die volle Mitwirkung meines Staatsministeriums. Indem ich dasselbe auffordere, den Gegenstand in weitere Erwägung zu ziehen und mir bestimmte Vorschläge zu machen, will ich nicht unterlassen, nachstehende Gesichtspunkte besonderer Beachtung zu empfehlen.

1. Um den Religionsunterricht in dem angedeuteten Sinne fruchtbarer zu machen, wird es erforderlich sein, die ethische Seite desselben mehr in den Vordergrund treten zu lassen, dagegen den Memorierstoff auf das notwendigste zu beschränken.
2. Die vaterländische Geschichte wird insonderheit auch die Geschichte unserer sozialen und wirtschaftlichen Gesetzgebung und Entwickelung seit dem Beginne dieses Jahrhunderts bis zu der gegenwärtigen sozialpolitischen Gesetzgebung zu behandeln haben, um zu zeigen, wie die Monarchen Preußens es von jeher als ihre besondere Aufgabe betrachtet haben, der auf die Arbeit ihrer Hände angewiesenen Bevölkerung den landesväterlichen Schutz angedeihen zu lassen und ihr leibliches und geistiges Wohl zu heben, und wie auch in Zukunft die Arbeiter Gerechtigkeit und Sicherheit ihres Erwerbes nur unter dem Schutze

und der Fürsorge des Königs an der Spitze eines geordneten Staates zu erwarten haben. Insbesondere vom Standpunkte der Nützlichkeit durch Darlegung einschlagender praktischer Verhältnisse, wird schon der Jugend klar gemacht werden können, daß ein geordnetes Staatswesen mit einer sicheren monarchischen Leitung die unerläßliche Vorbedingung für den Schutz und das Gedeihen des Einzelnen in seiner rechtlichen und wirtschaftlichen Existenz ist, daß dagegen die Lehren der Sozialdemokratie praktisch nicht ausführbar sind, und wenn sie es wären, die Freiheit des Einzelnen bis in seine Häuslichkeit hinein einem unerträglichen Zwange unterworfen würde. Die angeblichen Ideale der Sozialisten sind durch deren eigene Erklärung hinreichend gekennzeichnet, um den Gefühlen und dem praktischen Sinne auch der Jugend als abschreckend geschildert werden zu können.

(Dörte Gernert [Hg.], Schulvorschriften für den Geschichtsunterricht im 19./20. Jahrhundert, Köln–Weimar–Wien 1994, S. 88f.)

M 4 Preußen: Richtlinien zur Aufstellung von Lehrplänen für die oberen Jahrgänge der Volksschule vom 15. Oktober 1923

Geschichte und Staatsbürgerkunde

Der Unterricht steckt sich das Ziel, die Schüler mit den Haupttatsachen aus der Entwicklung des deutschen Volkes und des deutschen Staatslebens bekannt zu machen, ihnen damit zugleich die Grundlagen zum Verständnis der Gegenwart und des heutigen Staates zu verschaffen, das Bewußtsein der Mitverantwortlichkeit für das Volks- und Staatsganze sowie die Liebe zu Volk und Vaterland in ihnen zu wecken.

Oberstes Gesetz des Geschichtsunterrichts muß es sein, der geschichtlichen Wahrheit so nah wie möglich zu kommen. Seinen Stoff bildet die Geschichte des deutschen Volkes (einschließlich des Grenz- und des Auslanddeutschtums) nach ihren verschiedenen Seiten als Darstellung der Entwicklung des staatlichen, gesellschaftlichen, wirtschaftlichen und geistigen Lebens im deutschen Volk. Kriege sind hauptsächlich nach ihren Ursachen und Folgen zu würdigen.

Es kann nicht Aufgabe des Volksschulunterrichts sein, die Kinder zu lückenloser Auffassung der geschichtlichen Entwicklung zu führen. Es kommt vielmehr darauf an, entscheidende Ereignisse und Entwicklungsstufen anschaulich, lebendig und in Form einzelner geschlossener Bilder darzustellen. Bloße Zustandsschilderung ist nach Möglichkeit zu vermeiden, vielmehr alles in Geschehen, in Handlung umzusetzen. Wo es irgend angeht, sind bedeutende geschichtliche Persönlichkeiten oder Persönlichkeiten der Heimat in den Mittelpunkt der Betrachtung zu stellen. Als Ausgangspunkte oder zur Verdeutlichung werden zweckmäßig Quellenschrif-

ten herangezogen. Die ältere brandenburgisch-preußische Geschichte ist nicht gesondert zu behandeln, sondern in den Rahmen der deutsche Geschichte einzubeziehen. Von der Zeit des Großen Kurfürsten an tritt die brandenburgisch-preußische Geschichte in den Vordergrund. Die Geschichte anderer Völker ist soweit mit in Betracht zu ziehen, als durch sie die deutsche entscheidend beeinflußt worden ist.
(Dörte Gernert [Hg.], Schulvorschriften für den Geschichtsunterricht im 19./20. Jahrhundert, Köln–Weimar–Wien 1994, S. 126f.)

M 5 Über die Behandlung des Stoffgebietes „Aufbruch der deutschen Nation von 1918 bis 1933" im Geschichts-, Heimatkunde-, Anschauungs- sowie staatsbürgerlichen Unterricht

Entschließung des bayerischen Staatsministeriums für Unterricht und Kultus vom 27. März 1933
Amtsblatt 1933, S. 31
An die Regierungen, K.d.J., die Bezirks- und Stadtschulbehörden, die Direktorate der höheren Unterrichtsanstalten, die Vorstände der Fachschulen, die Schulvorstandschaften der Berufsschulen sowie die Schulleiter der Volksschulen.
Zu Beginn des neuen Unterrichtsjahres 1933/34 haben in sämtlichen Schulen Bayerns die Lehrkräfte in den ersten Wochen in Geschichte, Heimatkunde, Staatsbürgerkunde, Anschauungsunterricht die Schüler einzuführen in die Bedeutung und Größe des historischen Geschehens der nationalen Revolution, wobei es darauf ankommt, in der heranwachsenden Jugend den Sinn und das Gefühl für des Volkes Ehre und Macht zu erwecken und in jedem Jungen und Mädchen die heiligen Gefühle der Vaterlandsliebe und der treuen Pflichterfüllung zu mobilisieren.
(Dörte Gernert [Hg.], Schulvorschriften für den Geschichtsunterricht im 19./20. Jahrhundert, Köln–Weimar–Wien 1994, S. 184)

M 6 Erlass des Herrn Reichsministers für Wissenschaft, Erziehung und Volksbildung vom 15. Dezember 1939

Erziehung und Unterricht in der Volksschule
I. Allgemeine Richtlinien (...)
II. Richtlinien für die einzelnen Unterrichtsfächer (...)
4. Geschichte
Die politische Erziehung in der Volksschule gründet sich in erster Linie auf den Geschichtsunterricht, der die Kinder mit Ehrfurcht vor unserer großen Vergangenheit und mit dem Glauben an die geschichtliche Sendung und die Zukunft unseres Volkes erfüllen soll. Er richtet den Blick auf den schicksalhaften Kampf um die deutsche Volkwerdung, bahnt das Verständnis für die

politischen Aufgaben unseres Volkes in der Gegenwart und erzieht die Jugend zu freudigem, opferbereitem Einsatz für Volk und Vaterland.
Zur Erreichung seines politischen Zieles rückt der Geschichtsunterricht das politische Geschehen in den Vordergrund; doch dürfen auch die wirtschaftlichen und kulturellen Fragen nicht vernachlässigt werden. Dabei sind die im deutschen Volk wirksamen rassischen Grundkräfte vorwiegend nordischer Artung nachdrücklich herauszustellen und vor allem in den großen Leistungen unseres Volkes und seiner Führer lebendig zu machen. Heldischer Geist und Gedanke des Führertums in germanisch-deutscher Ausprägung sollen den gesamten Geschichtsunterricht erfüllen, die Jugend begeistern und den Wehrwillen wecken und stärken. An geeigneten Stellen ist den Kindern, vor allem in Mädchenklassen, auch vorbildliches deutsches Frauentum vor Augen zu führen.
Da das Kind bis zum 10. Lebensjahr noch keine klaren geschichtlichen Zielvorstellungen besitzt, beginnt der nach der Zeitfolge geordnete Geschichtsunterricht erst im sechsten Schuljahr. Ihm geht im fünften Schuljahr eine Gegenwartskunde voraus, die sich an die Heimatkunde des vierten Schuljahrs anschließt. Dieser Unterricht soll die Kinder früh mit den großen Ereignissen der Geschichte, die in der Gegenwart das Leben unseres Volkes bestimmen, bekannt machen, für ihr Verständnis den ersten Grund legen und sie mit Stolz auf die Heldentaten ihrer Väter in der jüngsten Vergangenheit und Gegenwart erfüllen. Sein letztes Ziel ist, die Kinder bereits in diesem frühen Alter für unser Volk und seinen Führer zu begeistern. Die Kinder sollen durch diesen Unterricht befähigt werden, schon in ihrer weiteren Schulzeit die Feierstunden des deutschen Volkes und das Geschehen der Zeit mit Verständnis und innerer Anteilnahme mit zu erleben.
Während in der Heimatkunde von der erdkundlichen Betrachtung ausgegangen wurde, übernimmt in der Gegenwartskunde die Geschichte die Führung. Dabei ist jedoch kein Wert auf die geschichtliche Folge der Ereignisse im Einzelnen zu legen (z.B. des Verlaufs des Weltkriegs). Es handelt sich vielmehr darum, den Kindern den Heldenkampf der Väter in typischen Einzelbildern (z.B. einer Truppe, eines Einzelnen) lebendig werden zu lassen. Soweit es sich um Bilder der großen Männer der Geschichte handelt, sind keine vollständigen Lebensbeschreibungen zu bieten, sondern Einzelbilder aus ihrem Leben zu geben, die für ihr Handeln und ihr Wesen charakteristisch sind. Mit besonderer Sorgfalt ist das Bild des Führers zu zeichnen.
(Dörte Gernert [Hg.], Schulvorschriften für den Geschichtsunterricht im 19./20. Jahrhundert, Köln–Weimar–Wien 1994, S. 140f.)

M 7 Richtlinien aus der früheren Bundesrepublik

Rheinland-Pfalz, Richtlinien vom 29.3.1957:

Der Geschichtsunterricht will aus der Kenntnis der Vergangenheit ein erstes Verständnis für die Gegenwart entwickeln. Er soll zu der Einsicht führen, dass das Leben des Einzelnen mit dem Schicksal seines Volkes und der Menschheit verbunden ist. Diese Erkenntnis entwickelt im jungen Menschen den Sinn für eine Ordnung des Rechtes und der Freiheit, für ein mitverantwortliches Denken und Handeln, für Toleranz unter den Menschen und Verständnis zwischen den Völkern. Es bleibt immer das Anliegen des Geschichtsunterrichtes, auf allen Stufen die Liebe zum eigenen Volk zu wecken und das Bewusstsein seiner Einheit zu pflegen. Dieses erzieherische Bemühen muss von dem Streben begleitet sein, neben den Vorzügen auch die eigenen Schwächen zu sehen, die Eigenart auch der Anderen, besonders der Nachbarn, zu würdigen und zu erkennen, dass alle Völker ihren Beitrag zur Kultur der Menschheit geleistet haben. Die Betrachtung und Wertung geschichtlicher Zusammenhänge wird schon das Volksschulkind, wenn zunächst auch nur in bescheidenen Ansätzen, dahin führen, die Gegenwart, die einmal Geschichte sein wird, in der Verantwortung vor Gott und vor den kommenden Geschlechtern zu sehen und so an ihr mit zu gestalten.

Hessen, Bildungsplan vom Februar 1957:

Jeder Mensch soll am Schicksal seines Volkes und seiner Zeit bewusst teilnehmen. Er soll in der Lage sein, für ihn wesentliche Sachverhalte der Gegenwart als geschichtlich bedingt zu verstehen und seine Mitverantwortung an der Zukunft zu erkennen. Wenn auch das Kind die Volksschule verlässt, bevor es die Fähigkeit gewinnt, in das Wesen geschichtlicher Bildung einzudringen, so kann und soll die Volksschule doch geschichtliches Verständnis wecken und pflegen. Dazu muss sie ihren Schüler mit den wichtigsten Ereignissen der Geschichte bekannt machen und ihn spüren lassen, wie sich auch in der Gegenwart Geschichte vollzieht. In der Erziehung des jungen Menschen zum einsichtigen und verantwortungsbewussten Glied seines Volkes und Bürger seines Staates liegt die vornehmste Aufgabe des Geschichtsunterrichtes. Die Achtung vor der Freiheit und der Würde des Menschen wird dabei für die Beurteilung der geschichtlichen Erscheinung maßgebend sein. So dient der Geschichtsunterricht, so sehr – und gerade weil – er die Wahrheit zur höchsten Richtschnur nimmt, der politischen Bildung.

Nordrhein-Westfalen, Stoffplan vom 22.2.1962:

Der Geschichtsunterricht leitet die Schüler an, geschichtliche Zusammenhänge zu erkennen, die Gegenwart aus der Vergangenheit zu verstehen und als Schwelle zur Zukunft zu begreifen. Mit der Liebe zum eigenen

Volk soll er die Achtung vor anderen Völkern und dem Friedens- und Freiheitswillen pflegen.

Baden-Württemberg, Bildungsplan vom 10.1.1958:
Im Geschichtsunterricht lernen die Schüler die geschichtlichen Ereignisse und Persönlichkeiten kennen, die für die politische und kulturelle Entwicklung des deutschen Volkes, des Abendlandes und der Menschheit von besonderer Bedeutung sind. Mit zunehmender Reife werden sie die geschichtlichen Gegebenheiten mehr und mehr in ihren Beziehungen untereinander und zur Gegenwart erfassen. In der Begegnung mit der Geschichte sollen die Kinder zur Wahrhaftigkeit, Rechtlichkeit, Duldsamkeit und zur Ehrfurcht erzogen werden. Das Bewusstsein der Schicksalsverbundenheit und Schuldverhaftung der Menschen wird dabei geweckt, die Liebe und Verantwortung gegenüber Volk und Heimat vertieft, die Achtung vor der Leistung anderer Völker verstärkt und ein einfaches Verständnis für die politischen Gegenwartsaufgaben angebahnt.
(Hans Döhn, Der Geschichtsunterricht in Volks- und Realschulen, Hannover–Berlin–Darmstadt–Dortmund 1967, S. 46f.)

M 8 Hessen: Aufgaben des Faches Geschichte (1995)
Eine demokratische Gesellschaft braucht mündige, informierte und politisch handlungsfähige Bürger. Wie Menschen Gegenwart und Zukunft gestalten, hängt wesentlich davon ab, wie sie Vergangenheit beurteilen. In diesem Zusammenhang finden sich die Aufgaben des Faches Geschichte. Das Fach Geschichte trägt zusammen mit den Fächern Sozialkunde und Erdkunde zur politischen Bildung bei.
Die besonderen Aufgaben des Faches Geschichte bestehen darin, die Entwicklung von Geschichtsbewusstsein zu fördern. Ohne historisches Bewusstsein ist ein begründetes und verantwortungsvolles, gegenwartsbezogenes und zukunftsorientiertes Urteilen und Handeln in demokratischer Absicht nicht möglich.
Geschichtsbewusstsein oder historisches Bewusstsein besteht in der Einsicht in die geschichtlichen Voraussetzungen und Entwicklungsperspektiven der gegenwärtigen Gesellschaft. Es ermöglicht damit den Zusammenhang von Vergangenheitsdeutung, Gegenwartsverständnis und Zukunftsperspektiven.
Geschichtsbewusstsein ist das Wissen, dass das Individuum, alle Formen gesellschaftlichen Lebens und alle von den Menschen geschaffenen Einrichtungen in der Zeit existieren, also eine Herkunft und eine Zukunft haben und dass sie nichts darstellen, was ewig währt, unveränderlich und ohne Voraussetzung ist.

Geschichtsbewusstsein entsteht durch erlebte und erfahrene Geschichte und die damit zusammen hängende Einsicht, dass zum Verständnis dieser Prozesse und Ereignisse und der Schlüsselprobleme der Gegenwart die historische Perspektive, die Frage, wie etwas geworden ist, notwendig ist. Grundlegendes historisches Wissen und Grundformen historischer Verfahrensweisen sind dafür unabdingbare Voraussetzungen.
Das historische Wissen repräsentiert immer nur einen Ausschnitt vergangener Wirklichkeit, ist also kein Abbild vergangener Realität, sondern aus Zeugnissen erstellt, auswählende und interpretierende Rekonstruktion. Im Geschichtswissen ist dem Verständnis von Strukturen und Prozessen und den Einsichten in Lebenswelten und Wertvorstellungen der Menschen anderer und fremder Epochen Vorrang zu geben gegenüber einer ereignisgeschichtlichen Betrachtungsweise.
Geschichtswissen und Geschichtsbewusstsein dienen auch Identifizierungs- und Legitimationsbedürfnissen. Es ist eine wesentliche Aufgabe des Geschichtsunterrichts, diese gesellschaftlichen Funktionen des Geschichtsbewusstseins durchschaubar zu machen.
Eine weitere Komponente des Geschichtsbewusstseins bildet die Fähigkeit zu reflexivem, historischen Denken. Damit sich Geschichtsbewusstsein entwickeln und Einfluss auf individuelles wie auf Gruppenhandeln gewinnen kann, muss Geschichte mit der eigenen Erfahrung in Verbindung gebracht und damit Teil der individuellen Identität werden. Darum ist es Aufgabe des Geschichtsunterrichts, Erfahrungen aus der Lebenswelt der Schülerinnen und Schüler mit historischen Erfahrungen und Erkenntnissen in Beziehung zu setzen. So kann es gelingen, dass Schülerinnen und Schüler Geschichte als Entwicklungszusammenhang erkennen, der auch ihre gegenwärtige und zukünftige Lebenssituation beeinflusst.
In das Alltagsbewusstsein der Schüler sind geschichtliche Erfahrungen und historische Vorstellungen bruchstückhaft und beiläufig eingewoben. Solche durch die Medien und sozial vermittelten „Geschichtsgeschichten“ und Geschichtsbilder prägen die Einstellungen und Haltungen, sind häufig emotional gefärbt und werden in Situationen öffentlicher Auseinandersetzungen, etwa in der politischen Argumentation, virulent. Dem Geschichtsunterricht kommt die Aufgabe zu, dieses Alltagsbewusstsein aufzuklären, zu erweitern oder zu korrigieren in der Absicht, ein methodisch und diskursiv argumentierfähiges Geschichtsbewusstsein aufzubauen, um über die Fähigkeit zu verfügen, gegenwärtige Problemlagen in historischer Perspektive zu verstehen.
Geschichtsbewusstsein als Zusammenhang von Vergangenheitsdeutung, Gegenwartsverständnis und Zukunftsperspektive benötigt Einsichten in den chronologischen Zusammenhang. Es ist Aufgabe des Geschichtsunterrichts, diese zu vermitteln. Sie sind notwendig, um einordnen zu kön-

nen, um Geschichte als nicht umkehrbare Abfolge des „Geschehenen" zu verstehen, das Verhältnis zwischen gegenwärtigen Fragen und Schlüsselproblemen und ihren Voraussetzungen und Wurzeln zu bestimmen, sowie das Nebeneinander ganz unterschiedlicher Entwicklungen und die Gleichzeitigkeit ungleichartiger Gesellschaften als weltgeschichtlichen Kontext zu erkennen.
Der Geschichtsunterricht zielt auf den Aufbau eines historischen Zeitverständnisses, indem Schülerinnen und Schüler im Zusammenhang konkreter Themen- und Problemstellungen lernen, Kriterien wie Zeitpunkt, Dauer, Entstehung, Zukunftsperspektive und Veränderbarkeit anzuwenden.
(Der Hessische Kultusminister, Rahmenplan Geschichte Sekundarstufe 1, Wiesbaden 1995, S. 5f.)

3.1.5 Die attische Demokratie oder die attische „Demokratie"? Schulbuchdarstellungen:

Historischer Hintergrund

Die Griechen haben verschiedene Staats- und Regierungsformen entwickelt und erfahren: Königsherrschaft, Adelsherrschaft, Tyrannis, Demokratie. Die Besprechung der verschiedenen Staats- und Regierungsformen gehört zu den klassischen Themen des Geschichtsunterrichts. Die Errichtung der Demokratie unter Kleisthenes im Jahre 508 v.Chr. bedeutet für antike Verhältnisse eine Höchstform an Mitbestimmung und Selbstregierung. Was die Athener Herrschaft des Volkes nannten, beruhte allerdings auf einem Begriff von „Volk", der drei große Gruppen von der Selbstregierung ausschloss – die Frauen, die Sklaven und die Metöken (zugereiste „Mitbewohner").

Geschichtsdidaktischer Hintergrund

Die attische Demokratie ist bis vor wenigen Jahren in Schulbüchern als erste Demokratie der Weltgeschichte und durchaus zu Recht als Wurzel gegenwärtiger Demokratien dargestellt worden, ohne dass der Ausschluß von Frauen, Sklaven oder Metöken erwähnt wurde. Vor allem der Ausschluß von Frauen ist erst sehr spät ausdrücklich benannt worden. Das folgende Materialangebot umfasst Schulbuchtexte aus den letzten Jahrzehnten. Sie ermöglichen, dass zwei Lernziele zugleich erreicht werden. Erstens sind sie geeignet, dass die Schülerinnen und

Schüler sich eine sehr differenzierte Kenntnis der attischen Demokratie erarbeiten; zweitens zeigen sie ihnen, wie unterschiedliche Perspektiven zu unterschiedlichen Darstellungen und Akzentuierungen führen und wie sich unterschiedliche Darstellungen erklären lassen.

Methodische Hinweise

Man kann eine Unterrichtseinheit über die attische Demokratie mit der Aufforderung von Erich Kästner beginnen: „Misstraut gelegentlich euren Schulbüchern! Sie sind nicht auf dem Berge Sinai entstanden, meistens nicht einmal auf verständige Weise, sondern aus alten Schulbüchern, die aus alten Schulbüchern entstanden sind (...)". Entweder werden dann die Texte einzeln nacheinander oder jeweils zwei gleichzeitig oder als Ensemble ausgegeben. Die Aufgabe lautet, herauszufinden,

- worin die Texte übereinstimmen,
- worin die Texte nicht übereinstimmen,
- welche zusätzlichen Feststellungen einzelne Texte enthalten,
- welche Angaben in einzelnen Texten fehlen,
- ob einzelne Texte direkte Wertungen enthalten.

Die Texte können auch einzeln an Gruppen ausgeteilt werden, die später berichten, was sie in ihrem Text über die attische Demokratie erfahren haben. Defizite und Akzentuierungen werden dabei deutlich.

Anschließend muss die Frage besprochen werden, wie denn so unterschiedliche Darstellungen zu erklären sind und welchen Stellenwert die jeweils letzte Darstellung hat.

M 1

Schon kurze Zeit nach dem Tode des Peisistratos wollte das Bürgertum von einer weiteren Bevormundung nichts mehr wissen und war entschlossen, die Regierung selbst zu übernehmen. Die Tyrannis wurde gestürzt und durch *Kleisthenes* die Demokratie (Herrschaft des Volkes) begründet (510). Um die Macht des Adels auszuschalten, wurde ganz Attika in zehn Bezirke oder *Phylen* eingeteilt, die wieder in *Demen* oder Bürgermeistereien zerfielen. An Stelle des *Rates* der 400 trat ein solcher von 500 Bürgern, je 50 aus jeder Phyle, die während des zehnten Teiles eines Jahres den geschäftsführenden Ausschuss des Rates (=Prytanie) bildeten. Das Scherbengericht sollte die Wiederkehr einer Alleinherrschaft verhindern: jeder, dessen Einfluss dem Staate bedrohlich schien, konnte von nun an durch Abstimmung aller Bürger aus dem Lande verbannt werden. Um jede Beeinflussung der Wahl durch unlau-

tere Mittel unmöglich zu machen, wurden die Beamten nicht mehr gewählt, sondern aus denen, die sich meldeten, erlost.
(Maier; Schirmeyer, Lehrbuch der Geschichte für höhere Schulen, Mittelstufe, Bd. 1: Von der griechischen Frühzeit bis zum Untergang des Weströmischen Reiches, v. Dr. Willhelm Hack, Frankfurt/M. 1926, S. 13)

M 2

Nach der Vertreibung des Hippias hätten die adligen Befreier Athens am liebsten eine reine Adelsherrschaft eingerichtet. Neue Parteikämpfe endigten jedoch mit dem Sieg des aus dem vornehmsten Adel stammenden, aber volksfreundlichen Kleisthenes. Mit seinem Sieg war die Entscheidung zugunsten einer demokratischen Staatsform gefallen (507). Die grundlegende Neuerung des Kleisthenes bestand in der Abschaffung dier vier attischen Stammesphylen, deren blutsmäßigen Zusammenhang schon Solon durch die Eingliederung der den Grundbesitzern und Bauern auf Grund ihres Einkommens gleichgestellten Kaufleute gelockert hatte. Jetzt wurden diese ursprünglich auf Verwandtschaft beruhenden Verbände durch zehn rein örtliche Gebilde ersetzt, die freilich wieder den Namen Phylen trugen, aber nichts anderes darstellten als künstlich gebildete Verwaltungseinheiten. Denn Gleichheit aller Attiker, der Bewohner der Stadt-, Binnen- und Küstenbezirke, war der Grundgedanke dieser Neuordnung, die allen gebürtigen Attikern ohne Unterschied und ohne Rücksicht auf Besitz und Einkommen das volle Bürgerrecht verlieh und sie daher in „Phylen" eingliedern mußte. Die Volksversammlung blieb im Besitz ihrer Rechte als entscheidende Instanz in politischen und Rechtsfragen. Der Rat wurde auf 500 Mitglieder erweitert, jede Phyle entstandte 50 Vertreter. Zur Sicherung gegen Wiederkehr der Tyrannis sollte das Volk jährlich einmal darüber befragt werden, ob ihnen ein Bürger die Verfassung zu bedrohen scheine. In geheimer Abstimmung wurde dann der Name des dem Volke verdächtigen Bürgers in eine Tonscherbe geritzt (Scherbengericht). Wurden mindestens 6000 Stimmen gegen einen Bürger abgegeben, so mußte er zehn Jahre in die Fremde gehen, ohne an Ehre und Vermögen Schaden zu leiden.
Nachdem die auf Blut und Boden beruhenden Bindungen der alten Phylenordnung zerrissen waren, mußte fremdes Blut in den Volkskörper einströmen. Und wenn auch die Griechen selbst eine Staatsordnung, wie sie Kleisthenes geschaffen hatte, nicht Demokratie, sondern Isonomie (Gleichheit) nannten, so hatten jetzt doch demokratische Grundsätze Verwirklichung gefunden.
Das Scherbengericht konnte ein bedenkliches Mittel zur Unschädlichmachung politischer Gegner werden, verantwortungslosen Persönlichkeiten bot sich Gelegenheit, die Macht der Volksversammlung zur Erreichung eigener ehrgeiziger Ziele zu mißbrauchen (Demagogie). Trotz dieser Gefahren

der Kleisthenischen Neuordnung ging der Staat der Athener seiner Helden- und Blütezeit entgegen. Denn den Athenern wurden nach Solon und Pisistratus noch weitere große Führer geschenkt. Das Volk selbst aber blieb sich seiner Verantwortung bewußt. Erfüllt von echter Staatsgesinnung, sah es in seinen politischen Rechten vor allem Pflichten gegen seinen Staat und beugte sich in gesunder Einsicht der überlegenen Weisheit seiner Führer.
(Führer und Völker. Geschichtsbuch für Höhere Schulen, Klasse 6: Von der Vorgeschichte bis zum Ende der Stauferzeit, Bielefeld–Leipzig 1940, S. 59-61)

M 3

Dennoch lehnten sich die Athener gegen seine (des Tyrannen Pisistratos) Söhne auf, die ihm in der Herrschaft folgten (510). Zu stark lebte in ihnen allen das Streben nach Freiheit; es war viel stärker als das bloße Verlangen nach Verdienst oder gutem Leben. Jetzt stellten die Athener jedoch nicht einfach die solonische Verfassung wieder her, sondern bauten ihren Staat im demokratischen Sinne weiter aus. Die Bevorzugung der Reichen wurde beseitigt, alle politische Macht lag jetzt in der Hand des Volkes.
Nur eine Beschränkung blieb noch bestehen: die ärmsten Bürger konnten immer noch nicht zum höchsten Amt gewählt werden.
Unter Pisistratus hatte sich der Handel Athens bedeutend gehoben. Nicht bloß die Kaufleute hatten Nutzen davon, sondern auch die Bauern, die für ihr Öl, die Töpfer, die für ihre Krüge lohnenden Absatz fanden.
(Wege der Völker. Geschichtsbuch für deutsche Schulen, Band 11 für das sechste Schuljahr, Berlin 1948, S. 74)

M 4 Die Demokratie des Kleisthenes.

Nach schweren Parteikämpfen unter den Adligen stellte Kleisthenes, der selbst aus vornehmem Hause stammte, Solons Staatsordnung wieder her und gab der Volksversammlung in allen wichtigen Fragen die Entscheidung (507). Er teilt die Bürgerschaft neu ein und verlieh nun auch den Attikern ohne Landbesitz das volle Bürgerrecht. Die Gesamtheit der Bürgerschaft (der Demos) hatte im Staat die Gewalt (Kratos). So entstand die Demokratie.
Die Zahl der Ratsherren erhöhte Kleisthenes von vierhundert auf fünfhundert; wie alle Beamten wurden sie durch das Los aus dem Kreis all derer bestimmt, die sich dazu meldeten. Nur die zehn Feldherren (Strategen) wurden nach der Tüchtigkeit gewählt, weil sie militärischer Erfahrung bedurften. Ein Ausschuß von fünfzig Ratsherren (Prytanen) verwaltete jeweils für den zehnten Teil des Jahres die Stadt. Sein Vorsitz wechselte täglich. So hatte Athen jeden Tag einen anderen Staatspräsidenten. In der Volksversammlung hatte fortan jeder Bürger das Recht, Anträge zu stellen, zu neuen Gesetzen und zu Beschlüssen über Krieg und Frieden oder über die Aussendung von

Truppen seine Meinung zu sagen. Wenn er sie richtig begründen konnte, fand er Zustimmung, und der Antrag wurde zum Volksbeschluß. Das war ganz anders als in der Oligarchie Spartas, dessen Bürger nur zu antworten hatten, wenn sie gefragt wurden. Mit dem Recht der freien Meinungsäußerung förderte die Demokratie unter den Bürgern Athens das Selbstbewußtsein und den Stolz auf die Freiheit der einzelnen Persönlichkeit.
Dennoch ist Athen noch ein Jahrhundert lang durch seinen Adel geleitet worden. Denn die Adligen besaßen eine viel bessere Einsicht in die Staatsgeschäfte der Polis, in die „Politik", als die Massen, so daß die Volksversammlung meist ihren Ratschlägen folgte. So wurde auch der Areopag zunächst nicht abeschafft. Um dagegen eine Wiederkehr der Tyrannenherrschaft zu verhindern, erhielt die Volksversammlung schließlich das Recht, einen Bürger für zehn Jahre zu verbannen, wenn zur Abstimmung 6000 Bürger anwesend waren. Auf den Tonscherben, die überall umherlagen, durfte dann jeder Athener den Namen eines ihm mißliebigen Politikers einritzen. Darum wurde diese Abstimmung „Scherbengericht" (Ostrakismos) genannt. Viele solcher „Stimmzettel" aus Ton sind wiedergefunden worden.
Eine solche Einrichtung setzte voraus, daß jeder Bürger den anderen kannte. Das war in Athen leicht möglich, zum mindesten unter den Bewohnern der Siedlungen rings um die Akropolis. Der Südländer verbringt bei dem milden Klima den größten Teil des Tages, oft unter politischen Gesprächen, im Freien und sucht das Haus nur zum Schlafen auf.
Die attische Demokratie entstand im engen, überschaubaren Rahmen des Stadtstaates. Alle Bewohner Attikas nahmen an der Selbstverwaltung teil. Ganz gleich, wie weit entfernt sie auf dem Lande wohnten – sie konnten nach Athen zur Volksversammlung kommen. Die Demokratie des Kleisthenes kannte daher keine Volksvertreter (Abgeordneten) wie die heutigen Demokratien, sondern nur Bürgerausschüsse (Rat, Prytanen) und die Versammlung aller Bürger. Zum mindesten jeder Stadt-Athener hatte Zeit genug, daran teilzunehmen, denn der einfache Bürger hatte vom Adel den Gedanken übernommen, daß Arbeit des freien Mannes und Staatsbürgers unwürdig sei, und konnte die Arbeit auf andere abwälzen: die Sklaven. So ist die griechische Demokratie ohne die Sklaverei undenkbar.
(Geschichtliches Unterrichtswerk für die Mittelklassen, Bd. 1:
Geschichte des Altertums, 2. Aufl., Offenburg–Stuttgart 1951, S. 58 f.)

M 5 Die Demokratie des Kleisthenes

Das Wort Demokratie enthält zwei griechische Bezeichnungen: Demos das Volk und Krateia = Herrschaft; es bedeutet also Volksherrschaft. Kleisthenes hat das Verdienst, eine Demokratie geschaffen zu haben, die bis in unsere Zeit wirken und vorbildliche Staatsform bedeuten sollte.

Die alte Stammesgliederung in vier „Phylen", die auf Abstammung beruht hatten, ersetzte Kleisthenes durch zehn neue Phylen. Diese waren rein örtliche Bezirke, in denen Grundbesitzer, Gewerbe- und Handeltreibende und Kleinbauern gleich vertreten waren. Das Volk bekam jetzt alle wichtigen Rechte in seine Hand:
Die Volksversammlung entschied über Gesetzesvorlagen sowie über Krieg, Frieden und Bündnisse. Sie stimmte nach Phylen ab. Jede der zehn Phylen stellte fünfzig Mitglieder für den neu geschaffenen „Rat der 500". Dieser Rat beriet die Gesetze vor, beaufsichtigte die Beamten und den Staatshaushalt und regelte den Verkehr mit anderen Staaten.
Die Stellung dieses „Rats der 500" entspricht etwa der eines heutigen Parlaments. Die laufenden Geschäfte führte ein Ausschuß von fünfzig Ratsherren (Prytanen), er hatte etwa die Aufgaben wie heute eine Regierung; ihr Vorsitzender war der Staatspräsident. Durch Geschworenengerichte übte das Volk auch die Rechtssprechung aus.
Beamte und Ratsherren wurden aus den Bewerbern ausgelost, nur die Strategen wurden vom Volk unmittelbar gewählt. Politischer Führer konnte werden, wer durch Rednergabe und Auftreten das Volk gewann.
Um die Wiederkehr einer Tyrannis zu verhindern, führte man das Scherbengericht (Ostrakismos) ein. Die Athener konnten die Namen der Bürger, die ihnen für die Demokratie gefährlich zu werden schienen, auf Tonscherben (Ostraka) schreiben. Wer auf diese Weise als gefährlich bezeichnet wurde, konnte auf zehn Jahre verbannt werden.
Wenn diese demokratische Verfassung auch nicht restlos allen Bürgern die Ausübung ihrer Rechte ermöglichte, sondern nur denjenigen, die nicht durch Sorgen ums Dasein daran behindert waren, so hat sie dem athenischen Volk doch eine freudige Anteilnahme am Geschick des Staates gebracht, die sich in der folgenden Zeitspanne in Heldengeist und Opfersinn ausgewirkt hat.
(Geschichtswerk für höhere Lehranstalten, Mittelstufe, Bd. 1: Vorgeschichte und Altertum, von Oberstudienrat Hans Scharold und Studienassessor Friedrich Schultes, München 1954, S. 50 f.)

M 6

Die Athener, welche die Freiheit über alles liebten, konnten sich auf die Dauer nicht an die Tyrannenherrschaft gewöhnen. Nach dem Tode des Peisistratos wurde die Tyrannis gestürzt(...) Der Bürgerkrieg zwischen Adel und Volk drohte von neuem. Da gelang es Kleisthenes, Ruhe und Ordnung im Staate wiederherzustellen. Er war der Führer des Volkes gegen die Partei des Adels. Er gab der Volksversammlung alle Rechte. Jeder freie Athener konnte jetzt Beamter, ja Archont werden. Um ein für allemal die Alleinherrschaft eines Mannes zu verhindern, führte Kleisthenes das

Scherbengericht ein. Männer, die der Freiheit des Volkes gefährlich wurden, konnten nunmehr verbannt werden. Stimmten 6000 Bürger für die Verbannung eines Mannes, indem sie auf der Volksversammlung seinen Namen auf Tontäfelchen oder Scherben schrieben, so mußte der Genannte das Land verlassen. Der Verbannte war dadurch weder an seiner Ehre gekränkt, noch verlor er sein Vermögen. Kleisthenes wurde der Begründer der attischen Volksherrschaft, der Demokratie.
(Geschichtliches Unterrichtswerk. Ausgabe C, Bd. 1: Altertum und Mittelalter bis 918, Paderborn–Hannover 1963, S. 43)

M 7

Nach dem Sturz der Tyrannis im Jahre 510 führten neue Streitigkeiten zwischen Adel und Kleinbauern zur Errichtung der Demokratie. Kleisthenes beseitigte fast alle aristokratischen Vorrechte. Er löste die vier alten Phylen der Geschlechterverfassung als politische Einheiten auf und ersetzte sie durch zehn neue Phylen, rein örtliche Bezirke, in denen jeweils alle Stände vertreten waren. Die Solonische Klasseneinteilung blieb aber bestehen.
Die Volksversammlung entschied über Krieg und Frieden, Bündnisse, Gesetze und Steuern. Die Rechtsprechung erfolgte durch Geschworenengerichte. Aus jeder Phyle wurden jährlich 50 Mitglieder für den Rat der Fünfhundert ausgelost; abwechselnd führten 50 Ratsherren (Prytanen) von Monat zu Monat die Regierungsgeschäfte; aus ihnen wurde täglich ein anderer zum Vorsitzenden (Staatspräsidenten) gewählt. Drohte jedoch der Einfluß einer bedeutenden Persönlichkeiten zu mächtig zu werden, so konnte sie durch das Scherbengericht (Ostrakismos) auf zehn Jahre verbannt werden. Hierdurch wurde dem Aufstieg eines neuen Tyrannen vorgebeugt.
An der politischen Gemeinschaft des Demos hatten Sklaven und zugewanderte Fremde keinen Anteil. Sie waren politisch rechtlos. Aber auch nur der Teil der Vollbürger (Freien) vermochte sich ungestört den Staatsgeschäften zu widmen, der alle materiellen Sorgen auf Sklaven und freie Arbeiten abwälzen konnte, denn die Staatsämter wurden ehrenamtlich geführt. Unter Perikles wurden dieser Mißstand und die timokratischen Unterschiede beseitigt.
(Grundzüge der Geschichte, Oberstufe, Ausgabe B, Fernis Haverkamp, Textbd. 1, Frankfurt/M.–Berlin–Bonn–München 1966, S. 35)

M 8 Demokratie in Athen

In ganz alten Zeiten hatte es in Athen Könige gegeben, die allein regierten und alle Macht in Händen hielten. Nach und nach konnten sich immer mehr Athener Bürger an der Regierung beteiligen.
Nun aber – nach den Perserkriegen – herrscht in Athen Demokratie (auf deutsch: Herrschaft des Volkes). Auf der Volksversammlung werden die

wichtigsten Gesetze und Angelegenheiten beraten und die höchsten Staatsbeamten gewählt. An diesen Volksversammlungen können alle männlichen Bürger teilnehmen, die älter als 30 Jahre sind. Die täglichen Staatsgeschäfte werden ebenfalls von gewählten Ratsmitgliedern verwaltet. Auch die Richter sind Athener Bürger. Damit auch der ärmere Bürger im Rat oder bei Gericht mitwirken kann, erhält jeder ein Tagegeld als Ausgleich für den Arbeitsausfall.

Jeder Bürger kann in der Volksversammlung mitreden. Jeder Bürger kann Mitglied des Rates oder der Gerichte werden. Die Athener regieren sich selbst, und sie sind stolz darauf!

Sklaven und Zugewanderte freilich dürfen nicht mitregieren. Sklaven sind für die Griechen Sachen, die man verkaufen oder vermieten kann. Fremde Kaufleute und Handwerken können sich zwar in Athen niederlassen, sie sind aber keine Bürger. „Bürger von Athen" ist nur, wer als Sohn eines freien Mannes in Athen geboren wurde.

(Die Reise in die Vergangenheit, von Schulrat Hans Ebeling in der Neubearbeitung von Prof. Dr. Wolfgang Birkenfeld, Bd. 1: Von fernen Zeiten, Braunschweig 1970, S. 97)

M 9 Der Staat der Athener Sklavenhalter

Ungefähr die Hälfte aller Einwohner Athens waren Sklaven. „Sie werden nie Freunde ihrer Herren sein", hatte Platon richtig erkannt. Auch die armen Handwerker, Bauern, Tagelöhner und die Schicht der Fremden teilten nicht voll die Interessen der reichen Sklavenhalter. Wie konnten die reichen Sklavenhalter ihre Herrschaft sichern? Wie war es ihnen möglich, immer neue Sklavenmassen für die Athener Wirtschaft auszunutzen?

Eine wichtige Hilfe für die Sklavenhalter, um die Sklaven zu beherrschen, war der Staatsapparat. Seine Hauptaufgabe bestand darin, die Sklaven zu beschaffen und ihre Ausbeutung zu sichern.

Attika war in zehn Verwaltungsbezirke eingeteilt, die gleichzeitig Abstimmbezirke darstellten. Jeder Bezirk konnte 50 Vertreter in den Rat der Fünfhundert entsenden. Dieser Rat verhandelte mit Gesandten fremder Staaten, berief die Volksversammlung ein, bereitete die hier zu fassenden Beschlüsse vor, überwachte deren Durchführung und kontrollierte die staatlichen Finanzen. Gewählte Beamte leiteten die Verwaltung, andere waren für die militärische Bereitschaft des Staates verantwortlich. Sie mußten dem Rat der Fünfhundert über ihre Tätigkeit berichten.

Die Gerichtsbarkeit lag in den Händen des Volkes. Aus jedem Wahlkreis wurden 600 Bürger durch das Los für die Volksgerichte bestimmt. Das Volksgericht hatte außer der Führung von Prozessen auch über die Gültigkeit von Beschlüssen der Volksversammlung zu entscheiden. Die Mitglieder des

Rates der Fünfhundert, der Volksgerichte und die Beamten wurden jährlich neu gewählt. Aber nur Freie konnten in Athen wählen und in den Rat der Fünfhundert und in die Volksgerichte gewählt werden oder an der Volksversammlung teilnehmen. Fremde und Sklaven besaßen diese Rechte nicht.
Die größte Gewalt im athenischen Staat hatte die Volksversammlung. An ihr konnte jeder freie Bürger vom 20. Lebensjahr an teilnehmen. Die Volksversammlung wählte die wichtigsten Beamten in offener Abstimmung durch Handerheben.
Andere Ämter (Ratsmitglieder, Richter) wurden verlost. Das geschah, indem man in ein Gefäß weiße und farbige Bohnen tat, in ein zweites Täfelchen mit den Namen der Bewerber. Dann wurden gleichzeitig eine Bohne und ein Täfelchen herausgenommen. Wessen Täfelchen zusammen mit einer weißen Bohne herauskam, der galt als gewählt.
Die Volksversammlung entschied über die wichtigsten Fragen und kontrollierte die Beamten.
Bei Verfehlungen wurde der betreffende Beamte dem Gericht übergeben.
(Geschichte 5, Berlin [Ost] 1973, S. 92)

M 10 Demokratische Rechte nicht für alle

Neben den Vollbürgern, von denen in der Verfassung gesprochen wurde, gab es noch zwei weitere Bevölkerungsschichten, die Metöken und die Sklaven.

Die Metöken waren minderberechtigt.

Auch die Metöken waren minderberechtigt. Sie waren zugereiste „Mitbewohner", d.h. ihre Eltern waren nicht in Athen geboren. Oft waren es reiche Leute, aber sie durften nicht an der Volksversammlung teilnehmen. Vor Gericht durften sie nicht sprechen. Sie mußten sich durch einen Bürger vertreten lassen. Dieser verdiente gut daran, weil der meist hohe Gebühren nahm.

Sklaven waren rechtlos

Sklaven waren Kriegsgefangene und deren Nachkommen. Wie die meisten Völker des Altertums nahmen auch die Athener besiegte Feinde in ihr Land mit. Dort verkauften sie die Kriegsgefangenen als Sklaven auf dem Markt. In der Schlacht gegen die Perser in Kleinasien 466 v.Chr. machte Kimon von Athen 20 000 Gefangene, die alle in die Sklaverei verkauft wurden. Die Preise: für einen Knaben 70 Drachmen, für ein Mädchen 100 Drachmen, für einen Handwerker 200 Drachmen.
Lest die Äußerungen eines griechischen Schriftstellers aus damaliger Zeit über den Stand der Sklaven:
Jeder Sklave ist gewissermaßen ein Werkzeug, das viele andere Werkzeuge vertritt (...) Die Sklaven sind auch wie zahme Tiere. Die Natur hat (...)

die Körper der Freien und der Sklaven verschieden gestaltet, die einen kräftig für die schwere Handarbeit, die anderen aufgerichtet und ungeeignet für derartige Arbeiten, doch brauchbar für das politische Leben (...) Es ist also klar, daß es von Natur aus Freie und Sklaven gibt und daß das Dienen für diese zuträglich und gerecht ist.

Womit werden die Sklaven verglichen? Was sagt ihr dazu?

Die Stellung der Frau

Die Frauen durften beispielsweise nicht wählen und standen rechtlich unter der Vormundschaft ihres Mannes. Der Vater oder der Gatte mußte sie bei den Ämtern vertreten. Ihr Reich war das Haus und die Familie.

(Geschichte für morgen. Arbeitsbuch für den Geschichtsunterricht in der Hauptschule, hg. v. Dr. H. Heumann, Bd. 1, Frankfurt/M. 1980, S. 46f.)

M 11 Kleisthenes – die Errichtung der Demokratie

Im Jahre 508 v.Chr. machte der Adlige Kleisthenes in Athen die Volksversammlung endgültig zum Mittelpunkt des Staats. Ihr gehörten alle Männer über zwanzig Jahre an, deren Väter freie Athener waren, insgesamt ungefähr 40 000.

Kleisthenes hatte die ganze Bürgerschaft in zehn Gruppen (Phylen) eingeteilt. Jede Phyle ermittelte jedes Jahr durch das Los 50 Ratsmitglieder; das ergab zusammen den Rat der Fünfhundert. Die fünfzig Vertreter jeder Phyle bildeten für den zehnten Teil des Jahres (36 Tage) die Regierung (Prytanie). In dieser Zeit lebten sie auf Staatskosten in einem Regierungsgebäude am Rand des Marktplatzes und losten jeden Tag aus ihrer Mitte einen Vorsitzenden als Staatspräsidenten aus.

Sehr misstrauisch waren die Athener gegenüber ihren Staatsbeamten. Diese konnten von der Volksversammlung jederzeit zur Rechenschaft gezogen, abgesetzt oder sogar zum Tode verurteilt werden. Dem Schutz der Demokratie gegen ehrgeizige Politiker diente auch das sogenannte Scherbengericht (Ostrakismos): Wenn mindestens 6000 Bürger den Namen eines Politikers, den sie für gefährlich hielten, bei einer Abstimmung auf Tonscherben schrieben, musste dieser Athen für zehn Jahre verlassen.

1. Jeder Bürger konnte zweimal in seinem Leben Mitglied des „Rates der Fünfhundert" und damit auch der Regierung werden. Wie groß waren seine Chancen, einmal Regierungsmitglied und Staatspräsident zu werden? Wie groß sind die Chancen heute?
2. Warum werden nur die Heerführer (Strategen) gewählt? Warum ist auch ihre Wiederwahl nicht verboten?
3. Welche Probleme ergaben sich aus der Leitung der Politik durch alle Bürger in der Volksversammlung?

4. Wie viele „Wahlberechtigte“ bleiben in dieser „Demokratie“ übrig, wenn man Frauen, Fremde und Sklaven abzieht?[3]
5. Vergleiche die Demokratie Athens mit der Staatsordnung Spartas.

(Anno, Bd. 1: Von der Vorgeschichte bis zum frühen Mittelalter, Braunschweig 1994, S. 92)

3.1.6 Die attische Demokratie oder die attische „Demokratie“? Schaubilder

Geschichtsdidaktischer Hintergrund

Schaubilder sind nicht eben die Lieblingsmedien von Schülerinnen und Schülern. Wenn aber mehrere Schaubilder unterschiedlicher Art zum selben historischen Sachverhalt miteinander verglichen werden können, haben sie nicht nur einen durchaus motivierenden Charakter, sondern sie ermöglichen auch didaktisch wesentliche Erkenntnisse. Die scheinbar so neutralen und objektiven Schaubilder erweisen sich als perspektivische Konstruktionen. Auch hier muss die Frage aufgeworfen werden, wie sich die unterschiedlichen Darstellungen erklären lassen. Als ein Ergebnis wird dabei herauskommen, dass bis weit ins 20. Jahrhundert hinein offenbar niemand bemerkenswert fand, dass unter „Volk“ nur die männliche Bevölkerung der freien Athener verstanden wurde und dass erst die feministische Bewegung veranlasst hat, nach weiblichen Lebenszusammenhängen in der Geschichte zu fragen.

Methodische Hinweise

Die wenigen Schaubilder können als Paket an verschiedene Gruppen ausgegeben werden. Im Vergleich ergeben sich Fragen und ggf. Wünsche nach weiteren Informationen, denen durch zusätzliche Materialangebote aus der neuesten Schulbuchliteratur (Büchertisch oder Kopien) oder durch Lehrer/Lehrerin Rechnung getragen werden kann.

---

3 Die Zahlen werden auf der folgenden Seite angegeben: Etwa 70.000 Frauen und Kinder der Bürger, etwa 70.000 Metöken und etwa 200.000 Sklaven, die alle kein Wahlrecht haben.

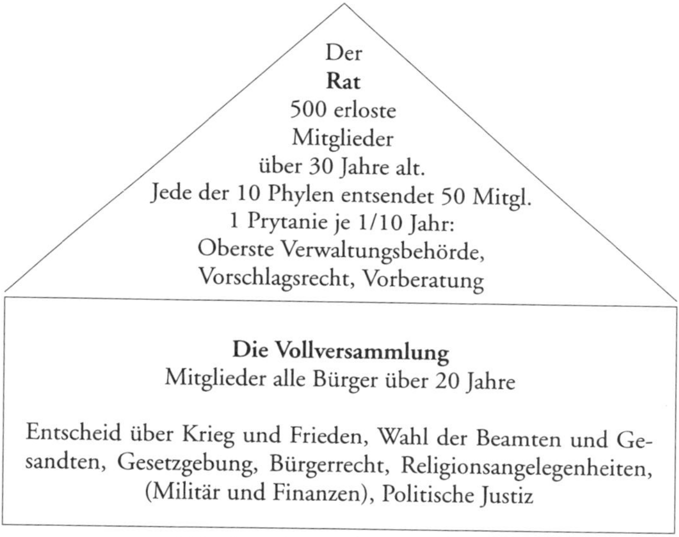

Die Demokratie des Kleisthenes

Abb. 44: Maier; Schirmeyer, Lehrbuch der Geschichte für höhere Schulen, Mittelstufe, Bd. 1: Von der griechischen Frühzeit bis zum Untergang des Weströmischen Reiches, v. Dr. Willhelm Hack, Frankfurt/M. 1926, S. 12

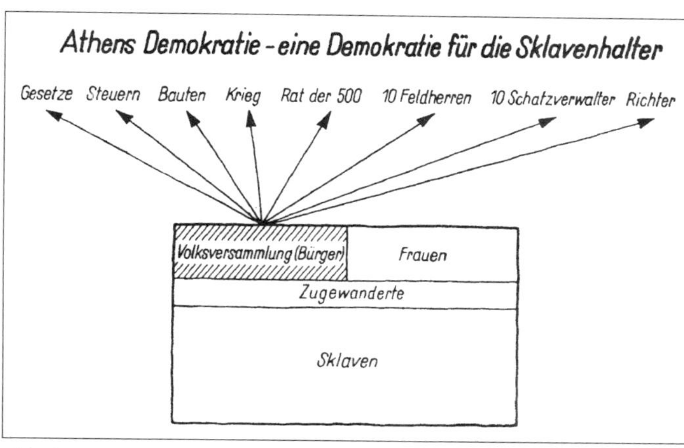

Abb. 45: Unterrichtshilfen Geschichte 5. Klasse, Berlin 1963, S. 152

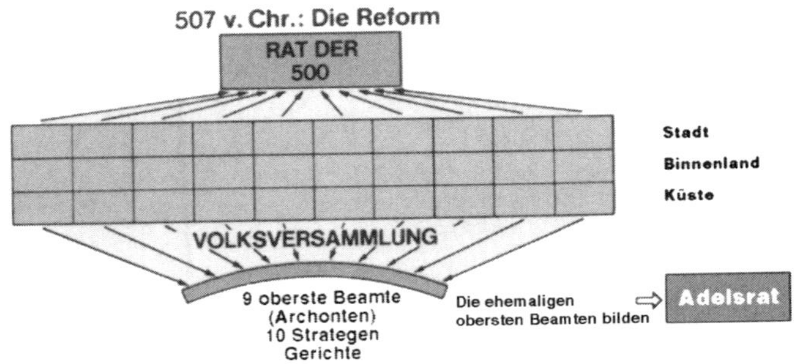

Abb. 46: Die Verfassung des Kleisthenes 507 v.Chr.
(Siegfried Grassmann [Hg.], Zeitaufnahme. Geschichte für die Sekundarstufe I, Braunschweig 1980, S. 51)

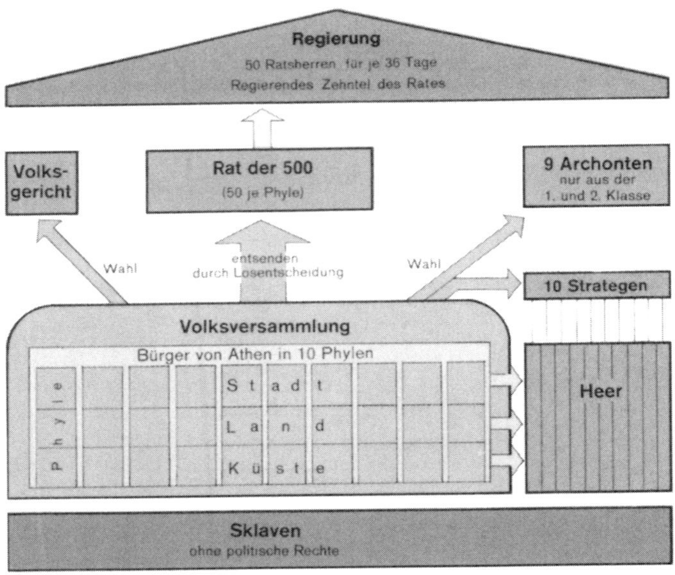

Abb. 47: Die demokratische Verfassung Athens seit Kleisthenes
(Geschichte und Gegenwart, Arbeitsbuch Geschichte, Ausgabe A, hg. v. Hans Georg Kirchhoff u. Klaus Lampe, Bd. 1, Paderborn 1985, S. 92)

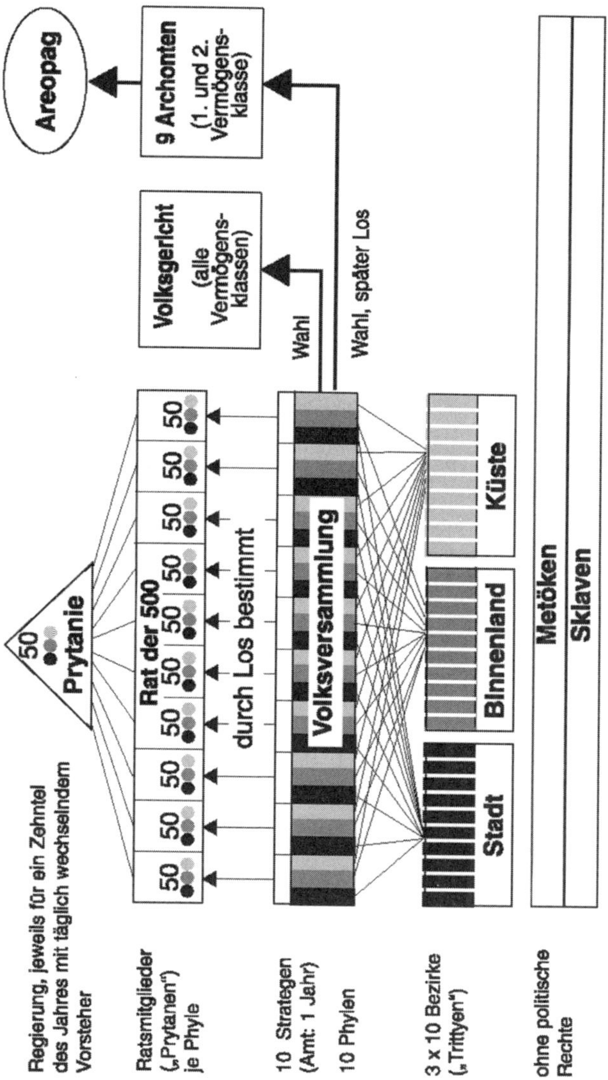

Abb. 48: Demokratie in Athen: Die Verfassung der attischen Polis nach der Reform des Kleisthenes. (Nach: Geschichte und Geschehen 1, Baden-Württemberg Gymnasium, Stuttgart 1986, S. 81)

Der Staat der Athener

(Nach der Verfassung des Kleisthenes)

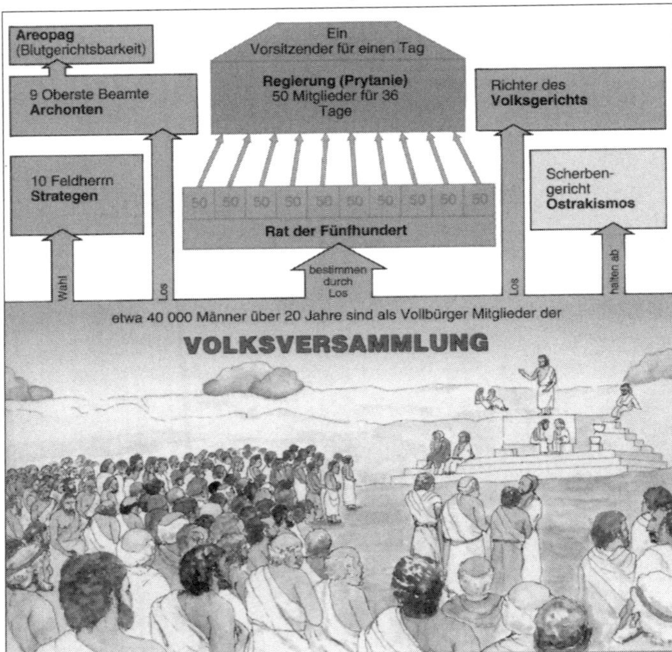

etwa 70 000	Frauen und Kinder der Bürger ohne politische Rechte
etwa 70 000	Metöken ("Mitbewohner") als zugereiste Menschen ohne Bürgerrecht, aber zu Steuern und Kriegsdienst verpflichtet.
etwa 200 000	Sklaven,vom Staat als Bergarbeiter verwendet, von den Bürgern für zahlreiche Arbeiten eingesetzt: im Haushalt, für handwerkliche Arbeiten, als Boten, Fuhrleute, Hafenarbeiter und für andere niedere Dienste. Sie waren Eigentum ihrer Herren und hatten keinerlei Rechte.

Abb. 49: Anno 1, Bd. 1: Von der Vorgeschichte bis zum frühen Mittelalter, Braunschweig 1994, S. 93

3.1.7 Staatstragende Parteien in der Klemme – ein Diagramm zur Geschichte der Weimarer Republik

Historischer Hintergrund

Die Frage nach den Ursachen des Scheiterns der Weimarer Republik ist in der Bundesrepublik immer wieder mit dem Hinweis beantwortet worden, die Demokratie sei zwischen den Extremen – NSDAP auf der Rechten, KPD auf der Linken – gleichsam zerrieben worden. Es handelt sich dabei um eine überaus fragwürdige Deutung, die die Rolle der KPD entschieden überbewertet. Sie ist in der Phase des Kalten Krieges, des Antikommunismus und der Totalitarismus-Theorie zustandegekommen.

Geschichtsdidaktischer Hintergrund

Ulrich Mayer schreibt: „Im Gegensatz zu Vorstellungen, die der graphischen Darstellung im Geschichtsunterricht ‚sachgerechte Objektivität im Erfassen (...) der inneren Struktur eines Gegenstandes' zuschreiben, muss auch hinsichtlich der Diagramme prinzipiell auf die Perspektivität historischer Betrachtung hingewiesen werden, (...) Aus den Interpretationsmerkmalen einiger Diagramme ist der ideologische Hintergrund sowie die ideologisierende Absicht unterschiedlich deutlich zu entnehmen." Das vorliegende Beispiel suggeriert durch die dunkel gehaltene Darstellung der „Linksradikalen" und der „Rechtsradikalen" eine „Einschnürung" der hell gehaltenen „staatstragenden Parteien".[4]

Methodische Hinweise

Es sollte bei dem vorliegenden Diagramm vor allem darum gehen, die Schülerinnen und Schüler zum genauen Betrachten und Deuten anzuhalten, so dass sie die Interpretation des Herstellers zunächst übernehmen. Dann könnten Fragen nach der Art der Darstellung (Beschriftung, dunkel/hell usw.) gestellt werden, um danach die Frage zu stellen, welche Ursachen der Hersteller für das Scheitern der Demokratie

---

4 Ulrich Mayer, Das Diagramm – am Beispiel von Wahlergebnissen der Weimarer Republik, in: Hans-Jürgen Pandel; Gerhard Schneider (Hg.), Handbuch Medien im Geschichtsunterricht, Schwalbach/Ts. 1999, S. 161.

sieht und welche Deutung er nahelegt. Anschließend kann die Deutung problematisiert werden und können die Schülerinnen und Schüler aufgefordert werden, selber ein besseres Diagramm zu entwickeln.

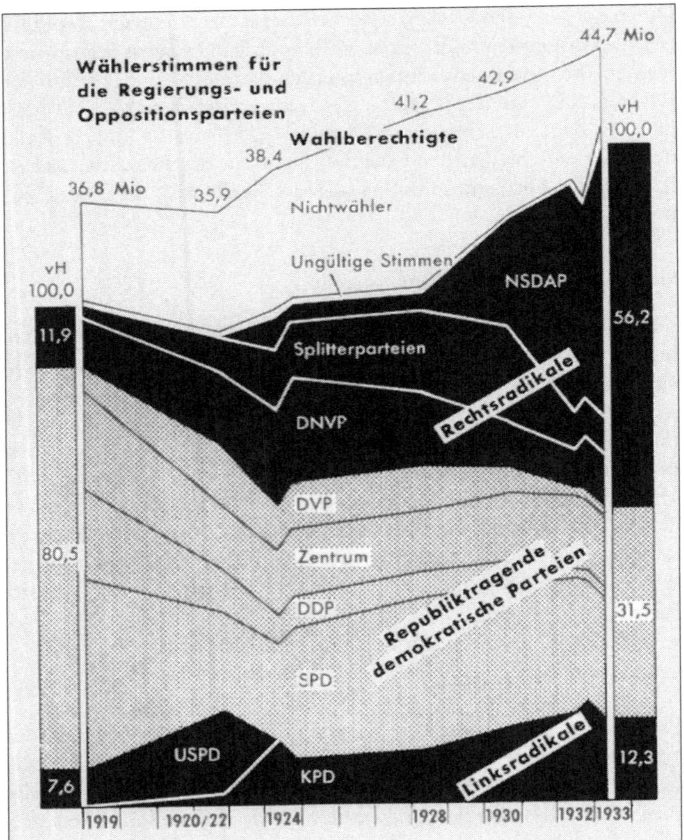

Abb. 50: Bahr; Banzhaf; Rumpf, Grundkurs Geschichte, 2. Aufl., Darmstadt 1994, S. 222

3.1.8 „Klassen" oder „Schichten"? Schematische Darstellungen des Aufbaus der deutschen Gesellschaft um 1900

Historischer Hintergrund

Die deutsche Gesellschaft um die Jahrhundertwende kann zweifellos als eine „Klassengesellschaft" bezeichnet werden – eine Gesellschaft, in der es deutlich zu beobachtende Klassenunterschiede gibt, die sich in Besitz, Macht und Wohlstand bzw. Nichtbesitz, Ohnmacht und Armut ausdrücken.

Geschichtsdidaktischer Hintergrund

Schematische Darstellungen sollen in einfachster Form einen historischen Zustand veranschaulichen – hier den Aufbau der deutschen Gesellschaft um 1900. Grundfigur ist die „Lehnspyramide" des Mittelalters: Entsprechend der quantitativen Verteilung der Bevölkerung auf die Schichten oder Klassen der Gesellschaft und der Herrschaft der wenigen über die vielen werden in ein spitzwinkliges Dreieck größere und kleinere Räume für die Schichten oder Klassen eingetragen und mit den Namen der Schichten oder Klassen versehen. Die drei Schemata ähneln sich und unterscheiden sich doch deutlich in der jeweiligen sprachlichen Fassung voneinander. Die Sprache verweist auf unterschiedliche Deutungen. Bemerkenswert ist dabei, dass M 1 ein Schema darstellt, das nach einer Vorlage von Ludwig Helbig (M 2) gestaltet ist, aber die Begrifflichkeit von Helbig nicht übernimmt. M 3 betont aus marxistischer Perspektive den Klassencharakter und das Herrschaftsverhältnis anders als M 1 und M 2. Vielleicht aber ist M 2 durch M 3 beeinflusst worden?

Methodische Hinweise

Innerhalb einer Unterrichtseinheit über das Kaiserreich können die drei Schaubilder nacheinander ausgeteilt und jeweils das folgende mit dem bzw. den vorherigen verglichen werden. Die Schülerinnen und Schüler werden die Gemeinsamkeiten, vor allem aber die Unterschiede rasch bemerken, die sprachliche Entschärfung in M 1, das nach M 2 gestaltet worden ist, entdecken und können nach Erklärungen für die unterschiedlichen Darstellungen suchen.

M 1 Der Aufbau der Gesellschaft um 1900
(Nach L. Helbig, Politik im Aufriß, Bd. 1, S. 282)

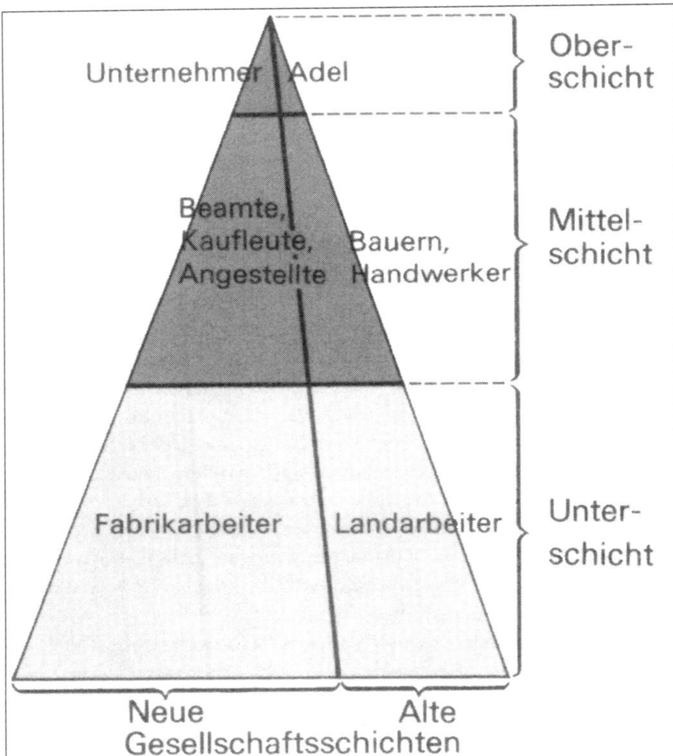

Abb. 51: Geschichtliche Weltkunde, Bd. 3: Von der Zeit des Imperialismus bis zur Gegenwart, 3. erg. Aufl., Frankfurt/M.–Berlin–München 1985, S. 3

M 2 Die Klassengesellschaft des 19. Jahrhunderts

(Nach verschiedenen Quellen)

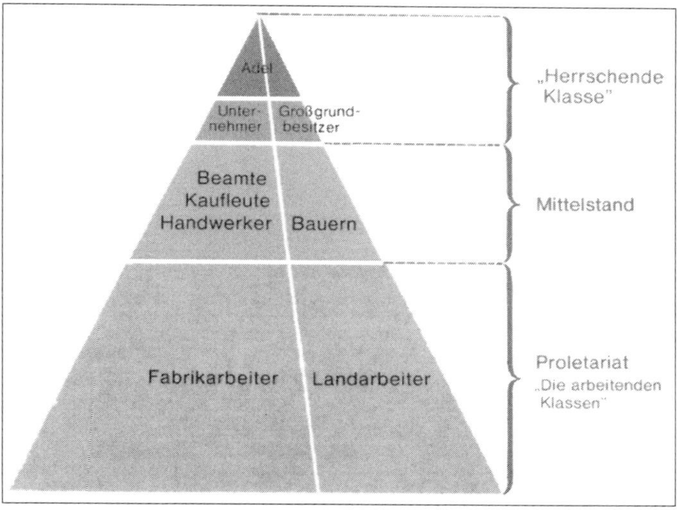

Abb. 52: Ludwig Helbig, Politik im Aufriss, Bd. 1, 3. Aufl., Frankfurt/M. 1975, S. 282

M 3 Die Klassenstruktur in Deutschland gegen Ende des 19. Jahrhunderts

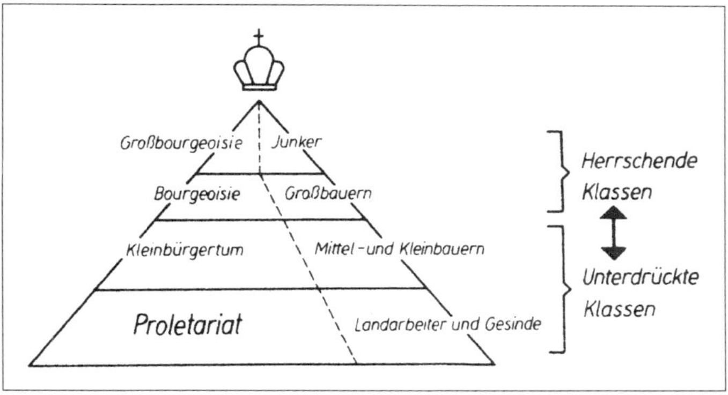

Abb. 53: Florian Osburg, Tafelbilder im Geschichtsunterricht, 2. Aufl., Ausgabe 1973, Berlin (Ost) 1975, S. 110

3.1.9 Schaubild und Holzschnitt zum Aufbau des „Führerstaates"

Historischer Hintergrund:

Der berühmte Holzschnitt von Gerd Arntz „Das Dritte Reich" stammt von 1934/35, als sich Arntz schon in der Emigration in Holland befand.

Geschichtsdidaktischer Hintergrund

Es werden gegenübergestellt ein scheinbar „objektives" Schaubild und ein sofort als parteilich erkennbarer Holzschnitt. Das Schaubild wird in seiner Aussage eingeschränkt: „Das Schaubild gibt den NS-Staat wieder, wie er gesehen werden wollte. In Wirklichkeit arbeiteten wichtige Gruppen gegeneinander". Es zeigt also im Wesentlichen die nationalsozialistische Perspektive. Der Holzschneider präsentiert nach der Grundfigur der Lehnspyramide eine ganz andere Sicht und legt den Blick frei auf das weitere Personal der Herrschaft – Militär, Wirtschaftsführer, Juristen, Beamte. Sie stehen ausgerichtet, nur nach vorn oder nach rechts schauend, im oberen Teil des Schaubildes – ein geschlossener Block, lässig nur der Fabrikbesitzer: Sie haben teil an der Herrschaft. Im unteren Teil des Bildes finden sich Arbeiter bei der Fließbandproduktion von Granaten. Und nur im unteren Teil des Bildes – dem Bereich der arbeitenden Bevölkerung – findet blutiger Terror statt.

Das Schaubild zum „Führerstaat" deutet bei allen Einschränkungen den Staat aus nationalsozialistischer Sicht: Der „Führer" und Reichskanzler Adolf Hitler ist die zentrale Figur, die die Befehlsgewalt gegenüber Wehrmacht, Reichsregierung, Funktionären und Volksgenossen hat und auf den zahllose Organisationen ausgerichtet sind. Es ist eine rein personalisierende Deutung. Der Holzschneider hat eine völlig andere Sicht der Dinge: Er sieht das Dritte Reich als einen Staat, in dem ein Block von Herrschenden – traditionelle Eliten und neue Exekutivorgane – den Staat trägt. Hitler ist eingebunden in diesen Block und steht an seiner Spitze. Die herrschende Klasse steht über der arbeitenden Klasse.

Arntz selber hat Jahrzehnte später bemerkt, dass auf dem Bild nicht eine einzige Frau zu sehen ist! Und er hat darauf hingewiesen, dass das Bild absichtlich nach rechts kippt, weil er seinerzeit gehofft hat, dass es bald fallen werde.

Methodische Hinweise

Die beiden Darstellungen sollten nacheinander ausgeteilt werden, zunächst das Schaubild zum „Führerstaat“, danach der Holzschnitt. Das Schaubild wird den Schülerinnen und Schülern keine Schwierigkeiten bereiten: Es ist in seiner Aussage zu deutlich. Das Ergebnis der Arbeit am Schaubild sollte in zwei, drei Sätzen als scheinbar sichere Feststellung zusammengefasst werden. Danach erfolgen Beschreibung und Interpretation des Holzschnitts und anschließend der Vergleich beider Darstellungen. Schwierigkeiten beim Holzschnitt können durch die Typisierungen und Symbolisierungen auftauchen, die z.T. einiges Wissen voraussetzen, aber mit Hilfe von Lehrerin oder Lehrer entschlüsselt werden können.

Die zentralen Fragen lauten: Wie deuten die beiden Autoren der Darstellungen das „Dritte Reich“? Wie lassen sich die unterschiedlichen Darstellungen erklären?

Der Aufbau des „Führerstaates“

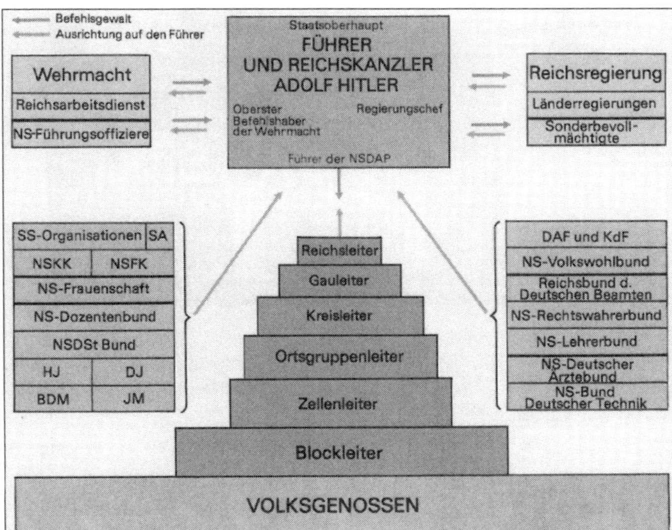

Abb. 54: Geschichtliche Weltkunde, Bd. 3: Von der Zeit des Imperialismus bis zur Gegenwart, 3. erg. Aufl., Frankfurt/M.–Berlin–München 1985, S. 117

Abb. 55: Gerd Arntz, Das Dritte Reich, 1934/35 (Rationalisierung 1984 [Ausstellungskatalog der Staatlichen Kunsthalle Berlin und der Neuen Gesellschaft für Bildende Kunst], Berlin 1933, S. 131)

3.2 Politische Dimension

3.2.1 Der 9. November als Nationalfeiertag?

Historischer Hintergrund

Am 9. November 1918 wurde die Republik ausgerufen, am 9. November 1923 kam es zum sog. Hitler-Putsch, am 9. November 1938 veranstalteten die Nationalsozialisten die Pogromnacht, und am 9. November 1989 fiel die Mauer. In der ersten Euphorie kamen Stimmen auf, den Tag des Falls der Mauer zum Nationalfeiertag zu erheben, und rasch meldeten sich Gegenstimmen, die darauf hinwiesen, dass das Datum auch anderweitig besetzt sei. Es kam zu einer öffentlichen Diskussion, die beendet war, als der 3. Oktober als Tag der „Wiedervereinigung" zum Nationalfeiertag bestimmt wurde.

Geschichtsdidaktischer Hintergrund

Die öffentliche Diskussion über den 9. November kann als gutes Beispiel dafür dienen, dass Geschichte jenseits von Tatsachenfeststellungen deutendes Nachdenken über Vergangenes ist, das von verschiedenen Perspektiven her erfolgt. Sie kann ferner ein gutes Beispiel dafür sein, dass Vergangenheit nicht einfach vergeht, sondern die Nachgeborenen immer wieder berührt und beschäftigt. Die Tatsachen sind bekannt, aber sie werden immer wieder in jeweils neuen Lebenszusammenhängen immer wieder neu gedeutet – von Wissenschaftlern, aber auch in der außerwissenschaftlichen Öffentlichkeit.
Typologisch gehören die öffentlichen Aussagen über den 9. November zu den von mir so genannten „Kalender-Geschichten": Runde Jahreszahlen oder jährliche Gedenktagen werden in der wissenschaftlichen wie außerwissenschaftlichen Geschichtskultur zum Anlass genommen, Deutungen von historischen Ereignissen oder Personen vorzulegen, die geprägt sind durch die Suche nach der Bedeutung für Gegenwart und Zukunft. Die Deutungen beruhen auf bestimmten Hinsichten, Perspektiven, die sich wiederum aus bestimmten – etwa kognitiven, politischen, ästhetischen oder ökonomischen – Interessen ergeben.

Methodische Hinweise

Eine Möglichkeit kann darin bestehen, zuerst Informationen über den vierfachen 9. November in der Form einer reinen Datenliste mit kurzen Aussagesätzen auszuteilen und dann das Pro und Contra in der Klasse oder zunächst in Gruppen besprechen zu lassen. Eine andere, aufwendigere, aber bessere Methode wäre, die Schülerinnen und Schüler die unterschiedlichen Argumentationen lesen zu lassen und es ihnen selber zu überlassen, sich zu erarbeiten, dass es vier 9. November gibt, denen wir heute eine Bedeutung zumessen, sich zu erarbeiten, was an diesen vier 9. November geschehen ist und sich dann auf die öffentliche Kontroverse einzulassen und sich an ihr zu beteiligen. Einzeln oder gruppenweise können die Schülerinnen und Schüler etwa Leserbriefe verfassen, in denen sie ihre eigene Position in die öffentliche Debatte werfen.

Stimmen für den 9. November 1989 als Nationalfeiertag

M 1 Manfred Stolpe, Ministerpräsident
Nationalfeiertag Deutschlands sollte der 9. November sein. An diesem Tag sind die wichtigsten Entscheidungen gefallen. Die Zahl der Menschen, die sich freiliefen, hatten eine Größenordnung erreicht, die nur noch durch Blutvergießen zu verhindern gewesen wäre. Die Machthaber (Sowjetarmee und DDR-Staatsführung) beugten sich dem moralischen Druck der friedfertigen Massen, ließen die Demonstrationen ungehindert und anerkannten den Souverän „Wir sind das Volk".

M 2 Ernst Benda, ehem. Präsident des Bundesverfassungsgerichts
Vom 17. Juni als Nationalfeiertag kann jetzt leichten Herzens Abschied genommen werden, weil damit nicht mehr das Missverständnis verbunden sein wird, auf das Ziel der staatlichen Vereinigung sollte verzichtet werden. Der 9. November bringt besser als jeder andere Tag die Erinnerung an die dunkelsten und die hellsten Tage der neueren deutschen Geschichte zum Ausdruck; dies wäre ein gutes Datum für einen nationalen Feiertag.

M 3 Manfred von Ardenne, Wissenschaftler
Als Nationalfeiertag sollte der 9. November gewählt werden. Er ist der menschlich bewegendste Tag in der deutschen Nachkriegsgeschichte. Und dieser Tag verkörpert die in der deutschen Geschichte einzigartig dastehende unblutige Befreiung des Volkes durch das Volk.

M 4 Christian Graf von Krockow, Historiker und Publizist
Gelassenheit statt immer währender Hysterie setzt Selbstbewusstsein voraus, Selbstbewusstsein, Geglücktes statt Missgunst. Hierfür könnte der 9. November das Zeichen setzen (...) für einen Sieg auf dem Felde der Zivilcoura-

ge. Dabei würde die andere Erinnerung nicht aus-, sondern ausdrücklich eingeschlossen: an den 9. November 1918, den die Panik deutscher Untertanen zum angeblichen Verbrechen stempelte, das dann durch das reale, durch Brandfackeln in Gottes Häusern 1938 getilgt werden sollte.
(Die Zeit v. 15.6.1990, S 3f. u. v. 22.6.1990, S. 10)

Prominente Stimmen gegen den 9. November 1989 als Nationalfeiertag

M 5 Lea Rosh, Journalistin und Fernsehdirektorin

Ich bin wirklich empört, dass immer wieder und immer noch der 9. November ins Gespräch gebracht wird. Steht das wirklich für das Geschichtsbewusstsein der Deutschen? Ganz abgesehen vom Marsch auf die Feldherrenhalle – sollen denn die Opfer der sogenannten Reichskristallnacht wirklich ein zweites Mal verhöhnt werden? Es wäre ein feiner Nationalfeiertag für Nichtjuden und Juden, in Deutschland und anderswo!

M 6 Heinz Galinski (†), Vorsitzender des Zentralrats der Juden in Deutschland

Ich warne davor, den 9. November als einen Nationalfeiertag ins Auge zu fassen. Die Bedeutung dieses Tages, der außer im vergangenen Jahr mit der Reichspogromnacht im Jahre 1938 auch schon 1918 und 1923 zum Fanal wurde, ist dazu angetan, mehr zu belasten denn zu beflügeln. Die Tatsache allein, dass ein solcher Vorschlag als ernsthafte Möglichkeit erwogen wird, empfinde ich als ein Alarmzeichen, als Zeichen der mangelnden Lernfähigkeit.

M 7 Antje Vollmer, Bundestagsabgeordnete der Grünen

Mein Vorschlag: Wenn wir es schaffen würden, wenigstens in der Frage der Demokratie ein Stückchen Parität zwischen der DDR und der Bundesrepublik zu praktizieren, wenn wir aus zwei unterschiedlichen demokratischen Formulierungen eine neue Verfassung erarbeiten würden, wenn die dann eines Tages verabschiedet würde – den Tag will ich gern feiern. Dabei wird es uns doch wohl gelingen, ein Datum für diesen Tag auszugucken, der nicht so ein gespenstiges Doppelgesicht trägt wie der 9. November.

M 8 Ernst Nolte, Historiker

Heute zeigt sich, dass das Grundgesetz – bildlich gesprochen – stärker und klüger gewesen ist als wir alle, Intellektuelle und Politiker gleichermaßen, die wir entweder an der Möglichkeit einer „Wiedervereinigung unter westlichen Vorzeichen“ verzweifelten oder gar in der Zweistaatlichkeit einen Fortschritt sehen wollten. Dieser Einsicht wird am ehesten Rechnung ge-

tragen, wenn der 23. Mai als Nationalfeiertag gewählt wird. Am 17. Juni aber hat das Grundgesetz zum ersten Mal seine innere Mächtigkeit unter Beweis gestellt. Der 9. November wiederum ist derjenige Tag, an dem die ganze Vielfalt und Widersprüchlichkeit der deutschen Geschichte am augenfälligsten wird: Der Tag der deutschen Zusammenbruchsrevolution 1918, des nationalsozialistischen ‚Marsches zur Feldherrenhalle', 1923, des befohlenen Judenpogroms von 1938 und der friedlichen, aber zunächst auf die Einkaufsstraßen West-Berlins und Westdeutschlands abgelenkten Revolution von 1989. Kein Tag gibt einen so starken Anstoß zum Nachdenken wie dieser. Ernsthaftes Nachdenken und massenhafte Feiern lassen sich jedoch schwerlich in eins zusammenbringen, und mir schiene es das Beste zu sein, den 17. Juni als den Tag der ersten und bloß vorläufig gescheiterten Bewährung des Grundgesetzes zum Nationalfeiertag Gesamtdeutschlands in einem freiheitlichen Europa zu machen.
(Die Zeit v. 15.6.1990, S. 3f. u. v. 22.6.1990, S. 10)

Der 9. November als allgemeiner deutscher Gedenktag?

M 9 Michael Wolffsohn, Historiker

Ein nationaler Gedenktag sollte Licht und Schatten der nationalen Erfahrungen und Erlebnisse versinnbildlichen. Wir dürfen uns und anderen nicht vorgaukeln, dass die Geschichte Deutschlands nur Anlass zu Frohsinn böte. Nachdenklichkeit und Trauer sind angebracht, doch nicht nur Nachdenklichkeit und Trauer, sondern auch Frohsinn und Jubel. Mein Vorschlag: Der 9. November. An diesem Datum verdichtet sich die deutsche Geschichte des zwanzigsten Jahrhunderts. (...)
Die Bürde und Würde des Menschseins und des Deutschseins symbolisiert der 9. November. Außerdem symbolisiert er die deutsche Identität in ihren tragischen Verkettungen, besonders der deutsch-jüdischen. Für die Bürde haften alle Deutschen. Die Würde dieses Tages verdanken wir allein den Menschen in der DDR. Der Jubel vom 9. November löste vor allem in der jüdischen Welt Ängste aus. So Elie Wiesel: „Bis 1989 war der 9. November überall das Datum der Kristallnacht. Plötzlich ist das alles vergessen, und wir erinnern uns des 9. November als des Tages, an dem die Berliner Mauer zusammenbrach. Und das bedrückt mich, denn es zeigt, daß der Raum unserer Erinnerung zu schrumpfen beginnt."
Gerade weil und wenn der 9. November nationaler Gedenktag in Deutschland wird, kann der Raum der Erinnerung nicht schrumpfen. (...)
Des 9. Novembers werden künftig immer alle und auf jeden Fall gedenken. Das ist sicher. Und weil es sicher ist, muß es sinnvoll gesteuert werden. (...)
Wird der 9. November nicht nationaler Gedenktag, ist das folgende Szenari-

um nicht nur möglich, sondern wahrscheinlich und auch gefährlich: Die einen jubeln aussschließlich über den 9. November 1989, über den politischen Fall der Mauer. Die anderen gedenken allein des 9. November 1938, der ermordeten Menschen und brennenden Synagogen.
Die einen – das werden die meisten nichtjüdischen, die anderen – das werden die meisten jüdischen Deutschen sein. Die deutsch-jüdische Kluft würde größer und gefährlicher – und sogar noch zelebriert. Im Bilde gesprochen: Die Sektkorken der jubelnden Deutschen flögen in die weinenden Augen der Juden. Eine entsetzliche Vorstellung.
Vertreter der deutschen Juden haben mehrfach erklärt, dass der 9. November auf keinen Fall ein nationaler Gedenktag werden dürfe. Eine „Verhöhnung der Juden" wäre ein solcher Gedenktag, verkündeten wohlmeinende Nichtjuden. Beide sind dabei, wie mir scheint, nicht die besten Vertreter der jüdischen Sache. (...) Nur das gemeinsame Gedenken von Nichtjuden und Juden, von allen Deutschen, sichert die Würde und Bürde dieses Tages und damit auch das angemessene Gedenken an die deutsche Geschichte in ihrer Gesamtheit, in bezug auf Licht und Schatten. Nach vollzogener Umkehr der Deutschen ist das Verhindern der Wiederkehr eine gemeinsame Aufgabe von Deutschen und Juden.
Der Vorschlag, den 9. November zum nationalen Gedenktag zu erklären, ist defensiv und offensiv zugleich. Er soll durch die beim Gedenken vorgetragenen Gedanken zum Nachdenken und zur Verhinderung der Wiederkehr des Bösen erziehen. Er soll außerdem dafür sorgen, dass aus verständlicher Freude nicht Übermut werde.
(Michael Wolffsohn, Deutsche Symbole, in: Die politische Meinung, Heft 253, S. 25-28)

3.2.2 Denkmäler für Deserteure?

Historischer Hintergrund

Auffällige Zahlen: Nach Schätzungen wurden im Zweiten Weltkrieg etwa 14.500 Soldaten auf deutscher Seite wegen „Fahnenflucht" hingerichtet. Im Vergleich dazu: Auf englischer Seite wurden im gleichen Zeitraum etwa 40 Soldaten in gleicher Sache hingerichtet. Im Ersten Weltkrieg wurden 48 Soldaten wegen „Fahnenflucht" hingerichtet.

In den 1980er Jahren entstand in der Bundesrepublik an mehreren Orten durch örtliche Initiativen eine Diskussion, ob es nicht angebracht sei, der Kriege nicht nur durch Kriegerdenkmäler zu gedenken, sondern auch Denkmäler für Deserteure zu errichten.

Geschichtsdidaktischer Hintergrund

Die kontroverse Diskussion, die hier am Beispiel Marburg demonstriert wird, zeigt sehr gegensätzliche Positionen aus den Sichtweisen der Gegner und der Befürworter eines Denkmals. Auch im Unterricht wird es hierzu vermutlich sehr kontroverse Positionen geben. Gerade die klaren Positionen nötigen die Schülerinnen und Schüler auf legitime Weise, sich nicht nur die eigene Position bestätigen zu lassen, sondern die jeweils andere wenigstens zeitweise einzunehmen und aus ihr heraus zu denken, bevor ein endgültiges eigenes Urteil gefällt wird.

Methodische Hinweise

Die jeweiligen Stellungnahmen zu einem Denkmal für Deserteure können in eine Pro- und Contra-Tabelle eingeordnet werden.

Auf einer Wandzeitung können die wichtigsten Thesen und Begründungen in Stichworten festgehalten werden.

Die Schülerinnen und Schüler werden aufgefordert, sachlich die Positionen und Begründungen zu referieren, denen sie nicht nahestehen.

Die Schülerinnen und Schüler können sich durch Leserbriefe in die Debatte einschalten.

Ruth und Jürgen Venhaus, die zum Fall ein Unterrichtsmodell vorgelegt haben, geben darüber hinaus „Hinweise für ein Rollenspiel“:

„In Eurer Stadt wird die Aufstellung eines Denkmals für Deserteure diskutiert. Der Rat der Stadt nimmt diese Diskussion in einer öffentlichen Ratssitzung auf. Spielt eine solche Ratssitzung, indem verschiedene SchülerInnen die Rollen der Fraktionsmitglieder oder der Vertreter von Interessengruppen übernehmen. Das Publikum gestaltet die Sitzung mit, indem es im zweiten Teil der Sitzung Fragen stellen und Statements abgeben kann.“[5]

---

5 Ruth u. Jürgen Venhaus in: Geschichte lernen 8 (1989), S. 38.

M 1 „... Deserteure sind ganz klare Gesetzesbrecher"?
In Marburg wurde im Jahre 1988 – ähnlich wie in einigen anderen Städten – öffentlich darüber diskutiert, ob es nicht angebracht sei, auch für Deserteure des Zweiten Weltkrieges ein Denkmal zu errichten.

In einem Interview nimmt dazu als Vertreter der Bundeswehr auch Oberstleutnant Leyherr Stellung.

Leyherr: Für mich sind Deserteure ganz klare Gesetzesbrecher, Männer, die ihre Pflicht gegenüber dem Staat und – das möchte ich besonders hervorheben – ihren Kameraden missachtet und verletzt haben. Man muß sehen, dass eine Gruppe von Soldaten zusammenhält, da muss sich einer auf den anderen verlassen können. Nehmen wir nur die Geschützbedienung: Wenn ein Mann desertiert, kann die Geschützbedienung ihren Auftrag nicht mehr erfüllen. Der Deserteur läßt also seine Kameraden im Stich. Wir haben im Soldatengesetz den § 12 der Kameradschaft – schon immer eine der Säulen der Armee –, gegen den diese Leute eindeutig verstoßen.

Express: In einer Ankündigung einer Lesung über „Deutsche Deserteure" wird Desertion als der „20. Juli des gemeinen Soldaten" gewürdigt. Auch Graf von Stauffenberg hat ja Hitler die Gefolgschaft und Treue verweigert, also eine plausible Parallele. Leute wollen einem Regime nicht mehr dienen, das für sie ein klares Unrechtsregime ist.

Leyherr: Der Unterschied zu den Männern des 20. Juli 1944 war, dass sie versucht haben, dem deutschen Volk zu helfen, etwas Besseres aufzubauen, während ein Deserteur nichts tut, einfach verschwindet und seine Kameraden im Stich läßt. Deswegen kann ich das nicht akzeptieren.

Express: Nun wird gefordert, den Deserteuren in Marburg ein Denkmal zu setzen, da ja auch für die Soldaten in dieser Stadt über zwanzig solcher Denkmäler gesetzt worden seien. Wie ist ihre Einstellung zu solch einer Forderung?

Leyherr: Ich betrachte ein Denkmal für Deserteure als eine Schande für unsere Auffassung von Recht und Gesetz, ja ich betrachte dies sogar als Angriff auf diesen Rechtsstaat. Und Leute, die den Rechtsbruch der Deserteure verherrlichen, sind für mich Individuen, die darauf hinarbeiten, unsere freiheitlich-demokratische Rechtsordnung zu untergraben und zu vernichten. Es fehlt dann eigentlich nur noch der Schritt, dass man anderen Rechtsbrechern, die aus Eigennutz bzw. politischen Gründen handeln wie z.B. Geiselnehmern, auch noch Denkmäler setzt. Das wäre die logische Folge.

Ich möchte hier auch anführen, dass ich es sehr bedauere, dass unsere Medien von solch einer für mich als Ungeheuerlichkeit empfundenen Sache Notiz nehmen und darüber berichten.

(Marburger Magazin Express 11 [1988], S. 5)

M 2 Gunter Bienert (Fraktionsvorsitzender CDU): „Mit Widerstand haben Desertionen nichts zu tun"

In allen Kriegen dieser Welt mussten und müssen Menschen ihr Leben lassen oder andere töten, die niemals danach gefragt worden sind, ob sie den Konflikt wollten oder nicht, ob sie Soldat sein wollten oder nicht, ob sie in die Schlacht gehen wollten oder nicht. Zu jeder Zeit hat es deshalb Soldaten gegeben, die sich abgesetzt haben, entweder einfach geflohen sind oder übergelaufen sind. Die Motive waren vielfältig, von der schlichten verständlichen Angst – über die Gewissensnot gegenüber einem Befehl – bis hin zum geplanten Verrat. Mit Widerstand haben Desertionen nichts zu tun. (...) Deshalb ist es zweifellos eine schreckliche Herabwürdigung des Widerstandes im Dritten Reich, wenn man von der Desertion im 2. Weltkrieg als dem 20. Juli des gemeinen Soldaten spricht. Die Männer des 20. Juli setzten ihre Persönlichkeit, setzten ihr Leben ein, um nahezu die gesamte Menschheit vor weiteren Schrecknissen zu bewahren. Deserteure aber suchen stets ihr eigenes Leben zu retten und nehmen dabei zugleich den Tod der eigenen Kameraden in Kauf. In diesem letztgenannten Aspekt liegt die sittliche Fragwürdigkeit vieler Desertionen begründet.

M 3 Alexander Müller (Grüner Stadtrat): „Denkmal gerechtfertigt"

Der Rechtsbruch der Deserteure (Leyherr) bestand gerade darin, sich o.g. Richtlinien zu widersetzen, nicht plündernd und mordend durch andere Länder zu ziehen und nicht bis zum 8. Mai 1945 das System der Vernichtungslager und KZs verteidigt zu haben.

Dieser Widerstand gegen einen faschistischen Angriffskrieg rechtfertigt allemal ein Denkmal für Deserteure. Auch um darauf hin zu weisen, dass die damals gültigen Gesetze und Normen nicht von allen befolgt wurden, dass 40 000 Deserteure für ihren Widerstand zum Tode verurteilt wurden.

M 4 Heinz Jürgen Reith: „...Propagierung von Untugend"

Ganz unabhängig davon, wer die Schuld am Ausbruch eines Krieges trägt (...) herrschen im Kriege Gesetze eigener Art. Im Kriege, wenn er einmal entstanden ist, heißt es siegen, wenn nicht feindlicher Wille im eigenen Lande bestimmen soll. Der Soldat kämpft also für seine Heimat, nicht für eine Regierung. Diese, wenn sie eine Diktatur ist, zu beseitigen, ist eines, die Heimat in einem wie auch immer entstandenen Krieg zu verteidigen, ein anderes. Ein Deserteur ist daher kein Widerstandskämpfer, sondern ein Soldat, der im Kampf mit dem Feind um die Heimat seine Gefährten treulos im Stiche läßt. Die Beweggründe der Deserteure mag man mit Verständnis ansehen, ihre Handlungsweise kann aber nicht gut geheißen werden.

M 5 Gerhard Zwerenz: „Verweigerung eine Schande?"
Der geschichts- und unterschiedsblinde Offizier weiter: ‚Ich betrachte ein Denkmal für Deserteure als eine Schande für unsere Auffassung von Recht und Gesetz (...)'. Also war es keine Schande, Hitler gehorchend Nachbarländer zu überfallen. Schande ist demnach die verweigerte Teilhabe am befohlenen Krieg und Massenmord. Nicht der Verbleib in einer Gang ist kriminell, sondern die Verweigerung. Nicht die Teilnahme an Kriegsverbrechen ist eine Schande, sondern die Nichtteilnahme.
Oberstleutnant Leyherr legitimiert den Krieg Hitlers, entschuldigt Kriegsverbrechen und diffamiert die Deserteure, die ihr Leben wagten, um nicht schuldig zu werden.

M 6 Prof. Reinhard Kühnl (Faschismus-Forscher): „Kann eigentlich gar nicht glauben, dass er das wirklich gesagt hat."
Wenn der Faschismus aber ein verbrecherisches Regime war, so verdienen diejenigen die höchste Anerkennung, die dieses Regime bekämpft oder zumindest behindert haben. In der Tat haben Zehntausende dafür ihr Leben geopfert, und fast 800 000 wurden deswegen verhaftet. Das Militär, dessen Führung Terror, Krieg und Massenmord geplant und durchgeführt hat, war also Teil einer verbrecherischen Maschinerie. Selbstverständlich waren Millionen von Menschen – auch viele Soldaten – der Ideologie des Faschismus auf den Leim gegangen und haben geglaubt, dass sie für Deutschland kämpfen. Tatsächlich aber wurden sie auf die Schlachtfelder und in den Tod getrieben für die kriminellen Ziele der Herrschenden. Daraus folgt, dass die Deserteure zu denen gehörten, die sich um das Vaterland verdient gemacht haben: Sie haben die Realisierung der faschistischen Politik wenigstens behindert. Wären einige Millionen desertiert, so hätte das Regime seinen verbrecherischen Krieg nicht führen können.
(M 2 – M 6: Marburger Magazin Express 13 [1988], S. 2-6)

3.2.3 Schülerinnen und Schüler: „Was ich über Adolf Hitler gehört habe ..."

Historischer Hintergrund

1977 erregte das Buch von Dieter Boßmann „Was ich über Adolf Hitler gehört habe ..."[6] beträchtliches Aufsehen: Viele Schülerinnen und

---

6 Dieter Boßmann (Hg.), „Was ich über Adolf Hitler gehört habe ...". Folgen eines Tabus: Auszüge aus Schüleraufsätzen von heute, Frankfurt/M. 1977

Schüler äußerten sich positiv über Hitler. Die Schüleräußerungen zeugten aber weniger von einem schlechten Geschichtsunterricht als vielmehr von Vorstellungen, die in der Gesellschaft virulent waren und von den Schülerinnen und Schülern lediglich nachgesprochen wurden. Viele der befragten Jugendlichen konnten ihrem Alter nach im Geschichtsunterricht noch gar nicht über den Nationalsozialismus gesprochen haben.

Didaktischer Hintergrund

Ist es zulässig oder problematisch, einige unterschiedliche Sichtweisen von Schülerinnen und Schülern, unter denen sich auch positive Einschätzungen Hitlers finden, im Geschichtsunterricht zu besprechen, oder wird hier die Multiperspektivität zu weit getrieben? Unerwünschte und abstruse Ansichten lassen sich nicht bannen, indem man sie verschweigt; sie können im Gegenteil Lernprozesse begünstigen, wenn man sie denn aufgreift. Fragwürdig ist ein Unterricht, der von diesen Schüleräußerungen ausgeht, allenfalls dann, wenn er in die Falle der Personalisierung tappt, nur nach Hitler fragt und vom Faschismus schweigt.

Die positiven Schüleräußerungen, die hier abgedruckt sind, zeigen einen bemerkenswerten Vorrang nationaler bzw. nationalistischer Orientierung vor einer moralischen Orientierung an den Menschenrechten.

Methodische Hinweise

Alle Äußerungen können gleichzeitig an die Klasse ausgegeben werden mit der Bitte, sie unter folgenden Gesichtspunkten zu lesen:

- Welche Begründungen für eine positive Einschätzung tauchen auf?
- Welche Begründungen für eine negative Einschätzung werden genannt?
- Viele der Schülerinnen und Schüler sind in einem Alter, in dem sie vermutlich im Unterricht noch nichts über Hitler gehört haben. Erkläre ihre Ansichten vor diesem Hintergrund.
- Welche Ansichten könntest Du mit welcher Begründung teilen, welche nicht?

Die aus dem Buch von Boßmann zitierten Äußerungen können auch ein Einstieg in eine Unterrichtseinheit über Nationalsozialismus sein: Aus den Äußerungen lassen sich Themenbereiche bilden, die von Schülergruppen selbständig erarbeitet werden (Büchertisch, Suche in der Schulbücherei oder häuslichen Buchbeständen …)

Schülerinnen und Schüler äußern sich darüber, was sie über Adolf Hitler gehört haben

M 1

Dass er die vielen Juden in einem KZ-Lager vergast hat, schließt darauf, dass er ein bisschen verrückt war. Er hatte etwas gegen diese Menschen und musste sie zu Tausenden töten. Er musste mit aller Gewalt seinen Willen durchsetzen. Aber er kann es ja nicht allein gewesen sein, denn ein Mensch allein kann nicht so viel anrichten. Es haben Hunderte von Leuten hinter Hitler gestanden. Wenn die meisten Menschen damals gegen Hitler gewesen wären, hätten sie ihm von der Macht nehmen können, aber die Leute kannten damals zumeist Arbeitslosigkeit und haben in Hitler ihren großen Erfolg gesehen.
Berufsschülerin Claudia, 17 (S. 164)

M 2

Viele Leute behaupten, dass er Millionen von Juden umgebracht hat, doch wenn damals so unheimlich viele Juden umgebracht worden sind, warum fordern dann noch heutzutage so viele Juden Unterstützungen von der Regierung?
Wenn es den Juden damals tatsächlich so schlecht ging (Leben, wohnen usw.), warum wollen sie dann Unterstützungen, damit (sie) wieder in solch einem Prunk leben können wie damals, warum wollen sie Unterstützungen, wenn sie angeblich kaum ein Dach über dem Kopf gehabt haben?
Ich finde, es gab noch viel, viel Schlechtere als Adolf Hitler, denn er hat Deutschland auch viel Gutes getan.
Realschülerin Ina, 13 (S. 189)

M 3

Nach meiner Meinung ist Adolf Hitler ein guter Mann. Er wollte Deutschland nur Gutes. Hat es aber ein wenig zu weit getrieben. Meine Großeltern sagen immer, wenn irgend etwas Grausames passiert ist: Da müßte „der Hitler" mit seiner Truppe noch mal kommen. Ich finde es aber auch ungerecht, dass er die Juden so gequält hat. Aber brutal oder wie manche sagen, (dass er) nicht mehr ganz richtig gewesen wäre, finde ich nicht.
Immerhin war er kinder- und tierlieb!
Ich finde Hitler gut, er hat zwar Fehler gemacht, aber wollte dem Volk nur Gutes.
Realschülerin Ilka, 12 (S. 308)

M 4
Er war sehr tapfer, denn er brachte alle um, die sein Heimatland und seine Freunde angriffen.
Hauptschülerin Christiane, 11 (S. 309)

M 5
Adolf Hitler war ein Freiheitskämpfer.
Realschüler Christian, 11 (S. 309)

M 6
Er hat für Deutschland gekämpft.
Realschülerin Manuela, 11 (S. 309)

M 7
Ansonsten war er nicht ganz untätig, jemand hat mir erzählt, er soll sehr die Landwirtschaft unterstützt haben, was heute nicht mehr ganz der Fall ist und auch sonst die größten Teile der Arbeitslosigkeit behoben (haben).
Hauptschüler Stephan, 14 (S. 326)

M 8
Ich habe nicht nur Schlechtes über ihn gehört, sondern auch gutes. Zum Beispiel, dass er die Autobahnen bauen ließ, wegen der Arbeitslosigkeit, dass die Leute wieder Arbeit bekommen (haben) und dass er das Volkswagenwerk gegründet hat. Und dass er auch viel Gutes für die Jugend getan hat.
Realschüler Christopher, 14 (S. 326)

M 9
Er war sehr grausam, er ließ die Juden in Gettos einsperren und auch vergasen. Er schickte ein Schiff mit Juden (die er nicht haben wollte) nach England, doch auch die Engländer wollten die Juden nicht haben, sie schickten sie nach Deutschland zurück. Ich glaube, man mochte Juden nicht, weil sie die Fähigkeit hatten, immer etwas besser (höher) als die Deutschen zu stecken, vielleicht hatte Hitler Angst, die Juden würden seine Pläne durchkreuzen. Man liest Bücher (ich selbst habe 2 gelesen „Als Hitler das rosa Kaninchen stahl" von Judith Kerr und „Damals war es Friedrich" von (...) darüber, wie man die Juden gequält hat, doch selten steht in den Büchern der genaue Grund dafür. Im allgemeinen redet man immer davon, „Hitler hat das und das gemacht", aber wenn die Deutschen das wirklich nicht gut fanden, was er da vor hatte, warum taten sie es dann!?
Sie sind genau so schlimm wie Hitler.
Gymnasiastin Dagmar, 16 (S. 167f.)

M 10

Warum mussten so viele Juden elendig sterben und ermordet werden? Warum hat Adolf Hitler die Juden ermorden lassen? Die Juden hatten doch gar nichts getan, sie hatten nichts verbrochen. ich finde, Adolf Hitler war der gräßlichste, grausamste und hinterhältigste Mann aller Menschen. Ich finde es nicht gut, dass er die Juden ermordet hat. Die Juden waren auch nur Menschen, so wie wir. Ich finde es jedenfalls grausam, was er tat.
Realschülerin Heidrun, 13 (S. 189)

(Dieter Boßmann [Hg.], „Was ich über Adolf Hitler gehört habe ..." Folgen eines Tabus: Auszüge aus Schüleraufsätzen von heute, Frankfurt/M. 1977)

3.2.4 Erinnerungspolitik durch Denkmale

Historischer Hintergrund

Denkmale hatten in früheren Zeiten in der Regel die Aufgabe, eine übergreifende Identität zu bewirken oder zu bestätigen. Sie waren in der Regel affirmativ, nicht kritisch angelegt. Ob es sich um Standbilder berühmter Persönlichkeiten oder etwa um Kriegerdenkmale handelte – sie sollten auf eine allen gemeinsame Geschichte hinweisen.

Kriegerdenkmale waren der Tradition eines bellizistischen Denkens verpflichtet, das entweder den Krieg verherrlichte oder aber als gemeinsam zu tragendes Schicksal vermittelte. Erst seit einigen Jahren ist zu beobachten, dass solche nationalen Sinnstiftungen von Teilen der Bevölkerung nicht mehr unbesehen akzeptiert, sondern mehr und mehr in Frage gestellt werden: Soldaten werden nicht mehr als mannhafte Verteidiger eines in Not geratenen Vaterlandes gesehen, sondern eher als Opfer einer verfehlten oder kriegerischen Politik. Damit bahnt sich ein grundlegender Perspektivenwechsel an, der mancherorts durch Spray-Inschriften auch zum Ausdruck kommt; so bei dem aus dem Jahr 1934/35 stammenden Kriegerdenkmal für die Gefallenen des Ersten Weltkrieges in Dortmund-Kley/Oespel.

Geschichtsdidaktischer Hintergrund

Denkmale gehören zur Geschichtskultur: Sie sind Ausdrucksform eines Geschichtsbewusstseins, das in einer Zeit vorherrschend war. Das vorliegende Denkmal stammt aus der Zeit des „Dritten Reiches" und kann durchaus als Ausdruck eines nationalsozialistischen Geschichtsbewusstseins gesehen werden.

Es zeigt zwei mannhafte Soldaten, die durch die Darstellung als verlässliche Kämpfer für das Vaterland wirken sollen.

Die Spray-Inschrift auf dem Sockel des Denkmals zeigt ein anderes Geschichtsbewusstsein, das einer anderen Perspektive entstammt. Sie bezieht sich auf das Wort Tucholskys, nach dem Soldaten Mörder sind. Mördern setzt man keine Denkmale. Durch die Inschrift wird die Wirkung des Denkmals gebrochen: Es wird jetzt erst wirklich zu einem Denk-Mal, von einem affirmativen Gedenk-Mal zu einem kritischen Denk-Mal.

Methodische Hinweise

Das Photo lässt sich auf einem guten Kopierer zu einer Overhead-Folie umwandeln. Es kann dann mit dem Projektor so gezeigt werden, dass die Spray-Inschrift zunächst nicht sichtbar wird. Es kann beschrieben und gedeutet werden. Es kann der Frage nachgegangen werden, was es bewirken und was die beabsichtigte Wirkung unterstützen sollte, wer das Denkmal möglicherweise hat errichten lassen (bei örtlichen Gelegenheiten kann man ja auch einmal ins Stadt- oder Zeitungsarchiv gehen, um die Umstände der Errichtung zu klären: Wer hat wann warum die Errichtung gefordert, wer hat möglicherweise widersprochen, wann ist das Denkmal unter welchen Umständen enthüllt worden?). Danach kann die Spray-Inschrift gezeigt und gegebenenfalls datiert werden (auch hier ist je nach Gelegenheit möglich, die Reaktion der Presse und der weiteren Öffentlichkeit zu ermitteln). Ein Gespräch über die zeitlich unterschiedlichen verschiedenen Perspektiven auf Krieg kann sich anschließen.

Vor Ort können Denkmäler aufgesucht und kritisch auf ihre Gestaltung und Beschriftung und die damit beabsichtigte Wirkung hin befragt werden; Gegentexte können entworfen (aber nicht gesprayt) werden.

Abb. 56: Kriegerdenkmal für die Gefallenen des Ersten Weltkrieges in Dortmund-Kley/Oespel, 1934/35 („Unsere tapferen Helden …“, Kriegs- und Kriegerdenkmäler und politische Ehrenmale, Dortmunder Beispiele, Essen 1987, S. 21)

3.3 Ästhetische Dimension

3.3.1 Bertolt Brecht, Das Verhör des Lukullus (Fassung 1951)

Historischer Hintergrund

a) Lucius Licinius Lucullus (um 117-56 v.Chr.) befehligte als Feldherr die römischen Truppen im Dritten Mithridatischen Krieg in Kleinasien.
b) Bertolt Brecht schrieb 1939 (veröffentlicht 1940) ein Radiostück „Das Verhör des Lukullus“, das er 1951 – zur Zeit des Korea-Krieges – in einer neuen Fassung als „Das Verhör des Lukullus“ und gemeinsam mit Paul Dessau (Musik) als Oper in 12 Bildern unter dem Titel „Die Verurteilung des Lukullus“ vorlegte, die auf Kritik der SED, der Regierung und der Staatsführung der DDR stieß.

Geschichtsdidaktischer Hintergrund

Man könnte sagen, dass es sich bei dem „Verhör des Lukullus“ um eine Umsetzung der „Fragen eines lesenden Arbeiters“ handelt: Der „große Lukullus ist gestorben“, wird mit allem Pomp als „Liebling Romas und der Götter“ zu Grabe getragen, kommt ins Schattenreich und erwartet von dem höchsten Gericht des Schattenreiches seine Aufnahme in die „Gefilde der Seligen“. Lukullus wird verhört, soll Fürsprecher in den Gefilden der Seligen benennen, die angeben können, ob er den Menschen genützt oder geschadet hat. Er muss erfahren, dass das Totengericht andere Maßstäbe als er hat. Die Schöffen des Totengerichts sehen und beurteilen seine Taten als für die Menschen schädlich: „Ah ja, ins Nichts mit ihm und ins Nichts mit allen wie er.“

Es handelt sich um einen fiktionalen Text, den Brecht vor allem auf der Grundlage der von ihm gegen den Strich gebürsteten Biographie Plutarchs geschrieben hat. Es ergibt sich also die Möglichkeit, eine weitere Perspektive, die Sicht Plutarchs, bei der Besprechung heranzuziehen und ggf. weitere Sichtweisen – etwa von Historikern – einzubeziehen, um an diesem fiktionalen Text auf die grundsätzlichen Fragen von Fiktionalität und Realität einerseits, von Perspektivität und Multiperspektivität andererseits einzugehen.

Methodische Hinweise

Das kurze Stück lässt sich am besten als Ganzschrift mit verteilten Rollen lesen oder aber in der hier aus urheberrechtlichen Gründen vorgestellten Fassung, einem Erzähltext mit eingestreuten Zitaten aus dem Stück. Ob und wie das geschehen kann, hängt davon ab, wie intensiv man hier den oben angesprochenen Fragen nachgehen will. Man kann das Stück auch koppeln mit einer Besprechung der „Fragen eines lesenden Arbeiters".

Wird das Stück als Ganzschrift gelesen, kann man die unterschiedlichen Kriterien, die Lukullus und die Angehörigen des Gerichts, unterteilt nach Männern und Frauen, für die Aufnahme in die Gefilde der Seligen geltend machen, in einem Tafelbild festhalten.

Der Feldherr Lukullus vor dem Totengericht des Schattenreiches

Der römische Feldherr Lucius Licinius Lukullus, der in Kleinasien Krieg geführt hat, ist gestorben. Mit dem großen Pomp eines Staatsbegräbnisses wird er in Rom zu Grabe getragen. Im Trauerzug schleppen Sklaven einen gewaltigen Fries, auf dem die Taten des Lukullus verherrlicht sind. Der Fries soll sein Grabmahl schmücken.

Nach dem Begräbnis betritt Lukullus, selbstherrlich und seiner Verdienste gewiss, das Totenreich, das Reich der Schatten. Dort entscheidet das Totengericht über die Aufnahme der Verstorbenen in die Gefilde der Seligen. Lukullus wird von der dreifaltigen Stimme unter dem Namen „Lakalles" vor das Totengericht gerufen. Lukullus verwahrt sich gegen den Namen:

„Ich heiße Lukullus. Wisst ihr meinen Namen nicht?
Ich bin aus einem berühmten Geschlecht
Von Staatsmännern und Feldherren. Nur in den Vorstädten
Den Docks und Soldatenkneipen, in den ungewaschenen Mäulern
Der Ungebildeten und des Abschaums
Heißt mein Name Lakalles."

Ungerührt ruft die Stimme noch einmal „in der verachteten Sprache der Vorstädte" nach Lakalles, und Lukullus erscheint vor dem höchsten Gericht des Schattenreiches. Der Totenrichter erklärt ihm:

„Schatte, du sollst verhört werden.
Du sollst Rechenschaft ablegen über Dein Leben unter den Menschen
Ob du ihnen genützt, ob du ihnen geschadet hast.
Ob man dein Gesicht sehen will
In den Gefilden der Seligen:"

Unter dem Vorsitz des Totenrichters wird Lukullus von fünf Schöffen befragt, einer im Leben ein Bauer, einer ein Sklave, einer ein Bäcker, eine ein Fischweib und eine eine Kurtisane. Lukullus wird aufgefordert, einen Fürsprecher aus den Gefilden der Seligen zu benennen. Lukullus nennt Alexander den Großen, der für ihn zeugen könne. Der Name des Fürsprechers wird aufgerufen, aber der Gerufene meldet sich nicht. Die dreifaltige Stimme sagt, in den Gefilden der Seligen befände sich kein Alexander der Große. Der Totenrichter stellt fest:

„Schatte, dein Sachverständiger
Ist unbekannt in den Gefilden der Wohlerinnerten."

Lukullus begreift nicht:

„Was? Der ganz Asien eroberte bis zum Indus
Der Unvergessliche
Der seinen Schuh unverkennbar dem Erdball eindrückte
Der gewaltige Alexander ...„

Der Totenrichter vollendet den Satz ungerührt:

„Ist nicht bekannt hier."

Im weiteren Verlauf des Verhörs, in dem Lukullus von seinen Feldzügen und Siegen berichten will, stellt auch die Schöffin Fischweib dem ehemaligen Feldherrn Fragen. Lukullus ist empört:

„Ich lege Verwahrung ein.
Wie sollen den Krieg beurteilen
Die ihn nicht verstehen."

Das Fischweib antwortet:

„Ich verstehe ihn. Mein Sohn
Ist im Krieg gefallen."

Sie erzählt, wie sie ihren Sohn großgezogen und im Krieg verloren hat, und der Totenrichter befindet:

„Das Gericht erkennt. Die Mutter des Gefallenen
Versteht den Krieg."

Lukullus muss erfahren, dass seine großen Feldzüge, Siege und Gewinne vom Gericht des Schattenreiches als Taten beurteilt werden, die den Menschen nicht genützt sondern geschadet haben. Die Schöffen lassen ihn nicht in die Gefilde der Seligen und Wohlerinnerten, sagen im Gegenteil mit einer Stimme:

„Ah, ja, ins Nichts mit ihm."

Und auch der Totenrichter schließt sich an:

„Ah ja, ins Nichts mit ihm! Denn
Immer mit all der Gewalt und Eroberung
Wächst nur e i n Reich an:
Das Reich der Schatten "

Auch der Chor der Sklaven, die den Fries des Lukullus geschleppt haben, stimmt ein:

„Ah ja, ins Nichts mit ihm! Wie lange noch
Sitzen sie, er und die Seinen
Unmenschliche über den Menschen und
Heben die faulen Hände und werfen in blutigen

Kriegen die Völker gegeneinander?
Wie lange noch
Dulden wir und dulden die Unsern sie?"
Und schließlich fallen alle an der Verhandlung Beteiligten ein:
„Ah ja, ins Nichts mit ihm und ins Nichts mit
Allen wie er!"
Das Verhör ist beendet, das Urteil gesprochen.
(Bertolt Brecht, Große kommentierte Berliner und Frankfurter Ausgabe, Bd. 6 [Stücke 6], Frankfurt 1989, S. 115 ff.)

3.3.2 Bertolt Brecht: Ulm 1592

Historischer Hintergrund

Im Jahre 1811 versuchte der Ulmer Schneider Albrecht Ludwig Berblinger, von der Stadtmauer Ulms aus über die Donau zu fliegen. Der Versuch mit seinem Flugapparat scheiterte, ohne dass Berblinger sich dabei ernsthaft verletzt hätte.

Brecht greift das Ereignis in einem Gedicht auf, verlegt es aber ins Jahr 1592, 100 Jahre nach der Entdeckung Amerikas durch Columbus.

Didaktischer Hintergrund

Brecht schildert den Vorgang aus der Sicht des Bischofs: „Der Mensch ist kein Vogel/Es wird nie ein Mensch fliegen". Die Gegenperspektive ergibt sich aus der historischen Entwicklung: Die Zeit überholt den Bischof und erweist seine Prophezeiung als falsch. Jedes kleine Kind weiß es heute besser als der Bischof. Die Worte der Mächtigen und Klugen müssen nicht wahr sein; Zweifel ist geboten.

Methodische Hinweise

Vor allem der Schluss des Gedichts reizt zum Widerspruch. Das Gedicht ist gleichsam „unfertig" und kann durch die Schülerinnen und Schüler ggf. durch ein gereimtes Postskriptum „fertiggestellt" werden (was ihm natürlich seinen Reiz nimmt). Außerdem muss darauf hingewiesen werden, dass es sich hier um eine fiktionale Auseinandersetzung mit dem Thema handelt, bei der die Datierung nicht stimmt.

Ulm 1592

Bischof, ich kann fliegen
Sagte der Schneider zum Bischof.
Paß auf, wie ich's mach!
Und er stieg mit so'nen Dingen
Die aussahn wie Schwingen
Auf das große, große Kirchendach.
Der Bischof ging weiter.
Das sind lauter so Lügen
Der Mensch ist kein Vogel
Es wird nie ein Mensch fliegen
Sagte der Bischof vom Schneider.

Der Schneider ist verschieden
Sagten die Leute dem Bischof.
Es war eine Hatz.
Seine Flügel sind zerspellet
Und er liegt zerschellet
Auf dem harten, harten Kirchenplatz.
Die Glocken sollen läuten
Es waren nichts als Lügen
Der Mensch ist kein Vogel
Es wird nie ein Mensch fliegen
Sagte der Bischof den Leuten.

(Bertolt Brecht, Werke, Große kommentierte Berliner und Frankfurter Ausgabe, Band 12 [Gedichte 2], Berlin–Weimar–Frankfurt 1988, S. 19 f.; Kommentar S. 362)

3.4 Ökonomische Dimension

3.4.1 Die „gute alte Zeit" oder „von wegen gute alte Zeit"? Historisierende Werbung

Je nach Bedarf verwenden Werbefirmen, die etwa für Konsumartikel werben, bestimmte Deutungsmuster von Geschichte, von denen sie annehmen, dass sie im Geschichtsbewusstsein der Gesellschaft fest verankert sind. Hier sind zwei gegensätzliche Deutungsmuster gegenübergestellt, das Deutungsmuster der „guten alten Zeit" (Abb. 57) und das entgegengesetzte Muster (Abb. 58 u. 59).

Geschichtsdidaktischer Hintergrund

Die in der historisierenden Werbung verwendeten Deutungsmuster von Geschichte sind im Geschichtsbewusstsein der Bevölkerung tief verankert (sonst könnten sie auch kaum mit Erfolg eingesetzt werden). Geschichte wird einerseits als Fortschrittsprozess dargestellt, andererseits wird aber auch die Gegenwart gegenüber der Vergangenheit abgewertet, wenn ihr die „gute alte Zeit" entgegengesetzt wird. Beide Topoi sind lohnende Gegenstände historischen Lernens, an denen die Schülerinnen und Schüler erkennen können, wie Geschichte in der ökonomisch beeinflussten Geschichtskultur zugerichtet wird.

Abb. 57: Heydt (Neue Osnabrücker Zeitung v. 28.7.1977)

Abb. 58: Der Spiegel, 36 (1982) 9 v. 1.3.1982, S. 178

Methodische Hinweise

Was denn nun – „in der guten alten Zeit" oder „von wegen gute alte Zeit"? Die beiden untrschiedlichen Anzeigen können an unterschiedliche Gruppen ausgegeben werden. Gruppen, die sich mit „der guten

Abb. 59: Der Spiegel, 36 (1982) 9 v. 1.3.1982, S. 179

alten Zeit" beschäftigt haben, berichten über die „gute alte Zeit", die anderen Gruppen halten dagegen „von wegen gute alte Zeit". Wie kommen so unterschiedliche Ansichten über Geschichte zustande? Die Frage ist gerichtet auf die ökonomischen Interessen und die dadurch bedingten Perspektiven auf die Vergangenheit.

4. Beispiele für Perspektivik-Übungen

4.1 Das „Massaker von Boston" vom 5. März 1770

Historischer Hintergrund

1770 gibt es auf dem amerikanischen Kontinent 13 englische Kolonien. Die Mehrheit der Kolonisten strebt danach, vom „Mutterland" unabhängiger zu werden und sich selber zu regieren. Spannungen zwischen englischen Kolonisten und dem durch Militär vertretenen Mutterland nehmen zu. Die Kolonisten lehnen eine Besteuerung, die das Parlament in England zur Begleichung der Staatsschulden nach dem Siebenjährigen Krieg beschlossen hat, ab, weil sie bei den Wahlen zum Parlament in England nicht zugelassen waren: „No taxation without representation".

Am 5. März 1770 kommt es in Boston zu einem Zwischenfall, der als „Massaker von Boston" in die Geschichte eingegangen ist: Bei einem Zusammenstoß von Bostoner Bürgern und englischen Soldaten schießen Soldaten in die Menge und töten drei Bostoner Bürger. Der genaue Hergang kann nicht ermittelt werden. Der Anlass des Zusammenstoßes ist so wenig bekannt wie der Grund für das Verhalten der Soldaten: Die zeitgenössischen Zeugnisse sind widersprüchlich.

Didaktischer Hintergrund

Richard Braun hat 1988 ein Unterrichtsmodell zum „Massaker von Boston" vorgestellt, das auf lediglich 3 zeitgenössischen Zeugnissen beruht – auf einem aquarellierten Kupferstich des Bostoner Kupfergießers Paul Revere, dem Augenzeugenbericht eines Bostoner Bürgers und dem Augenzeugenbericht des englischen Hauptmanns. Als Lernziel des auf 3 Unterrichtsstunden angesetzten Vorschlags wird genannt: „Die Widersprüche der Aussagen und die Perspektivität von verbaler und bildlicher Darstellung sollen entdeckt und die nachfolgende Gerichtsverhandlung szenisch nachgespielt werden".[1] Das bildliche Zeugnis und die beiden verbalen Zeugnisse sind dafür sehr gut geeignet.

---

1 Richard Braun, Das „Massaker" von Boston am 5. März 1770, in: Praxis Geschichte 3 (1988), S. 5-17; hier S. 15.

Methodische Hinweise

Nach dem Vorschlag von Richard Braun wird zunächst das Bild ohne eine Legende gezeigt, und die Schülerinnen und Schüler beschreiben das Bild in allen Einzelheiten, stellen Vermutungen an und fragen nach Zusammenhängen. Vielleicht entdecken sie, dass der Kupferstecher mit seinem Bild eine bestimmte Sicht auf den Vorgang nahelegt; andernfalls kann von Lehrerin oder Lehrer nach seinen vermutlichen Absichten gefragt werden. Die danach vorgelesene Aussage des englischen Hauptmanns steht in deutlichem Widerspruch zu der Aussage des Bildes: „Indem die Schüler seine Aussage anhören und einen Perspektivenwechsel nachvollziehen, taucht für sie das – bekannte historische – Problem der Rekonstruktion der Wahrheit auf: ‚Wie war es nun wirklich?'".[2] Danach wird die Aussage des Bostoner Augenzeugen verlesen, die der Aussage des Hauptmanns widerspricht. Die Schülerinnen und Schüler erhalten dann die drei Zeugnisse und bearbeiten in Gruppen folgende Fragen:

- Welches Zeugnis gibt die Sicht der Bürger, welches die Sicht der Soldaten wieder?
- Wer ist der Verfasser von M 3 und woher kann man das wissen?
- Worin stimmen M 1, M 2 und M 3 überein und worin unterscheiden sie sich?
- Welche Erklärungen für die voneinander abweichenden Aussagen kann es geben?

Nach der Arbeit an den Zeugnissen, deren Ergebnis in einem Schaubild dargestellt werden kann, folgt bei Braun ein szenisches Spiel, das die Schülerinnen und Schüler seiner Klasse selbst erarbeitet haben: die Verhandlung vor dem Geschworenengericht, vor dem der englische Hauptmann sich zu verantworten hat. Braun begründet den didaktischen Wert des szenischen Spiels:

„Bei diesem Spiel geht es darum, die bisher vorwiegend kognitiv erarbeiteten Ergebnisse nun handelnd und spielend nachzuvollziehen. Es verlangt den Schülern also Identifikation mit widerstreitenden Rollen und nochmals Perspektivenwechsel ab. Ein weiteres Mal werden sie mit der Relativität der historischen Wahrheit bzw. mit der Schwierigkeit der Wahrheitsfindung und den sozialen und politischen Zwängen konfrontiert, unter denen die Handelnden stehen – der englische Hauptmann ebenso wie der englische Richter in ihrer Loyalität gegenüber der englischen Krone, die Bostoner Bürger in ih-

---

2 Braun, „Massaker", S. 15.

Abb. 60: Das „Massaker von Boston" vom 5. März 1770 (Gertrude Hartman, America. Land of Freedom, o.O. 1961, S. 158)

rem Willen zur Unabhängigkeit von dieser Krone. Das historische Entdecken vollzieht sich in dieser Unterrichtsphase also mit der ganzen Person."[3]

M 1

Englische Truppen eröffnen das Feuer auf Bürger von Boston am 5. März 1770. Dieser blutige Zusammenstoß forderte fünf Opfer. Sie wurden gemeinsam in einem Grab bestattet.
(Kupferstich des Bostoner Kupfergießers Paul Revere [1735-1815])

M 2 Zeugenbericht

Die Soldaten gingen daraufhin (...) zur King-Street, wo sie einzelne unbewaffnete Personen anrempelten, bis sie viel Unruhe verursacht hatten und zogen dann die Cornhill-Street hinter und belästigten alle, die ihnen ent-

---

3 Braun, „Massaker", S. 16.

gegenkamen, in der gleichen Art und Weise und verfolgten einige sogar bis an ihre Haustüren.
Als dreißig bis vierzig Personen, die meisten von ihnen junge Männer, in der King-Street versammelt waren, marschierten Hauptmann Preston und ein Trupp Soldaten mit aufgepflanzten Bajonetten von der Hauptwache zum Haus des Zollkommissar. Die Soldaten senkten ihre Bajonette und schrien: „Platz da, Platz da!" Sie bezogen am Zollhaus Stellung und versuchten, die Menschenmenge zu vertreiben. Einige stießen mit dem Bajonett. Die Menge wurde unruhiger und, so heißt es, warf Schneebälle. Daraufhin gab der Hauptmann den Befehl zu feuern.
Als noch mehr Schneebälle flogen, rief er wieder: „Zum Teufel, Feuer! Egal, was passiert!" Ein Soldat schoß. Ein Zivilist mit einem Knüppel schlug ihm mit solcher Wucht auf die Hände, daß er das Gewehr verlor. Darauf rannte er nach vorne und schlug nach dem Kopf des Hauptmanns, traf aber nur dessen Hut und dann den Arm. Doch die Soldaten schossen weiter, bis sieben, acht oder, wie einige sagen, elf Gewehre entladen waren. Auf diese Weise wurden drei Männer auf der Stelle getötet und zwei tödlich verletzt. Personen, die versuchten, die Toten und Verwundeten wegzuschaffen, wurden mit Schüssen und Bajonetten vertrieben. Eine Grausamkeit, die unter britischen Truppen unbekannt war, zumindest seit sie vom Haus Hannover befehligt wurden.
(Die Amerikanische Revolution in Augenzeugenberichten, München 1976, S. 64)

M 3 Zeugenbericht

[Es] gingen ungefähr hundert Leute an der Wache vorbei auf das Zollhaus zu, wo das Geld des Königs liegt. Sie umstellten dort sofort den Wachposten (...) Ich beorderte sofort einen Unteroffizier, mit zwölf Leuten den Wachposten und das Geld der Königs zu schützen (...) Sie drangen schnell vor und hielten die Menschenmenge dadurch zurück, daß sie mit den Bajonetten einen Halbkreis formten (...) Ich habe keinen Befehl zum Laden der Gewehre erteilt.
Der Mob wurde größer und unruhiger; Leute schlugen ihre Knüppel aneinander und riefen: „Kommt schon, ihr blutroten Rücken!" „Ihr Krebse!" „Schießt doch, ihr feigen Hunde!" „Gott verflucht seid ihr!" „Verfluchte Hunde, feuert doch!" „Daß ihr Feiglinge seid, wußten wir schon lange!" Noch viel mehr solcher Rufe erklangen. Zu diesem Zeitpunkt befand ich mich zwischen den Soldaten und dem Mob, redete auf diesen ein und tat alles, was in meiner Macht stand, um sie zu einem friedlichen Rückzug zu bewegen. Aber es war sinnlos. Sie kamen bis an die Spitzen der Bajonette heran, schlugen darauf und sogar auf die Mündungen der Gewehre (...) Einige

Personen, die sich vernünftig verhielten, fragten mich, (…) ob ich den Befehl geben würde zu schießen. Ich antwortete: „Nein, auf keinen Fall!" (…) Als ich dies sagte, erhielt ein Soldat einen schweren Schlag mit einem Stock, ging einige Schritte auf die Seite und feuerte. Als ich hinlief und fragte, weshalb er ohne Befehl schieße, erhielt ich einen Stockschlag auf den Arm. (…) Hätte der Schlag mich auf den Kopf getroffen, so hätte er mich wahrscheinlich getötet. Daraufhin wurden die Soldaten mit vielen Knüppeln angegriffen und mit Schneebällen beworfen. Wir schwebten in höchster Lebensgefahr (…) In dem Augenblick schossen drei oder vier Soldaten, einer nach dem anderen, und dann noch einmal drei. Der Mob rannte davon, außer drei Unglücklichen, die sofort starben.
(Die Amerikanische Revolution in Augenzeugenberichten,
München 1976, S. 67f.)

M 4

	M1 (Bild)	**M 2 (Augenzeuge: Bürger)**	**M 3 (Augenzeuge: engl. Hauptmann)**
Es stimmen überein			
Es stimmen nicht überein			

4.2 „Karl war klein und drall“ – Das Erkennen von Perspektive durch Umschreiben von Quellen

Didaktischer Hintergrund

Dem Prinzip der Multiperspektivität sind durch die Quellenlage Grenzen gesetzt: Viele historische Sachverhalte oder Personen kennen wir nur aus einer einzigen Sicht, und die historisch stummen Gruppen kennen wir in der Regel nur aus Berichten über sie und nicht aus Berichten von ihnen. Das führt in Schulbüchern und im Unterricht oft dazu, dass nur ein einziges Zeugnis, das historische Authentizität verbürgen soll, zur Verfügung steht. Wenn Schülerinnen und Schüler nicht lernen, dass dieses Zeugnis nicht mehr ist als eine Sicht auf Sachverhalt oder Person, werden sie getrost nach Hause tragen, was sie schwarz auf weiß besitzen und die (perspektivische) Aussage über die Wirklichkeit für die Wirklichkeit halten.

Thomas Schleissing-Niggemann hat 1995 ein von ihm gewähltes Verfahren vorgestellt, das geeignet ist, die Schülerinnen und Schüler die Perspektivität eines Zeugnisses, vor allem einer „erzählenden Quelle“, erkennen zu lassen.[4] Es beruht darauf, dass der Lehrer oder die Lehrerin die einzig vorliegende Quelle lesen und wiedergeben lässt, um danach einen selbstverfassten Gegentext auszuteilen, der auf der Grundlage des einzigen Zeugnisses zu einer völlig anderen Sicht kommt, ohne den Angaben des Zeugnisses Gewalt anzutun. Der selbstverfasste Gegentext „liest“ nur die Wertungen, die im Zeugnis enthalten sind, auf eine andere Weise und macht damit Perspektivität erkennbar.

- Das erste Beispiel betrifft den Quellentypus Personenbeschreibung: Karl der Große.
- Das zweite Beispiel betrifft den Quellentypus Bericht: Die Hunnen. Das Verfahren ist leicht übertragbar, und nach einiger Zeit kann es Schülerinnen und Schülern gelingen, selber solche Gegentexte herzustellen.

Quellentypus Personenbeschreibung: Karl der Große

Der Quellentypus Personenbeschreibung soll an folgender Quelle erarbeitet werden:

---

4 Thomas Schleissing-Niggemann, „Karl war klein und drall …“. Das Erkennen von Wertung und Perspektive, in: Geschichte lernen 46 (1995), S. 26 ff.

Karl war von *breitem kräftigem Körperbau*, hervorragender *Größe, die jedoch das richtige Maß nicht überschritt. (...) Der obere Teil seines Kopfes war rund*, seine *Augen blickten sehr groß und lebhaft*, die *Nase ging etwas über das Mittelmaß*, er hatte *schöne graue Haare* und ein *freundliches heiteres Gesicht*. So bot seine Gestalt, mochte er sitzen oder stehen, eine höchst würdige und stattliche Erscheinung. (...) Er hatte einen festen Gang, eine durchaus männliche Haltung des Körpers und eine *helle Stimme, die jedoch zu der ganzen Gestalt nicht recht passen wollte*. (...) Beständig übte er sich im Reiten und Jagen, wie es die Sitte seines Volkes war; denn man wird nicht leicht auf Erden ein Volk finden, das sich in dieser Kunst mit den Franken messen konnte. (...) *Er kleidete sich nach* seiner Väter Weise, nämlich *fränkischer Weise*. Auf dem Leib trug er ein leinernes Hemd und leinerne Unterhosen, darüber ein Wams, das mit seidenen Streifen verbrämt war, und Hosen; sodann bedeckte er die Beine mit Binden und die Füße mit Schuhen und schützte mit einem aus Fischotter- und Zobelpelz verfertigten Rock im Winter Schultern und Brust; endlich trug er einen blauen Mantel und beständig das Schwert zur Seite. (...) Bei festlichen Gelegenheiten schritt er einher in einem mit Gold durchwirkten Kleide und in mit Edelsteinen besetzten Schuhen, den Mantel durch eine goldene Spange zusammengehalten, auf dem Haupt ein aus Gold und Edelsteinen verfertigtes Diadem; an anderen Tagen *unterschied sich seine Kleidung wenig von der gemeinen Tracht des Volkes.*
(Beschreibung Karls des Großen aus Einhards Vita Caroli Magni,
zit. nach: Unsere Geschichte, Bd. 1, S. 145)

Arbeitsaufträge:

1. Fasst das Thema des Textes knapp (möglichst in einem Satz) zusammen.
2. Was erfahrt Ihr über das Aussehen?
3. Was erfahrt Ihr über die Kleidung (Alltagskleidung/Festtagskleidung)?
4. Erfahrt Ihr auch etwas über den Charakter? (Wie ist Karl der Große?) Unterstreicht entsprechende Textstellen für die Aufgaben 2 – 4 in verschiedenen Farben.

Die Aufgabenstellung zwingt zu einer Differenzierung zwischen natürlichem Aussehen und äußeren Attributen. Zudem sollen die Schüler versuchen herauszufinden, ob durch die äußere Beschreibung auch schon etwas über den Charakter ausgesagt wird. Begriffe wie

- freundliches, heiteres Gesicht,
- fester Gang,
- männliche Haltung,

– Reiten und Jagen nach Sitte seines Volkes und
– die Kleidung nach seiner Väter Weise

legen dies nahe.

Der Gegentext

Um den Schülern die positive Wertung durch den Hofschreiber Einhard deutlich zu machen, trägt der Lehrer den Schülern „sein" Ergebnis vor: Karl war klein und drall, eher ein mickrige Männlein. Die Nase in seinem Kugelkopf war zu groß, er hatte Glubschaugen. Sein Haar war schon schütter und grau. Seine Stimme war lächerlich piepsig, häufig grinste er blöde. Im allgemeinen war er plump und bäurisch gekleidet; hätte er nicht manchmal mit Edelsteinen besetzte Schuhe und eine Krone getragen, wäre man nicht auf den Gedanken gekommen, es handele sich um den König der Franken.

Beim Vergleich der Schülerergebnisse mit dem „Ergebnis" des Lehrers stellen die Schüler fest, dass die Beschreibung des Lehrers nicht falsch ist, sondern lediglich bestimmte Merkmale im Aussehen und in der Kleidung anders wertet. Die entsprechenden Bezugsstellen sind in der Quelle kursiv gesetzt.

– Aufgrund der eindeutig negativen Ausdrucksweise im Lehrertext können sie die positive Betrachtungsweise von Einhard besser erkennen und nun Rückschlüsse auf den Verfasser ziehen:
– Aufgrund der positiven Wertung (Adjektive) schließe ich, dass der Verfasser ein Freund/Bewunderer/Auftragsschreiber von Karl dem Großen war.

Diese Methode (Verdeutlichung einer Wertung durch das Verfassen einer eigenen Fälschung) kann man mit einfachen Mitteln bei vielen Texten einsetzen.

Quellentypus Bericht: Die Hunnen

Der Quellentypus Bericht über ein Ereignis soll an folgendem Beispiel erläutert werden; die Völkerwanderung als Ereignis kommt in der Quelle zwar nicht vor – es handelt sich um die Beschreibung eines Volkes –, aber das Ereignis Völkerwanderung kann vermittels dieser und ähnlicher Quellen erhellt werden.

Niemand bestellt bei ihnen das Feld oder rührt je einen Pflugsterz an. Alle schweifen ohne feste Wohnsitze, ohne Heim oder unwandelbares Gesetz oder Brauch, immer Flüchtlingen gleich, mit ihren Wagen umher, in denen sie wohnen: in diesen weben die Weiber ihre häßlichen Gewänder und

gebären ihre Kinder und nähren sie bis zur Reife. Und niemand kann bei ihnen die Frage beantworten, wo er her stammt, da er an einem Ort erzeugt, fern davon geboren und weitab aufgezogen wurde.
Bei einem Waffenstillstand sind sie treulos und unzuverlässig, bei jedem neuen Hoffnungsstrahl, der leuchtet, zum Wechsel ihrer Haltung geneigt, völlig untertan ihren leidenschaftlichen Trieben.
(Ammianus Marcellinus, zit. nach: Unsere Geschichte, Bd. 1, S. 118)

Arbeitsaufträge:

1. Fasst das Thema des Textes knapp (möglichst in einem Satz) zusammen.
2. Unterstreicht die Aussagen, die der Verfasser über die Hunnen macht! Was sagt er über ihre
   – Lebensweise
   – Arbeit
   – Kleidung
   – Charaktereigenschaften?
3. Was kannst Du über den Verfasser dieses Berichts sagen? Ist er selbst Hunne, ein Freund oder ein Gegner der Hunnen? Begründe Deine Antwort mit Textstellen.

Der Gegentext

Lästige Feldarbeit, vor allen Dingen das schwere Pflügen, müssen sie nicht verrichten; denn sie leben ohne festen Wohnsitz, sind frei und ungebunden und ziehen immer lustig in ihren Wagen umher, in denen sie auch wohnen. In diesen Wagen findet das gesamte Leben statt: Die Frauen weben die wunderbaren Gewänder, dort kommen die Kinder zur Welt und bleiben bei den Müttern, bis sie groß genug sind. Einen Geburtsort und Sterbeort kennen sie nicht, sie kennen nur die große und freie Welt.
Einen eben abgeschlossenen Waffenstillstand verstehen sie geschickt auszulegen. Jede neue Möglichkeit, die sich ihnen bietet, nutzen sie klug aus, ergreifen die Initiative und suche ihren Vorteil in einem neuen Kampf.

Der Vergleich führt zur Verdeutlichung der negativen Bewertung in der Originalquelle und lässt die Schüler nach den Gründen für diese negative Bewertung fragen:
– Wer ist der Verfasser?
– Weshalb beschreibt er sie in dieser Weise?
– Welche Erfahrungen hat er mit den Hunnen gemacht?
(Aus der Perspektive als Opfer der Überfälle dieses kriegerischen Volkes ist diese Wertung dann verständlich.)

Zur Vertiefung dieser Betrachtung kann der Bericht über den Einfall der Goten ins oströmische Reich herangezogen werden. Hier berichtet der Verfasser auch grammatikalisch aus der Opferperspektive (Ich-Perspektive), nicht wie im Ausgangsbeispiel aus der auktorialen Perspektive des angeblich neutralen Beobachters.

Scharen skythischer Völker [gemeint sind die Goten] durchbrachen mit 2 000 Schiffen den Bosporus und den Hellespont und richteten nach ihrer Überfahrt schweres Unheil zu Wasser und zu Lande an (...). Es fielen im Kampfe mit den Barbaren die Kaiser Decius, Vater und Sohn. Belagert wurden die Städte Pamphyliens, verheert mehrere Inseln, durch Brand verheert ganz Makedonien. Nach vielen blutigen Niederlagen beider Parteien wurde Philippopel von ihnen zerstört, nachdem 100 000 Menschen – wenn die Annalen wahr berichten – innerhalb der Stadtmauern hingemordet waren. Ohne Scheu streiften die Feinde durch Epirus, Thessalien und ganz Griechenland (...).

(Ammianus Marcellinus, zit. nach: Geschichte in Quellen, Altertum, 3. Aufl., München 1978, S. 701)

Arbeitsaufträge:

1. Fasst knapp zusammen, was über die Goten gesagt wird.
2. Was könnt Ihr über den Verfasser sagen? Unterstreicht die Belege im Text (nur einzelne Worte, nicht ganze Sätze).

Aufgrund der bisherigen Arbeit kann man davon ausgehen, dass die Schüler den Verfasser als Opfer des Gotenzuges identifizieren, denn:

– er bezeichnet sie als Feinde
– er rechnet sich zur Gegenseite: Unser Kaiser Decius
– er bezeichnet ihr Vorgehen als Verwüsten und Hinmorden.

Hier bietet sich als umgekehrte Übung an, den Text (durch die Schüler) zu einem neutralen Bericht zu machen, indem eben diese Begriffe ersetzt werden.

Während die Schülerinnen und Schüler negative Beschreibungen anderer Völker durch die Perspektive des Gegners/des Opfers erklären können, werden sie umgekehrt in die Lage versetzt, die positiven Beschreibungen der Germanen durch Tacitus als Kulturkritik, als Aufzeigen der Degeneration und des Verfalls der Römer zu verstehen. So können die Schülerinnen und Schüler mittels des hier vorgestellten Verfahrens von der bloßen Wiedergabe zur Auswertung bis hin zum kritischen Betrachten von Textquellen geführt werden.

Weitere Transfermöglichkeiten bieten die meisten Quellentexte des Typus Personenbeschreibung – besonders von Staatsmännern und -frauen – und von Berichten über Ereignisse. Das Verfahren lässt sich aber beispielsweise auch anwenden auf die Beschreibung eines Turniers, den Kreuzzugsaufruf Papst Urbans II., Huttens Beschreibung des Lebens auf der Burg, Peter Martyr de Angherras Beschreibung der Indios im Bergwerk, die Beschreibung von barocken Festen, Berichte über den Sklaventransport.

4.3 Rollen-Podiumsdiskussion: Kinderarbeit im 19. Jahrhundert

Historischer Hintergrund

Kinderarbeit ist eng verbunden mit der Durchsetzung der kapitalistischen Produktionsweise im 19. Jahrhundert. Der politisch ungezügelte Kapitalismus greift auf Kinder als billige Arbeitskräfte zurück, die in einem 14- bis 16-stündigen Arbeitstag ausgebeutet werden – vor allem in Fabriken, Manufakturen und in der Heimindustrie. Der Kampf gegen die Kinderarbeit erfolgt aus unterschiedlichen Gründen und führt über eine Reduzierung zu einer allmählichen Abschaffung – wenigstens in den führenden kapitalistischen Staaten –, wenn auch immer wieder Verstöße gegen das Verbot der Kinderarbeit zu verzeichnen sind.

Didaktischer Hintergrund

Kinder interessieren sich für Kinder, auch historisch. Wie Kinder früher gelebt, dass sie früher gearbeitet haben und in der Dritten Welt noch immer arbeiten müssen und als billige Arbeitskräfte ausgebeutet werden, ist für sie ein wichtiges Thema, das einen erkennbaren Gegenwartsbezug hat. Das Verfahren der Rollen-Podiumsdiskussion, das Marion Jüttner-Hötker an diesem Beispiel vorgeschlagen hat[5], eignet sich in besonderer Weise für die Erkenntnis der Perspektivität und für die Entwicklung der Fähigkeit zur Perspektivenübernahme, auch und gerade dann, wenn die Schülerinnen und Schüler Rollen übernehmen müssen, die ihnen „nicht liegen".

---

5 Marion Jüttner-Hötker, Kinderarbeit im 19. Jahrhundert. Rollen-Podiumsdiskussion als Methode der Quellenarbeit, in: Geschichte lernen 46 (1995), S. 50 ff.

Methodische Hinweise

Zur Methode schreibt Marion Jüttner-Hötker:
„Teilnehmer/innen: Alle Schülerinnen und Schüler der Lerngruppe
Grundlage: Verschiedene (Text-)Quellen, die zu einem historischen Sachverhalt einzeln standortbezogene Aussagen beinhalten und gemeinsam eine multiperspektivische Betrachtungsweise ermöglichen.
Aktionsform: Identifikation mit historischen Standpunkten bzw. Rollen, argumentatives Vertreten und Verteidigen unterschiedlicher sozialer Positionen.

Organisationsform:
Gruppenarbeit (= arbeitsteilige Erschließung unterschiedlicher Standpunkte zum Sachverhalt).
2. Rollenpodiumsdiskussion:
a) Vertreter/innen der Arbeitsgruppen bzw. eines bestimmten Standpunktes plus Diskussionsleiter/in bilden das ‚Podium' und stellen ‚ihre' Position – in Mimik, Gestik und Sprache angemessen – vor.
b) Die übrigen Schülerinnen und Schüler sitzen als ‚Plenum' im Halbkreis davor und sagen nach einer Wortmeldung ihre Meinung zu einer Person des Podiums bzw. zu einem Sachverhalt der Themenstellung."

Die Position der Eltern
Das Weberkind hatte dem Vater zur Hand zu gehen (...)! Ein Weber ließ seinen sechsjährigen Sohn von 5 Uhr früh bis 7 Uhr abends ununterbrochen spulen und treiben, darauf wurde er in die Abendschule geschickt, von wo er erst um 9 Uhr nach Hause kam und dann noch gezwungen war, seine Schulaufgaben zu erledigen. Schwarzer Rübenkaffee und Schwarzbrot, Kartoffeln und Salz waren seine Kost, und erlahmte seine Tätigkeit, so feuerte der Holzpantoffel seines Vaters ihn aufs neue an. Und doch hatte der Vater seinen Sohn lieb! Aber es musste geschehen. (...)
(F. Marschner, Die Chemnitzer Weberei in ihrer Entwicklung bis zur Gegenwart, Chemnitz 1917, S. 81)

Der Familienvater ist genötigt, mit allen seinen nur eben arbeitsfähigen Familienmitgliedern vor Tagesanbruch bis in die sinkende Nacht hinein ununterbrochen zu arbeiten und oft diese noch mit zur Hilfe zu nehmen, wenn er bei etwa besonders teuren Zeiten sich die nötigen Mittel zum Unterhalte erwerben will (...)
Kaum sind die Kinder so weit herangewachsen, dass ihre Kräfte zur Verrichtung einer Arbeit auszureichen scheinen, so werden sie von den Eltern

in die Fabriken gesandt, oder sie sitzen neben dem Webstuhl, den ganzen Tag mit Spulen beschäftigt. (...) Die Stunden, welche die Kinder nicht dem Schulunterricht zu widmen haben, sind sie genötigt, in den Wohnungen ihrer Eltern zuzubringen; diese zwingen sie, die Zeit mit Arbeiten jeder Art, die einen Gewinn abwerfen, auszufüllen und sind leider auch wieder durch den Drang der Umstände darauf angewiesen, streng darauf zu halten, weil es dem Haupt der Familie höchst selten möglich ist, allein die Subsistenzmittel [Lebensunterhalt] für die ganze Familie zu erwerben, weil das Mitarbeiten seiner Kinder deren Erhalt bedingt. (...)
(Renate Hoppe, Dokumente zur Geschichte der Lage des arbeitenden Kindes in Deutschland von 1700 bis zur Gegenwart, Berlin 1969, S. 57ff.)

Arbeitsauftrag:
Warum mussten die Eltern ihre Kinder zur Arbeit zwingen?
- Unterstreicht die in den Quellen angegebenen Gründe und schreibt sie stichwortartig auf.
- Euch stehen dafür 20 Minuten zur Verfügung.
- Wählt dann aus Eurer Arbeitsgruppe einen Vertreter oder eine Vertreterin, der oder die in der folgenden Rollen-Podiumsdiskussion den Standpunkt eines Vaters bzw. einer Mutter einnimmt und in dieser Rolle die von Euch herausgefundenen Argumente darstellt und vertritt.

Die Position der Unternehmer
In den Fabriken werden die Kinder nicht nur an Arbeit, sondern auch an eine stets geregelte Arbeit, an Ordnung und Pünktlichkeit gewöhnt, und der Aufenthalt in den Fabriken selbst wird in der Regel ein reichlicher und gesünderer sein, als er in den engen, mit allen möglichen Dünsten angefüllten Wohnungen der Eltern sein kann. (...)
(Motive zu dem Entwurf einer Fabrikgewerksordnung, als Ergänzung zur allgemeinen deutschen Gewerkeordnung. Dem volkswirtschaftlichen Ausschuß von seinem Mitglied Degenkolb, Frankfurt a.M., 1. Nov. 1848. Deutsches Zentralarchiv, Abt. Merseburg, Reg. 120 Ki, 1, 59, Bd. 3, S. 359f.)

In den Fabrikdistrikten dagegen, wo die Eltern selbst vom frühen Morgen bis zum späten Abend beschäftigt sind, blieben die Kinder ohne Aufsicht sich selbst überlassen; sie fänden in der, in der Regel sehr beschränkten Wohnung und dem kümmerlichen Hausstande weder Raum noch Gelegenheit, sich zu beschäftigen, und würden daher, wenn ihre Tätigkeit in den Fabriken aufhört, sich auf den Straßen herum treiben und vielleicht der Bettelei, der Dieberei und anderen Lastern sich ergeben.

(...)
Eine bekannte Tatsache ist es nun, dass diejenigen Richtungen, welche das Kind in zartem Alter einschlägt, für sein künftiges Leben maßgebend sein werden. Wenn dasselbe von früher Jugend an zur Arbeit angehalten wird, so befestigt sich bei ihm die Liebe zur Arbeit; wird es aber von zartem Alter an sich selbst überlassen oder die Arbeit ihm gar untersagt, so wird aus ihm ein Müßiggänger usw. (...)
(Auszüge aus dem Jahresbericht der Handelskammer Aachen und Burtscheid für das Jahr 1865, in: Renate Hoppe, Dokumente zur Geschichte des arbeitenden Kindes in Deutschland von 1700 bis zur Gegenwart, Berlin 1969, S. 101ff.)

(...) wir können nun auf das Zuversichtlichste behaupten, dass weder den jugendlichen Arbeiter, (...) noch auch den weiblichen Arbeitern durch die Beschäftigung in unseren Spinnereien irgend welcher Schaden an ihrer Gesundheit erwächst.
(Schreiben der Streichgarn-Vigonespinnerei-Unternehmer in Crimmitschau, Giauschau, Plauen und Werdau an das Ministerium des Innern in Dresden, in: Renate Hoppe, Dokumente zur Geschichte der Lage des arbeitenden Kindes in Deutschland von 1700 bis zur Gegenwart, Berlin 1969, S. 133ff.)

Ich pflichte Ihnen, meine Herren, vollkommen bei, dass die armen Kinder, deren Kräfte ausnahmsweise mitunter zu sehr in Anspruch genommen sein mögen, unter den Schutz milder Gesetze gestellt werden, jedoch dürfen diese keine so großen Beschränkungen erhalten, wie hier vorgeschlagen wird (...) [da] dadurch der Bestand unserer Industrieanlagen wegen der Konkurrenz des Auslandes unmöglich gemacht wird (...).
(Die erste Kinderschutzdebatte in Preußen; Sitzung des 5. Rheinischen Provinziallandtages vom 6. Juli 1837, in: Deutsche Sozialgeschichte, Bd. 1, München 1973, S. 245.)

Arbeitsauftrag:
Wie rechtfertigen die Unternehmer Kinderarbeit?
- Unterstreicht die entsprechenden Stellen in den Quellen-Texten und schreibt die Argumente stichwortartig aus.
- Euch stehen dafür 20 Minuten zur Verfügung.
- Wählt dann aus Eurer Arbeitsgruppe einen Vertreter oder eine Vertreterin, der oder die in der folgenden Rollen-Podiumsdiskussion den Standpunkt des Unternehmers einnimmt und in dieser Rolle die von Euch herausgefundenen Argumente darstellt und vertritt.

Die Position der Staatsvertreter

Der Parlamentsabgeordnete Degenkolb, ein Großindustrieller aus Eilenburg, rechtfertigt die Kinderarbeit mit folgenden Worten:

Es gibt noch Tausende von Eltern, die nicht ausreichende Arbeitskraft besitzen, oder die nicht ausreichende Arbeit finden, bei denen die Kinder einen Teil des Lebensunterhaltes mit erwerben helfen. Würde es nicht mehr als hart sein, wenn man diesen verweigern wollte, die Arbeitskraft ihrer Kinder zu nutzen?

(G. K. Anton, Geschichte der preußischen Fabrikgesetzgebung bis zu ihrer Aufnahme durch die Reichsgewerbeordnung, Berlin 1953, S. 115)

Der Staatskanzler von Hardenberg in einer Mitteilung an seine Oberpräsidenten:

Die ausschließlich frühe Gewöhnung der Menschen an die unaufhörliche Wiederholung eines einzelnen Handgriffes gibt ihnen zwar in diesem eine unglaubliche Fertigkeit, aber sie macht dieselben auch in gleichem Maße unfähig zu irgendeiner anderen Verrichtung überzugehen. Und es ist bekannt, dass die Fabrikanten selbst die größte Schwierigkeit, Verbesserungen einzuführen in der Gewöhnung ihrer Arbeiter an das von Jugend auf geübte Verfahren finden.

(...) Wie wenig endlich Menschen, welche in der Werkstätte bei der unaufhörlichen Wiederholung eines Handgriffes erzogen wurden, geschickt sind, das Vaterland in der Stunde der Gefahr zu verteidigen, wo nicht guter Wille allein, sondern Körperkraft, Geistesgegenwart, Abhärtung gegen die Einflüsse der Witterung und Leichtigkeit sich in die ungewohntesten Lagen zu finden, über den Erfolg entscheiden, kann auch keinem Zweifel unterworfen sein. Es kann [aber] nicht im entferntesten die Absicht sein, den Fortschritten der Fabrikation irgend ein positives Hindernis entgegen zu setzen. (...)

(Deutsches Zentralarchiv, Abt. Merseburg. Rep. 74, K3VIII, Nr. 24. Abgedruckt in: Der Hessische Kultusminister [Hg.], Unterrichtsmaterialien zu den Rahmenrichtlinien Gesellschaftslehre, Sek. I, Lernfeld I, Familie, o.O.u.J., S. 71f.)

Arbeitsauftrag:

Welche Argumente haben die Staatsvertreter für und gegen Kinderarbeit?

- Unterstreicht die Begründungen in den Textquellen verschiedenfarbig und schreibt sie stichwortartig in einer „Für-und Wider-Liste“ auf.
- Euch stehen für diese Aufgabe 20 Minuten zur Verfügung.
- Wählt dann aus Eurer Arbeitsgruppe einen Vertreter oder eine Vertreterin, der oder die in der folgenden Rollen-Podiumsdiskussion

die Position eines Staatsvertreters einnimmt und die von Euch herausgefundenen Argumente darstellt und vertritt.

Die Position der Kinder

Die folgenden Zitate sind Aussagen von Kindern (1833):
Bin 12 Jahre alt. Bin 12 Monate in der Spinnerei gewesen. Anfang um 6 und Feierabend um ½8. Durchschnittlich über 12½ Stunden Arbeit. Habe zwei oder drei Wochen hindurch Überstunden gemacht. Arbeitete während der Frühstücks- und Teepause und ging erst um acht Uhr weg" – „Machst du die Überstunden wie es dir gefällt?" – „Nein, wer angelernt ist, muß arbeiten. Ich bleibe aber lieber und arbeite, als daß irgend jemand anders meinen Platz bekommt." –
„Habe hier (...) zwei Jahre gearbeitet, bin jetzt 14, arbeite 16½ Stunden am Tag. Kürzlich war ich krank und bat, um 8 Uhr aufhören zu dürfen, und man sagte mir, wenn ich ginge, brauche ich nicht zurückzukommen." –
„Ich habe letzten Sommer bis zwölf Uhr nachts gearbeitet. Wir begannen um 6 Uhr morgens. Ich sagte dem Buchhalter, ich arbeite nicht gern so spät; er sagte, ich müsse. Wir bekommen 1 Penny für eine Überstunde." –
„Wir pflegten um ½9 abends zu kommen und die ganze Nacht hindurch zu arbeiten, bis der Rest der Mädchen am Morgen kam. Sie kamen gewöhnlich um 7. Manchmal arbeiteten wir bis ½9 am nächsten Abend, nachdem wir schon vorher die ganze Nacht gearbeitet hatten. Wir arbeiteten auch in den Essenszeiten, außer zur Mittagessenszeit. Ich habe das 3, manchmal 4 Nächte in der Woche gemacht. Es war nicht regelmäßig; es geschah, wie es die Aufseher bestimmten.
(W. Cunningham, The Growth of English Industry and Commerce in Modern Times, Band 2, Cambridge 1907, S. 786, Anm. 4; zit. nach: Wolfgang Köllmann, Die Industrielle Revolution, Stuttgart 1987, S. 34f.)

Arbeitsauftrag:
Versucht, Euch in die Situation der arbeitenden Kinder hineinzuversetzen.

- Überlegt Euch, welche Argumente die Kinder für bzw. gegen Kinderarbeit haben könnten (Wie lang ist ihr Arbeitstag? Wieviel Freizeit haben sie? usw.)
- Schreibt die Gründe stichwortartig in einer „Für- und Wider-Liste auf.
- Für diese Aufgabe habt ihr 20 Minuten Zeit.
- Wählt dann aus Eurer Arbeitsgruppe einen Vertreter oder eine Vertreterin, der oder die in einer folgenden Rollen-Podiumsdiskussion

den Standort eines betroffenen Kindes einnimmt und in dieser Rolle die von Euch herausgefundenen Argumente darstellt und vertritt.

Die Position der Arbeiter

Auszug aus dem Bericht des Polizeikommissars Huthsteiner, Berlin, an das Ministerium des Innern, Berlin, vom 8. März 1847:

In dem meisten Fabriken beginnen die Arbeiten von 6 – 7 Uhr morgens und dauern ununterbrochen bis 12 Uhr mittags, beginnen um 1 Uhr mittags wieder und dauern bis 7 – 8 Uhr abends. Mindestens arbeiten die Kinder also 11 Stunden täglich. Die Fabrikanten behaupten zwar, daß das spätere Kommen der Kinder, das öftere Befriedigen natürliche Bedürfnisse wohl täglich eine Stunde Zeit hinnehmen und die Kinder eigentlich doch nur 10 Stunden arbeiteten. (...) Auch die 1/4 stündige Ruhezeit des Vor- und Nachmittags nach § 4 findet selten oder doch nur in der Art statt, dass man ihnen etwa gestattet, im Lokale das mitgebrachte Brot zu verzehren, eine gestattete 1/4 stündige Bewegung in freier Luft kommt selten oder nie vor, und die Fabrikanten erklären wiederum (...), dass das öftere Hinausgehen der Kinder zur Befriedigung ihrer Bedürfnisse – in neuerer Zeit hat man in den Arbeitssälen selbst zur besseren Kontrolle und Zeitersparung Latrinen (Toiletten) angebracht – mehr als eine 1/4 Stunde vor- und nachmittags betrage. (...) In dem größten Teile der Fabriken werden die Nächte (...) durch gearbeitet. Wenn man auch, was gewiss anerkannt werden muss, an vielen Orten späte Abendschulen errichtet hat, so zeigt doch die Erfahrung, dass diese wenig nützen. Ein Kind, das den ganzen Tag anhaltend gearbeitet hat, wird bei seiner vollständige körperlichen Ermattung wenig Lust an dem späten Abendunterricht haben, da es gar zu abgespannt sein muss. (...)

Im Winter verlassen die Kinder noch vor Tagesanbruch ihre Wohnungen, nachdem sie eine Tasse schlechten Kaffee und ein Stück Brot genossen haben, führen in einem Gefäß ihr kärgliches meist aus Kartoffeln oder eingemachtem Gemüse bestehendes Mittagsbrot mit sich, haben (...) durch Schmutz oder Schnee meistens bis über die Knöchel zu waten und kommen meist durchnäßt in die Fabrik an, die sie erst am späten Abend wieder verlassen, um ihren Rückweg anzutreten und Ruhe auf ärmlichen Lager bei ihren Eltern in elender Hütte zu suchen.

Aber nun der Aufenthalt im Fabriklokale selbst! Enge Räume, stets angefüllt mit verderblichem Wollstaub, in erhöhter Temperatur und geschwängert mit ungesunden Ausdünstungen, im Winter vermischt mit dem Qualm der Öllampen und dem Rauche des Brennmaterials, das ist der Aufenthalt während der größten Lebensdauer dieser Elenden.

(Renate Hoppe, Dokumente zur Geschichte der Lage des arbeitenden Kindes in Deutschland von 1700 bis zur Gegenwart, Berlin 1969, S. 57ff.)

Arbeitsauftrag:
Welche Forderungen würde z.B. ein politisch engagierter Arbeiter, der die Situation der Kinder verbessern will, aus der abgedruckten Quelle ableiten?

– Untersucht dazu zuerst die dargestellten Arbeitsbedingungen (Arbeitszeit? Klima in der Fabrik? Qualität der Nahrung? Freizeit? usw.).
– Versucht dann, die von Euch erarbeiteten Fakten als Begründung für Forderungen des Arbeiters zu nehmen, und stellt beides in einer Liste zusammen
– Euch stehen für diese Aufgabe 20 Minuten zur Verfügung.
– Wählt dann aus Eurer Arbeitsgruppe einen Vertreter oder eine Vertreterin, der oder die in einer folgenden Rollen-Podiumsdiskussion den Standort eines Arbeiters oder einer Arbeiterin einnimmt. In dieser Rolle soll er (oder sie) – aufgrund der von Euch herausgefundenen Tatsachen – gegen Kinderarbeit Stellung beziehen.

Literaturverzeichnis

Alavi, Bettina, Geschichtsunterricht in der multiethnischen Gesellschaft, Frankfurt/M. 1998

Anders, Günther, Die Antiquiertheit des Menschen, München 1987

Benjamin, Walter, Geschichtsphilosophische Thesen, in: ders., Zur Kritik der Gewalt und andere Aufsätze, Frankfurt/M. 1965

Bergmann, Klaus, Personalisierung im Geschichtsunterricht – Erziehung zu Demokratie?, 2. erw. Aufl., Stuttgart 1977

Bergmann, Klaus, Wir und die anderen. Lernen an und aus Geschichte, in: Ders., Geschichtsdidaktik. Beiträge zu einer Theorie historischen Lernens, Schwalbach/Ts. 1998

Bergmann, Klaus; Schneider, Gerhard, Das Bild, in: Pandel, Hans-Jürgen; Schneider, Gerhard (Hg.), Handbuch Medien im Geschichtsunterricht, Schwalbach/Ts. 1999, S. 211 ff.

Borke, Melen, Interpersonelle Wahrnehmung bei kleinen Kindern: Egozentrismus oder Empathie?, in: Geulen, Dieter (Hg.), Prspektivenübernahme und soziales Handeln. Texte zur sozial-kognitiven Entwicklung, Frankfurt/M. 1982

Borries, Bodo von, Geschichte lernen – mit heutigen Geschichtsbüchern?, in: GWU 34 (1983), S. 558 ff.

Borries, Bodo von, Kindlich-Jugendliche Geschichtsverarbeitung in West- und Ostdeutschland, 1990. Ein empirischer Vergleich, Pfaffenweiler 1992

Borries, Bodo von, Jugend und Geschichte. Ein europäischer Kulturvergleich aus deutscher Sicht, Opladen 1999

Borries, Bodo von, Notwendige Bestandsaufnahme nach 30 Jahren. Ein Versuch über Post-'68-Geschichtsdidaktik und Post-'89-Problemfelder, in: GWU 50 (1999)

Brecht, Bertolt, Werke in 20 Bänden, Frankfurt 1967

Chladenius, Johann Martin, Allgemeine Geschichtswissenschaft, Leipzig 1752 (ND Wien–Köln–Graz 1985)

Daniel, Ute, Clio unter Kulturschock, in: GWU 48 (1997)

Droysen, Johann Gustav, Historik. Vorlesungen über Enzyklopädie und Methodologie der Geschichte (1857), hg. v. Rudolf Hübner, 4. Aufl., München 1960

Duby, Georges; Perrot, Michelle, Vorwort. Eine Geschichte der Frauen, in: Geschichte der Frauen, Bd. 1: Antike, hg. v. Schmitt-Pantel, Pauline, Frankfurt/M.–New York–Paris 1993

Edelstein, Wolfgang; Keller, Monika; Wahlen, Karl, Entwicklung sozialkognitiver Prozesse. Eine theoretische und empirische Rekonstruktion, in: Geulen, Dieter (Hg.), Perspektivenübernahme und soziales Handeln. Texte zur sozial-kognitiven Entwicklung, Frankfurt/M. 1982

Evans, Richard J., Fakten und Fiktionen. Über die Grundlagen historischer Erkenntnis, Frankfurt/M.–New York 1998

Feuchtwanger, Lion, Erfolg (1930), Frankfurt/M. 1975

Geulen, Dieter, Soziales Handeln und Perspektivenübernahme, in: ders. (Hg.), Perspektivenübernahme und soziales Handeln. Texte zur sozial-kognitiven Entwicklung, Frankfurt/M. 1982

Heydorn, Heinz-Joachim, Zu einer Neufassung des Bildungsbegriffs, Frankfurt/M. 1972

Hofmann, Werner, Gesellschaftslehre als Ordnungsmacht. Die Werturteilsfrage – heute, Berlin 1961

Huhn, Jochen, Geschichtsdidaktik. Eine Einführung, Köln–Weimar–Wien 1994

Huhn, Jochen, Theoretische Grundlagen, in: Vergangenes sehen. Perspektivität im Prozess historischen Lernens. Theorie und Unterrichtspraxis von der Grundschule bis zur Sekundarstufe II, Bonn 1995

Jung, Horst; Staehr, Gerda von, Historisches Lernen. Didaktik der Geschichte, Köln 1983

Kästner, Erich, Notabene 45. Ein Tagebuch, Berlin 1961

Klemperer, Victor, Ich will Zeugnis ablegen bis zum letzten. Tagebücher 1933-1941, 2 Bde., Berlin 1995

Koselleck, Reinhart, Vergangene Zukunft. Zur Semantik geschichtlicher Zeiten, Frankfurt/M. 1979

Lucas, Friedrich J., Geschichte als engagierte Wissenschaft. Zur Theorie einer Geschichtsdidaktik, Stuttgart 1985

Mayer, Hans, Aufklärung heute. Reden und Vorträge 1978-1984, Frankfurt/M. 1985

Mayer, Hans, Brecht, Frankfurt/M. 1996

Meier, Christian, Ein Gespräch mit Christian Meier, in: Raulff, Ulrich (Hg.), Mentalitätsgeschichte. Zur historischen Rekonstruktion geistiger Prozesse, Berlin 1987

Mitscherlich, Alexander; Mitscherlich, Margarete, Die Unfähigkeit zu trauern. Grundlagen kollektiven Verhaltens, München 1967

Negt, Oskar, Kindheit und Schule in einer Welt der Umbrüche, Göttingen 1997

Neuhaus, Volker, Typen multiperspektivischen Erzählens, Köln–Wien 1971

Niethammer, Lutz, Über Kontroversen in der Geschichtswissenschaft, in: Schneider, Gerhard (Hg.), Geschichtsbewusstsein und historisch-politisches Lernen, Pfaffenweiler 1988

Otto, Karl A., Die sozialwissenschaftlichen Lehramtsstudiengänge, in: Kaufmann, Franz-Xaver; Korff, Rüdiger (Hg.), Soziologie in Bielefeld. Ein Rückblick nach 25 Jahren, Bielefeld 1996

Pandel, Hans-Jürgen, Entwicklung der didaktischen Darstellung: Katechese – Erzählung – narrative Rekonstruktion. Eine Diskussionsbemerkung, in: Jeismann, Karl-Ernst; Quandt, Siegfried (Hg.), Geschichtsdarstellung. Determinanten und Prinzipien, Göttingen 1982

Pandel, Hans-Jürgen, Dimensionen und Struktur des Geschichtsbewusstseins, in: Süssmuth, Hans (Hg.), Geschichtsunterricht im vereinten Deutschland. Auf der Suche nach Neuorientierung, T. 1, Baden-Baden 1991, S. 55-73

Pandel, Hans-Jürgen, Postmoderne Beliebigkeit? Über den sorglosen Umgang mit Inhalten und Methoden, in: GWU 50 (1999)

Pandel, Hans-Jürgen; Schneider, Gerhard (Hg.), Handbuch Medien im Geschichtsunterricht, Schwalbach/Ts. 1999

Postman, Neil, Keine Götter mehr. Das Ende der Erziehung, München 1997
Rein, W.; Pickel, A.; Scheller, E., Theorie und Praxis des Volksschulunterrichts nach Herbartschen Grundsätzen. Das fünfte Schuljahr, 3. Aufl., Leipzig 1897
Rüsen, Jörn, Historische Vernunft. Grundzüge einer Historik I: Die Grundlagen der Geschichtswissenschaft, Göttingen 1983
Rüsen, Jörn, Lebendige Geschichte. Grundzüge einer Historik III: Formen und Funktionen des historischen Wissens, Göttingen 1989
Rüsen, Jörn, Das ideale Schulbuch, in: ders., Historisches Lernen, Köln 1994
Rüsen, Jörn, „Was ist Geschichtskultur? Überlegungen zu einer neuen Art, über Geschichte nachzudenken", in: Füßmann, Klaus; Grütter, Heinrich Theodor; Rüsen, Jörn (Hg.), Historische Faszination. Geschichtskultur heute, Köln–Weimar–Wien 1994, S. 3-26
Rüsen, Jörn, Historisches Erzählen, in: Handbuch der Geschichtsdidaktik, 5. überarb. Aufl., Seelze-Velber 1997
Schneider, Gerhard, Die Arbeit mit schriftlichen Quellen, in: Pandel, Hans-Jürgen; Schneider, Gerhard (Hg.), Handbuch Medien im Geschichtsunterricht, Schwalbach/Ts. 1999, S. 15 ff.
Schneider, Gerhard, Filme, in: Pandel, Hans-Jürgen; Schneider, Gerhard (Hg.), Handbuch Medin im Geschichtsunterricht, Schwalbach/Ts. 1999, S. 365 ff.
Schörken, Rolf, Geschichtsunterricht in der kleiner werdenden Welt, in: Süssmuth, Hans (Hg.), Geschichtsdidaktische Positionen. Bestandsaufnahme und Neuorientierung, Paderborn–München–Wien–Zürich 1980, S. 315ff.
Schörken, Rolf, Das Aufbrechen narrativer Harmonie. Für eine Erneuerung des Erzählens mit Augenmaß, in: GWU 48 (1997)
Scholle, Dietrich, Schulbuchanalyse, in: Handbuch der Geschichtsdidaktik, 4. Aufl., Seelze-Velber 1992
Schwanitz, Dietrich, Malte nicht Mozart den „Faust"?, in: der stern, Nr. 40 v. 30.9.1999
Selman, Robert L.; Byrne, Diane F., Stufen der Rollenübernahme in der mittleren Kindheit – eine entwicklungslogische Analyse, in: Döbert, Rainer; Habermas, Jürgen; Nummer-Winkler, Gertrud (Hg.), Entwicklung des Ichs, 2. Aufl., Königstein/Ts. 1980
Selman, Robert L., Sozial-kognitives Verständnis. Ein Weg zu pädagogischer und klinischer Praxis, in: Geulen, Dieter (Hg.), Perspektivenübernahme und soziales Handeln. Texte zur sozial-kognitiven Entwicklung, Frankfurt/M. 1982
Thurn, Susanne, „...und was hat das mit mir zu tun?". Geschichtsdidaktische Positionen, Pfaffenweiler 1993
Vergangenes sehen. Perspektivität im Prozess historischen Lernens. Theorie und Unterrichtspraxis von der Grundschule bis zur Sekundarstufe II, Bonn 1995
Vogel, Martin Rudolf, Erziehung im Gesellschaftssystem, München 1970
Wierlacher, Alois, Kulturthema Toleranz, in: DVPB aktuell. Report zur politischen Bildung 1 (1999)
Wunderer, Hartmann, „Nichts veraltet heute schneller als das Wissen". Probleme und Profile des Geschichtsunterrichts auf der gymnasialen Oberstufe, in: Geschichte lernen 68 (1999)